오방 최흥종 연구
五放 崔興琮 研究

오방기념사업회 출판위원회

위원장 최　협 (전남대학교 연구석좌교수)
위　원 구창환 (조선대학교 명예교수)
위　원 이계양 (푸른꿈창작학교 교장)
위　원 이상옥 (사단법인 이주가족복지회 이사장)
위　원 박요주 (박요주 세무회계사무소 대표)
위　원 최영관 (오방기념사업회 이사장)
위　원 최용수 (광주기독병원장)

오방 최흥종 연구

초판 1쇄 발행　2022년 4월 8일

지은이 | 오방기념사업회

펴낸곳 | (주)태학사
등　록 | 제406-2020-000008호
주　소 | 경기도 파주시 광인사길 217
전　화 | 031-955-7580
전　송 | 031-955-0910
전자우편 | thspub@daum.net
홈페이지 | www.thaehaksa.com

편　집 | 조윤형 여미숙
디자인 | 한지아
마케팅 | 김일신
경영지원 | 정충만
인쇄·제책 | 영신사

ⓒ 오방기념사업회, 2022. Printed in Korea.

값 22,000원

ISBN 979-11-6810-055-8 (93230)

책임편집 | 조윤형
북디자인 | 지소영

오방 五放
최흥종 崔興琮
연구 硏究

생애 · 신앙 · 참여

오방기념사업회 엮음

태학사

독립운동

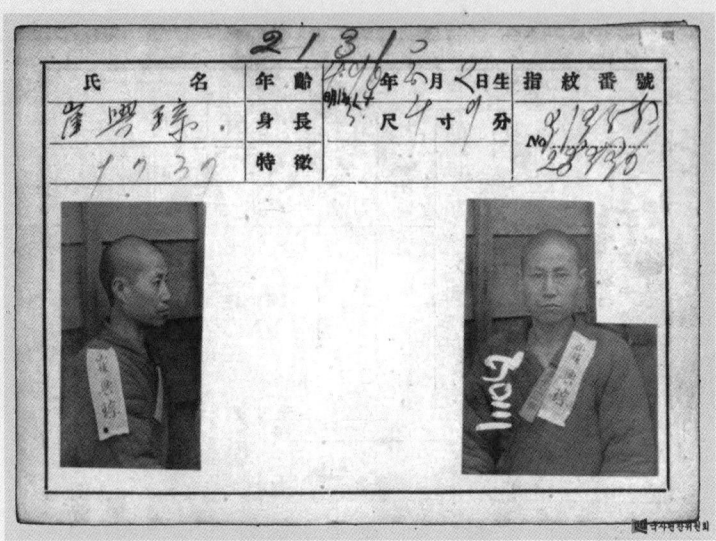

3·1만세운동 참여로 투옥된 최흥종의 수감자 카드. 1919.

신간회 광주지회 회장을 사임하고 모슬포교회로 떠나게 될 때의 석별회 기념사진. 1929. 7. 5.

목회 및 교육 활동

중앙교회에서 어린이들과 함께. 최흥종은 1921년 광주 최초로 여성 야학과 유치원을 개설하여 여성 및 어린이 교육을 시작했다. 맨 뒤에서 둘째 줄 가운데가 최흥종.

광주 최초의 유치원 졸업식. 뒤에서 둘째 줄 왼쪽에서 다섯 번째가 최흥종. 1924.

제주노회 창립 기념사진. 앞줄 왼쪽에서 다섯 번째가 노회장 최흥종. 1930.

광주YMCA 활동

광주YMCA에서의 청소년 교육 및 체육 활동. 둘째 줄 가운데가 최흥종, 그 오른쪽 두 번째가 최흥종의 동생 최영욱 박사. 1935.

광주YMCA 유도부원, 권투부원과 함께. 뒤에서 둘째 줄 왼쪽에서 세번째가 최흥종. 1936. 6.

광주YMCA 농업실습학교 1회 졸업 기념 사진. 둘째 줄 왼쪽에서 다섯 번째가 최흥종. 1935.

광주YMCA 농업실습학교 2회 졸업 기념 사진. 뒷줄 왼쪽에서 세 번째가 최흥종의 아들 최득은(평양숭실전문 출신으로 교사로 참여했다), 오른쪽에서 다섯 번째가 최흥종. 1936.

사회 봉사 활동

제중원 조수 시절. 앞줄 왼쪽에서 두 번째가 최흥종, 맨 오른쪽이 윌슨 선교사. 1908~1909.

무등원 초막에서 함석헌 선생과 전남대 학생들의 예방을 받고. 앞줄 왼쪽에서 두 번째가 최흥종. 뒷줄 왼쪽에서 여섯 번째가 함석헌. 1962.

무등원 원효사계곡. 원효사계곡까지 산길을 걸어가야 해서 방문객들이 지팡이를 들고 있다. 뒷줄 왼쪽에서 네 번째가 최흥종.

최흥종(오른쪽)과 결핵 환자.

최흥종이 주도하여 만든 음성 나환자촌 호혜원의 설립 7주기 기념행사에서. 정중앙에 흰색 두루마기를 입은 이가 최흥종. 1963.

최흥종 시민사회장 영결식에서. 호혜원 주민들이 두건을 쓰고 "나환자의 자부, 최흥종 목사님 명복을 빕니다. 나주호혜원 원생 일동"이라는 애도의 플래카드를 들고 있다. 1966. 5. 18.

오방 최흥종의 글과 백범 김구의 휘호

新韻雅頌聖經歌

一 混沌晦冥肇判新
二 遂分光曙芽一新
三 穹蒼始視芽二新
四 水隔上下空中新
五 海陸頭露植物三新
六 脆棱秸實芽三新
七 節序年期分定新
八 三光照輝芽四新
九 飛翔空潛海芽五新
十 獸畜動物類新
十一 帝像造人芽大新
十二 生育樂遂昌熾新
十三 治理統轄人格新
十四 創業竣工朝夕新
十五 錫嘏安息感恩新

九 亞當所定戶籍新
十 萬物白此名稱新
十一 始祖被誘死過新
十二 江河四流瀯溉新
十三 逐出園外艱苦勞新
十四 達命誠祥善惡新
十五 汗流浹人間遠離新
十六 望吾世界轉展新
十七 罪惡盈貫水決新
十八 挪亞方舟救援新
十九 暴虐麻西律法新
二十 亞伯拉罕發祥約新
廿一 受刑子孫主約新
廿二 忠義遊遠民律命新
廿三 領育大關王改新
廿四 撫養大派根基新
廿五 猶大支派根基新
廿六 先知聖人預言新
廿七 將來基督的來新

九 施洗的輪牒呼新
二十 曠野宣道悔改新
廿一 聖母聖孕聖誕新
廿二 東方博士見異新
廿三 黃金香藥敬拜新
廿四 天軍天使讃賢新
廿五 天序軍收者見奇新
廿六 天地儀式慶福音新
廿七 夫婦喜歡和平新
廿八 典禮主信行新
廿九 婚燦被助聖靈新
三十 依賴救主信行新
卅一 脫徐塵累思想新
卅二 重生生命兩堂新
卅三 靈神國往來理雅新
卅四 雷風雷火開闢新
卅五 新天新地宇宙新

최흥종이 지은 「'신'자 운으로 성경을 찬송한 노래新韻雅頌聖經歌」.

최흥종이 지은 「도의 노래道歌」.(해설은 본문 232~237쪽 참조)

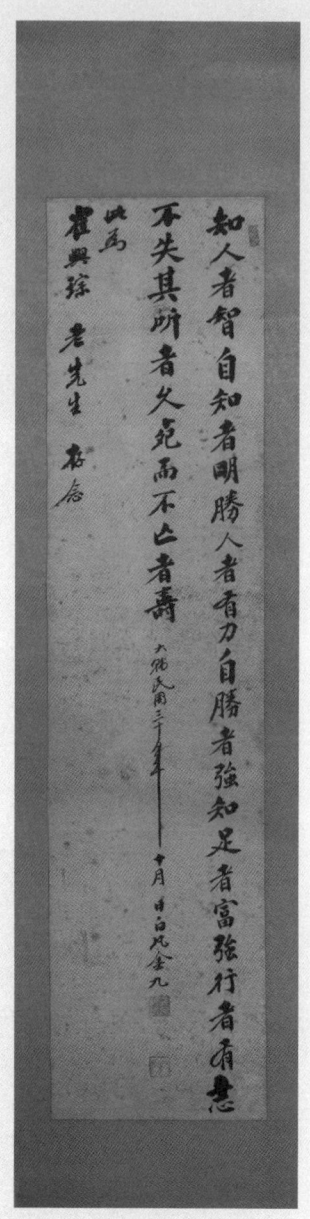

백범 김구가 써 준 '노자 도덕경' 휘호. 1948.

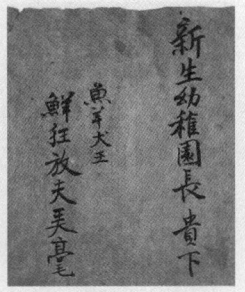

신생유치원을 위해 최흥종이 지어 보낸 「유아를 연상하는 노래」와 편지 봉투. 최흥종은 1921년 광주 최초의 유치원을 개설하여 어린이 교육의 씨앗을 심었다. 그는 어린이 교육에 대한 관심을 끊지 않고, 그가 결핵 환자와 무등산에서 함께하던 1962년에도 손수 동시를 지어 신생유치원 원장에게 붓글씨 편지를 보내 어린이 교육 활동을 격려했다.

백범 김구가 증심사 계곡의 '오방정'을 방문하여 최흥종에게 써 준 '화광동진' 휘호. 1948. 10. 3. 현재 광주YMCA의 '오방실'에 걸려 있다.

최협

책의 발간에 부쳐
오방 최흥종 선생 연구의 과제

오방 최흥종 선생은 임종에 즈음하여 가족들에게 "나는 충만한 삶을 살았다. 모든 것에 감사한다."라는 말을 남겼다. 이 짧은 한마디에 선생의 삶과 사상이 담겨 있다. 죽음 앞에서 평안한 마음으로 감사의 말을 전하는 삶은 과연 무엇으로 채워져 있을까? 그런데 불행히도 우리는 선생이 말씀하신 그 충만한 삶의 내용이 구체적으로 무엇이었는지 명료하게 말할 수 없다. 다만 선생께서, 나이 들어 기독교에 귀의한 이후 60년에 가까운 그 긴 세월 동안, 낮은 데서 멈추지 않고 실천하신 매일매일의 희생적 활동의 단면들을 떠올릴 뿐이다. 그 이유는 오방 최흥종 선생께서 생전 자신에 대한 기록을 스스로는 남기지 않으셨기 때문이다. 선생께서는 묵묵히 예수님의 길을 따라 그저 행동과 실천으로 그 힘든 긴 세월을 몸소 사셨다. 그래서 우리는 이제야 그의 삶과 인생의 행로를 미루어 추측하며 실체에 다가가려 노력하는 중이다.

오방기념사업회는 그동안 몇 차례에 걸쳐 오방 선생과 인연이 있는 분들의 기억에 의존하여 선생의 삶과 실천에 대한 기록을 정리해 보는 작업을 해 왔다. 그러나 그러한 작업은 학자와 전문가에 의한 것이 아니었기에 메꾸어야 할 공백이 여전히 많이 남아 있다. 다행히 지난 몇 년간 몇몇 학자들이 학술 연구 수준의 글을 발표하기 시작하였기에 한 가닥의 희망을 본다. 여기 그동안 발표되었던 오방 최흥종 선생에 대한 학술논문을 한데 묶어 출판하려는 이유는 후속 연구자들이 쉽게 자료를 활용하여 이러한 학술적 연구 작업이 더욱 활성화되는 계기로 삼기 위함이다.

물론 오방 최흥종 선생의 일생을 통한 활동은 그것이 공적公的이거나 제도적 기구와 관련된 경우에는 기본적인 기록이나 자취가 곳곳에 남아 있기는 하다. 그러나 공적인 기록이나 흔적이 미치지 못하는 다양한 활동과 사적인 공간에서 묻혀 버린 이야기는 당대를 함께 사신 분들이 세상을 떠난 뒤 미지未知의 영역이 되었다. 이러한 공백을 메꾸어 가는 작업이 우리 앞의 과제로 남아 있는 것이다. 앞으로 오방 최흥종 선생의 삶을 조명해 보는 작업은 대체로 다음과 같은 몇 가지 사항에 특히 유의해 작업을 진행해야 할 것으로 사료된다.

첫째는 이미 발표된 논문들의 내용을 객관적인 자료의 발굴을 통해 검증하고 수정·보완하는 일이다. 한 예로, 1932년 우가키 총독이 광주를 방문했을 때 오방 선생이 그를 만나 철거민 대책을 논의했는지에 대한 설왕설래가 2010년 무렵까지 계속되었는데, 2013년『동아일보』1932년 9월 10일 자 지면에 우가키와 최흥종, 김재천, 최원순 등 3인이 도청 지사실에서 만났다는 짧은 기사를 찾아냄으로써 문제가 정리되었다. 객관적인 자료의 발굴은 신문에만 한정되지 않는다. 그동안 우리가 검토하지 못했던 1920~1930년대 선교사들의 편지나 보고서, 선교회 연례 보고서, 조선예수교장로회의 사기史記 기록들, 초창기의 전라노회록, 예수교회보와 같은 옛 출판물, 장로교 총회 보고서 등 그동안 우리가 지나쳤던 자료를 치밀하게 발굴하여 이들에도 눈을 돌려 공백을 메꾸고 오류를 바로잡는 작업을 추진해 나가야 할 것이다.

둘째는 공적公的인 기록일지라도 그에 대한 교차 검토와 배경 자료에 대한 보다 면밀한 고려가 병행되어야 한다. 하나의 예를 든다면 오방 선생의 3·1운동 참여에 대한 논문에서 오로지 재판의 진술과 판결문에 의존하여 결론을 내리는 경우를 생각할 수 있겠다. 오방 선생의 신문조서訊問調書나 재판 기록에는 3월 2일 고종의 장례식에 참석하기 위해 서울에 왔다가 우연히 만세운동에 참여했다고 오방 선생이 진술한 것으로 기록되어 있어 많은 글에서 이를 그대로 따르고 있다. 그러나 2019년에 발간된 『김필례: 그를 읽고 기억하다』(열화당 영혼도서관)를 보면 1919년 2월 20일을 전후하여 오방 선생의 제수弟嫂인 김필례 선생의 조카 김마리아 여사가 동경에서 「2·8독립선언서」를 위험을 무릅쓰고 비밀리에 광주의 고모(김필례) 집으로 가지고 와 다량의 유인물을 제작하여 서울로 가져갔으며, 광주만세운동 주동자의 한 사람이었던 최한영 선생이 1985년에 남긴 구술 자료에 따르면 2월 말경 서울에서 발간되는 『기독신보』의 편집인 김필수 목사가 광주로 내려와 최흥종 장로와 독립운동 준비 관련 밀담을 나눈 후, 최흥종과 김철 두 분이 상경하여 담양 출신 일본 유학생 국기열과 광주 출신 경성의전 학생 김범수를 만나 광주에서의 거사를 논의했음을 증언하고 있다. 3월 5일 오방 선생의 시위示威 역시 우발적인 것으로 보기 어려운 이유는 그가 『신조선신문新朝鮮新聞』이란 유인물을 미리 준비하여서 뿌리며 남대문에서 연설하였고, 이어서 대한문 앞으로 옮겨갈 때도 미리 준비한 '조선독립'이라 쓰인 붉은 배너[赤布]를 흔들며 시위대의 선두에 섰기 때문이다. 우발적인 참여자가 미리 유인물과 배너를 준비할 리는 만무한 일이다. 오방 선생의 신문 조서상의 진술은, 따라서, 광주에서의 만세운동 계획을 지키려는 의도된 위증僞證으로 보는 것이 맞다. 3·1운동은 확실히 한 번에 그치는 단발적 운동이 아니라 일정 기간 지속하는 운동으로 진행되었고, 서울에서의 만세운동을 점차 전국으로 확산시키는 큰 그림이 존재했다. 광주에서의 만세운동 역시 이러한 그림의 연속선상에 있었다. 즉 오방 선생과 함께 상경했던 김철(본명 복현)은 오방 선생이 체포되자 3월 5일 혼자 광주로 내려왔는데, 그는 광주에서의 거사를 위해 서울에서 받은 「독립선언서」, 「경고아이천만동포敬告我二千萬同胞」, 「선언서宣言書」(최팔용崔八鏞 외 10인 서명), 「국민대소집청원서」, 「독립가」 등의 인쇄물을 가지고 왔으며, 그날 밤 남궁혁 목사 집에서 대책 회의가 소집되었다.[1] 이러한 예에서 살펴볼 수 있듯이, 앞으로의 연구에서는 공적公的인 기록도 배경 자료를 활용한 교차검증이 이루어지도록 함이 바람직하다.

셋째는 아마도 이 부분이 가장 중요한 부분이라 생각되는데, 사실이나 사건의 단순한 기록에 머물지 않고 그러한 사실이나 사건이 품고 있는 질적質的인 내용과 맥락context을 꿰뚫어봄으로써 현상에 대한 총체적인 이해를 도모하는 연구가 필요하다. 인류학자 클리포드 기어츠Clifford Geertz는 그의 저서 『문화의 해석The Interpretation of Cultures』에서 '두터운 기술記述(Thick description)'이라는 개념을 제시하면서, 이러한 개념이 인간의 문화적 행위의 이해에 필수적임을 지적했다. 즉 그는 인간의 행위를 이해하려면, 단순히 행위 자체에 대한 기록이나 설명에 그치지 않고 한 걸음 더 나아가 그 행위의 맥락context에 대한 입체적인 접근이 필요함을 강조한 것이다. 이와 관련하여 하나의 보기를 제시하자면 다음의 예가 적절할 것 같다. 그동안 발표된 대부분의 연구에서 오방 최흥종 선생의 한센병 환자를 위한 초기 활동에 관한 기술記述은 그가 1912년 개인 소유의 땅 1,000평을 기증하여 광주에 민간인 최초의 나환자진료소를 건설한 일과, 동시에 1912년 광주 북문 안 교

---

1 이성규 지음, 『항일노농운동의 선구자 서정희』 상, 지식산업사, 2006, 116쪽.

회의 장로가 된 최흥종은 광주 나병원에 환자들의 예배를 위한 교회를 운영했다는 사실만을 기록하고 있다. 이러한 단순한 사실과 사건의 기록은 클리포드 기어츠에 의하면 '두터운 기술Thick description'이 아닌 '얇은 기술Thin description'로서 이 사건이 갖는 사회 문화적 함의나 그 상황에서의 당사자들이 경험하는 실존적 세계를 전달하지 못한다. 그렇다면, 필요한 것은 그 상황의 사회문화적 맥락에 관한 자료의 확보이다. 다시 실제의 예로 돌아가, 여기에 적시된 사건과 관련된 맥락적 자료contextual description or text는 다음과 같은 것이다. 즉 광주 나병원이 진료를 개시한 1년 뒤 영국 나환자 선교협회의 베일리 부부Mr. & Mrs. Baliey가 광주의 병원을 방문하고 남긴 다음과 같은 기록이 바로 그러한 자료에 해당된다.

> 배유지 목사는 한 사람의 나환자에게 세례를 베풀고 33명을 교리문답 교인으로 받아들였다. … 문답 도중에 한 사람에게 당신은 행복하냐고 물었다. 그는 "나는 나환자가 되었기 때문에 복음의 감화를 받고 그리스도가 나를 위하여 죽었다는 것을 배웠으므로 참으로 축복받은 사람이다."라고 대답하였다. … 베일리 씨는 가련한 장님 나환자를 찾아 위로하였더니 그 나환자가 "나는 19년 동안 마음과 육체적으로 고통을 받았지만, 그것 때문에 나를 동정하실 필요는 없습니다. 나는 그리스도를 알고 또한 사랑하는 것을 배웠습니다."라고 말하는 것을 들었다.[2]

베일리 부부가 남긴 이상과 같은 기록은, 20세기 초 한센병 환자들이 사회에서 극심한 박해를 받을 때, 광주 나병원에서의 예배를 통한 사랑의 치유가

---

2 차종순, 「손수레에 몸을 싣고: 오방 최흥종 목사의 생애」, 미발간 원고.

기적奇蹟 같은 변화를 그들에게 가져다주었다는 사실에 우리가 눈을 뜰 수 있도록 해 준다는 점에서 큰 가치가 있다. 강조하거니와, 단순히 한국 최초의 민간 주도 나병원의 설립 연도가 1912년이었다는 사실을 밝히는 것이 중요한 것이 아니다. 그러한 사실이 인간의 삶에 가져다준 질적 변화의 내용이 어떠했는지를 이해하는 것이 중요하다. 그러므로 사건이나 사실의 단순한 기록에 그치지 않고 그것의 맥락과 의미를 살펴볼 수 있는 질적 자료와 연계시키는 작업은 앞으로의 연구에서 특히 유의해야 할 대목이 아닐 수 없다.

넷째는 언어의 해석 문제와 관련이 있다. 인간은 자신이 몸담은 세상을 상징체계인 언어를 통하여 경험한다. 그런 점에서 사회적 현실도 의미적意味的으로 구성되기constituted 때문에 모든 현상의 이해에는 해석이 중요하다. 그런데 의미의 해석은 어느 한 가지의 길만 있는 것이 아니다. 학자들이 의존하는 이론이나 소속된 학파 또는 전공 영역에 따라 다른 해석과 접근을 할 수 있다. 오방 선생께서 남긴 말과 글에 대한 의미의 해석 역시 다양한 견해가 존재할 수 있는 이유이다. 한 가지 예로, 오방이라는 호에 대한 해석이 여기 해당한다. 그동안 여러 사람이 오방에 대한 나름의 해석을 시도해 왔다. 이 글은 여러 다른 방식의 해석을 비교·분석하는 자리가 아니므로 오로지 필자가 해석한 오방의 의미를 간략히 소개함으로써 해석의 문제에 대한 이해를 도모하고자 한다. 오방五放은 원래 다섯 가지의 속된 욕망을 버린다放는 뜻으로 시작되었으나, 나중에 오방 선생께서 오방의 뜻을 다음과 같은 한자어를 사용하여 의미를 부여했다고 한다. 즉 '버릴 放' 자를 사용하여 다섯 개의 주요 생활영역에서 버려야 할 다섯 가지의 태도를 적시하셨는데, 구체적으로는 첫째 가사家事에는 방만放漫, 둘째 사회에는 방일放逸, 셋째 경제에는 방종放縱, 넷째 정치에는 방기放棄, 다섯째 종교에는 방랑放浪이 바로 그것이다.

이에 대한 해석은 사람에 따라 다를 수 있음을 전제로 필자 나름의 풀이를 소개하면 다음과 같다. 첫째 가사에 방만放漫을 보면 '게으를 만漫' 자를 사용하였으므로, 가족에 대하여는 게으름을 버린다고 풀이된다. 그런데 오방 선생께서는 가정사를 돌보지 않으신 것으로 널리 알려져 있기에 처음에는 잘 이해가 되지 않았다. 그러나 세월이 흐르며 곰곰이 생각한 결과 다음과 같은 결론에 도달했다. 즉 오방 선생께서는 가정을 경제적으로 돕지는 않았으나, 더 근본적이고 더욱 중요한 '가정교육'의 관점에서 보면, 올바른 삶이 어떤 것인지를 몸소 실천을 통해 가족에게 모범을 보임으로써, 가정에서의 큰 가르침에는 게으른 적이 없었다는 깨달음이 왔다. 사회에 방일放逸은 '도망갈 일逸' 자를 사용하였는데 선생께서는 사회에 문제가 생기면 피하지 않고 그 자리에 남아 함께 해결해 나가려 노력하셨음을 우리가 모두 잘 안다. 경제에 방종放縱 역시 경제, 즉 재물에 종속되거나 쫓아가는 것을 버린다는 의미에서 縱의 뜻은 쉽게 해석이 된다. 종교에 방랑放浪에 쓰인 '랑浪' 자는 떠돌거나 물결치는 의미이므로 종교에서는 신조 없이 옮겨 다니거나 흔들리는 것을 버려야 한다고 말씀하신 것이라 하겠다. 다만 마지막 정치에 방기放棄는 해석에 약간의 어려움이 따른다. 포기나 버림의 뜻을 가진 '기棄'가 무엇을 포기하지 않음을 의미하는지 파악해야 하기 때문이다. 필자의 생각으로는 정치에서 특히 중요한 것이 신조信條나 원칙原則이므로, 지켜야 하는 원칙을 포기해서는 안 된다는 말씀으로 해석함이 옳을 것 같다. 그렇다면 그 원칙이 무엇이냐를 놓고 여러 갈래의 해석이 가능할 것이다. 나는 그것이 '통합'의 원칙이라는 생각이다. 오방 선생께서 정치 영역에서 보인 활동은 독립운동이었다. 그 과정에서 선생은 민족의 분열을 막으려는 자세를 일관되게 유지하셨다. 3·1운동으로 옥고를 치르고 나온 뒤 바로 만드신 단체가 광주 YMCA와 조선노동공제회 광주 지부였다. 이는 좌左와 우右를 아우르는 두 개의 단체임에 주목할 필요가 있다. 1927년에는 민족주의와 사회주의 단체가 연합한 신간회의 지부장을 맡으셨고, 해방 후에는 김구 선생의 통합 노선과 뜻을 같이했으며, 현실에서도 건국준비위원회의 광주 대표로 추대됨과 동시에 미 군정의 고문으로도 추대되셨다. 이렇게 오방 선생께서 정치 영역에서 보여 주신 한결같은 행적은 민족의 분열과 갈등이 아닌 통합과 화합의 원칙이었다. 이상에서 서툴게나마 시도해 본 해석의 작업이 앞으로도 계속 이어져 오방 선생이 남기신 글과 말씀이 전공과 배경이 다른 학자들에 의하여 다양하게 해석되고 논의되기를 희망해 본다. 그러한 노력을 통하여 우리는 점차 더욱 성숙한 경지의 이해에 도달할 수 있을 것이다.

이 책에 수록된 여덟 편의 논문은 오방 최흥종 선생의 삶에 대해 기록하고 있다. 그런데 그의 행동과 실천이 참으로 광범위한 영역에 넓게 펼쳐 있어 선생의 생을 어느 한마디로 정의하기 어렵다는 사실에 직면한다. 그래서 광주YMCA 총무를 지낸 김천배 선생은 오방 최흥종 선생을 가리켜 "성자요, 독립투사요, 기독교 전도자요, 사회운동가였다."라며 다음과 같이 말했다.

> 한 사람의 인격 안에 이런 여러 가지의 상충하는 가치가 하나로 묶어져 있다는 것은 하나의 경이驚異가 아닐 수 없다.[3]

이렇게 다양한 영역에 걸쳐 발자취를 남기셨지만, 그 밑바탕에는 일관된 정신이 깔려 있었으니 그것은 곧 '낮은 자와 함께하는 정신'이었다. 선생께

---

3 김천배, 「물이 포도주 되어」, 『화광동진의 삶: 오방 최흥종 선생 기념문집』, 광주YMCA, 2000, 163쪽.

서 좋아하신 성경 말씀의 하나가 마태복음 25장 40절이었음은 우연이 아닐 것이다.

> 너희가 여기 내 형제 중에 지극히 작은 자에게 한 것이 곧 내게 한 것이니라.(마태복음 25: 40).

오방 선생께서는 1909년 포사이트Wiley H. Forsythe 선교사를 통해 예수님을 만났고, 갈릴리 해변의 어부 시몬이 예수의 부르심에 한 치의 주저함도 없이 그 자리에 그물을 버려두고 예수를 따라나섰던 것처럼(마가복음 1:16-18), 오방 선생 역시 1909년 바로 그 자리에 모든 것을 내려놓고 예수와 동행하는 길을 나선 후 다시는 뒤를 돌아다보시지 않았다. 그 후 선생이 걸어간 삶의 여정은 한센병 환자처럼 낮은 자들을 형제로 삼아 일생을 통해 한 번도 그들 곁을 떠나지 않는 것이었다. 아마 선생이 말씀하신 '충만한 삶'은 바로 이러한 길고도 힘든 동행의 여정에서 느낀 보람일는지 모른다.

끝으로 이 한 권의 책이 만들어질 수 있도록 귀한 논문의 게재를 허락해주신 김경재, 차종순, 한규무, 조용준, 양회석, 정경운 교수님과 한인수 목사님께 진심으로 감사의 말씀을 드린다.

차례

4   화보
15   책의 발간에 부쳐 오방 최흥종 선생 연구의 과제   최협

1부 생애

29   호남 교회 형성 인물, 최흥종 목사   한인수
69   오방 최흥종의 생애와 기독교 민족운동   한규무
96   호남 교회사에서 복음적 사회운동에 대한 한 연구
     : 오방 최흥종 목사의 생애와 사상을 중심으로   차종순

2부 신앙

157   오방 최흥종의 신앙 노선과 선교 활동   한규무

191   우리 시대 그리스도인의 성찰과 사명
: 오방 정신에서 본 한국 개신교의 자기 성찰과 시대적 과제   김경재

221   오방과 노자
: 기독교와 도가의 대화   양회석

3부 참여

247   오방 최흥종 선생과 '광주읍 가옥 철거구 궁민구제연구회'   정경운

283   경양방죽으로 본 최흥종 목사의 도시 공공성과 비전   조용준

298   부록 오방 최흥종 연보

1부

생애

한인수

호남 교회 형성 인물, 최흥종 목사

호남 교회사에서 최흥종은 복음의 사회적 실천가로, 이 부문에서 타他의 추종을 불허한다. 그는 '나환자의 친구'요 '거지들의 아버지'라 불렸다. 그래서 그런지 그에 대한 기술은 대체로 이 한 방향에 정위正位되어 있다는 느낌을 준다.[1] 또한 그에 관한 글들 중엔 비연대기적 기술도 많이 눈에 뜨인다. 보다 객관적인 통찰을 통해 흥종의 삶의 역정을 가능한 정확하게 들추어 보려는 것이 본고의 목적이다.

---

1 그에 대한 대표적인 기술은 문순태의 『영원한 자유인』(광주YMCA, 1976)이다. 김천배가 쓴 『오방 최흥종 목사의 삶』(저술 연도 미상)도 참고할 만하다. 여타의 글들은 주로 첫 번째 책을 별다른 검증 없이 반복하고 있다.

1. 입신入信 하기까지(1880~1907)

홍종은 1880년 5월 2일 전남 광주읍 불노동不老洞에서 호반 최학신崔學新의 장남으로 출생했다. 그의 어릴 적 이름은 영종泳琮이었다.

홍종이 삐뚤어진 인생을 살게 된 주된 원인은 아마도 그가 일찍 어머니를 여의고 계모의 손에서 자라난 데다 19세 때엔 아버지마저 콜레라로 사별한 데 있다고 보인다. 장래를 위해 아직 부모의 도움을 필요로 하던 나이에 홍종은 무거운 가사의 책무를 짊어지고 동생들을 돌봐야만 했으니 어쩌면 그의 성격 변화는 자연스러운 감도 없지 않았다. 패기와 야심으로 가득 찬 젊은이가 그 뜻을 이루지 못할 때 종종 나타나는 것은 난폭과 방탕이다. 홍종도 예외적인 존재가 아니었다. 그는 광주골을 주름잡는 '무법자'가 되었고 스스로를 '쇳놈[鐵漢]'이라 칭할 정도로 주먹 세계에서 이름을 날렸다.

홍종이 기독교 세계와 처음 접촉하게 된 것은 김윤수金允洙와의 만남을 통해서였다. 1904년 목포교회의 신실한 집사 김윤수는 남장로교 선교회의 위탁으로 광주에 와서 장차 개설될 광주 선교 거점을 위한 대지를 물색하고 있었다. 이때 그는 홍종을 만났고, 그의 도움으로 양림리에 있는 땅을 구입할 수 있었다. 홍종이 김윤수에게 큰 관심을 보인 것은 총순總巡을 지낸 전력前歷 때문이었다. 말하자면 그를 통해 출세길을 한번 터 볼까 하는 생각에서였다. 과거를 청산하고 새로운 인생을 시작하려는 열망으로 가득차 있던 홍종에게 김윤수는 그에 대한 정보와 함께 그리스도의 복음을 전해 주었다. 그는 이 권고를 받아들이고 동년 성탄절에 시작된 배유지Eugene Bell 목사의 사랑방 모임에 참석하기 시작했다.

당시 홍종의 신앙은 세상 속에서의 자기실현을 떨쳐 버릴 정도로 견고한 것은 못 되었다. 1905년 그는 배 목사와 김윤수의 만류에도 불구하고 평소에 바라던 광주경무청의 순검巡檢에 발탁되어 대한제국의 치안을 담당하는 말단 관리가 되었다. 하지만 홍종이 경험한 순검 생활의 현실은 그의 이상과 너무나 배치되었다. 1906년 2월 일본 통감부가 조선에 설치된 이후 순검이란 의병義兵을 진압하는 일본 헌병대의 일개 보조 병력에 불과했기 때문이다. 의병 진압 명령을 받은 홍종은 겉으로는 협력하는 척하면서 화순에서 체포된 보성 의병장 안담살의 부하 12명을 기지를 써서 도주시켰다. 또 그는 순창에서도 비슷한 방법으로 총살 직전에 있던 6명의 의병을 감쪽같이 살려 보내는 모험을 감행했다. 그런데 1907년 초반 화순 사건 이후 일본인의 감시하에 있게 된 홍종의 불안한 이중생활이 종지부를 찍는 사건이 일어났다. 국채보상운동이 바로 그것이었다. 일본의 관헌들은 이 운동을 일본에 대한 의거義擧로 규정하고 강력한 단속을 펴 나갔다. 어느 날 광주의 경무관은 홍종을 불러 광주 국채보상운동본부에 걸려 있는 간판을 떼어 오라는 지시를 내렸다. 그는 더 이상 버틸 수 없었다. 홍종은 사직서를 써서 경무 고문의 책상 위에 놓고서는 밖으로 뛰쳐나왔다.

여기서 우리가 짚고 넘어가야 할 점이 하나 있다. 북문안교회의 시작과 함께 입도入道한 그가 언제 세례를 받고 입교入敎했느냐는 것이다. 이 문제에 대해서는 오랫동안 그와 함께 일해 온 윌슨R. M. Wilson 의사가 두 차례에 걸쳐 신뢰할 만한 정보를 제공해 주고 있다. 1922년 그는 '광주의 새 교회 헌당식'이란 제하의 기사에서 "최 목사는 광주의 복음 사역에 있어서 최초의 개종자는 아니나 최초의 개종자들 중 한 사람이다. 오랫동안 그는 병원에서 나의 조수로 활동했다."[2]고 쓰고 있다. 그리고 그 전해인 1921년 윌슨은 '최초의 신자가 목사가 되다'라는 글에서 "그는 이 선교 거점에서 처음으로 신자

---

2 *THE MISSIONARY SURVEY*, February 1922, p.131.

가 된 사람이며 꽤 오랫동안 교회의 가장 적극적인 신자들 중 한 사람으로 활약해 왔다."[3]고 적고 있다.

그렇다면 그가 광주 북문안교회에서 세례를 받은 시점은 언제였을까? '1909년 설'[4]은 최초의 개종자군群과는 너무나 거리가 멀기 때문에 배제되는 것이 당연하다. 개연성이 높은 것은 1906년에 있는 최초의 헌당식과 1907년 교회당의 확장 후에 있는 봉헌식이다. 홍종의 입교入敎와 그의 적극적인 교회 활동을 연결시켜 생각해 본다면 후자가 더 유력하다. 1907년 6월에 있은 선교회의 연례 보고서에 "교회는 청년 3인의 입회reception로 강력해지고 있다. 이들 모두는 사역에 적극적이다."[5]라는 기록이 보이기 때문이다. 또 이 시점은 그가 순검 생활을 포기한 시점과 거의 일치하기 때문에 그 개연성이 더욱 크다고 볼 수 있다. 세상에 대해 죽기로 작정한 후에야 그는 그리스도와 복음을 위해 살기로 결심할 수 있었던 것이다.

2. 수세 이후의 활동(1907~1915)

수세 후 홍종은 본래의 영종泳琮에서 흥종興琮으로 개명하였다. 자세히 알려져 있지는 않으나 그가 이름을 바꾼 것은 그의 중생重生과 무관하지 않을 것이라 추정된다.

수세 후 홍종은 잠시 광주농공은행에서 일했는데 그 기간은 얼마 되지 못

---

3 *THE MISSIONARY SURVEY*, May 1921, p.356.
4 이것은 그의 개종을 포사이드의 문둥병원 시작과 직결시킨 데서 발생한 오류이다.
5 STATION REPORTS, 1907, p.27.

했다. 윌슨R. M. Wilson 의사가 의료 선교사로 광주에 도착하였던 것이다. 광주 선교 거점에 있는 선교사들은 흥종을 그의 어학 선생으로 추천하였다. 그는 이 제안을 쾌히 수락하고 오전에는 윌슨에게 한국말을 가르쳐 주고 오후에는 윌슨의 조수가 되어 그의 진료 활동을 돕는 일을 했다. 이러한 생활은 상당 기간 계속되었다. 훗날 윌슨이 "그는 많은 수술 시 나를 도와 왔다. 그는 꽤 훌륭한 '시골 의사'이다."[6] 라고 칭송의 말을 하고 있는 것으로 미뤄 보아 흥종은 의사가 되기에 매우 적합한 의술적인 재능을 지니고 있었던 것으로 보인다.

1909년 4월 5일 목포에서 광주로 가는 노상에서는 흥종의 삶에 지대한 영향을 끼친 일대 사건이 발생했다. 포사이드W. H. Forsythe 의사가 문둥병에 걸린 여인 한 사람에게 자신의 외투를 입혀 자신의 말에 태우고 자신은 마부가 되어 광주에 나타난 것이다. 목포에 있던 그는 오원C. C. Owen 의사가 폐렴에 걸려 사경을 헤맨다는 전갈을 받고 급히 광주로 달려 오던 참이었다. 길가에 쓰러져 신음하는 여인을 불쌍히 여겨 광주에 데리고 온 포사이드는 응급치료 후 그 병자를 둘 만한 곳이 없자 벽돌 굽던 가마가 있는 빈 굴로 데리고 갔다. 포사이드가 그녀를 부축하여 막 그곳으로 향해 가고 있을 때 흥종과 마주쳤다. 흥종과 포사이드가 서로 인사를 나누는 순간 문둥병 환자가 지팡이를 떨어뜨렸다. 포사이드는 흥종에게 "형제여, 저 지팡이를 집어 불쌍한 병자에게 주십시오."라고 간청했다. 나환자의 피고름이 묻어 있는 지팡이를 본 순간 흥종은 한동안 망설였다. 전염이 될 수도 있다고 생각해서였다. 하지만 그는 용기를 내어 더러운 지팡이를 집어 환자에게 건네주었다. 그 후 포사이드의 뜨거운 인간애에 감동을 받은 흥종은 종종 아무런 두려움이 없이 환자

---

6   *THE MISSIONARY SURVEY*, May 1922, p.356.

에게 음식을 날라다 주는 일을 수행했다. 하지만 여러 사람들의 따뜻한 보살 핌에도 불구하고 이 가엾은 여인은 세상을 떠나고 말았다. 이 사건은 광주 선교 거점의 조직적인 나병 사역을 결과시키는 계기가 되었다.

포사이드가 시작한 나환자 사역은 윌슨이 떠맡았다. 나병원은 처음엔 광주 읍내에 있었으나 주민들의 거센 반발로 1910년 광주 부근에 있는 외딴 곳으로 이전되었다. 윌슨의 조수인 홍종은 그를 도와 나병원의 발전을 위해 크게 기여했다. 처음엔 섬뜻한 생각이 들어 나환자들에게 접근하는데도 조심성을 보였던 그는 그들을 등에 업어 나르는 일은 물론 병자의 환부를 어루만지는 일도 서슴지 않게 되었다. 나환자촌의 관리자가 되어 문둥이와 생활을 함께 하며 따뜻한 마음으로 그들을 섬기는 홍종의 모습은 광주골의 '작은 그리스도'라 칭함을 받기에 부족함이 없었다.

윌슨은 의료 사역으로 만족하지 않고 나환자를 위한 전도 활동에도 심혈을 기울였다. 그의 오른팔 격인 홍종이 이 일에 적극 협력하였음은 두말할 나위가 없다. 그 결과 나환자들을 위한 특수 교회 하나가 생겨나게 되었다. 『조선예수교장로회사기』하권엔 다음과 같은 기록이 보인다.

> 1912년 광주군 봉선리교회가 설립되다. 先時에 선교회 의사 우월순이 나병자 이십여 인을 산곡에 집합하고 의약으로 치료할새 선교사와 제중원 사무원 최흥종과 이만준이 삼 년간 전도하여 신자를 얻어 교회가 설립케 되니라.[7]

홍종의 '거룩한 변신'은 광주 사회에서 큰 충격으로 받아들여졌고, 그것은 곧장 그가 속한 북문안교회의 부흥과 발전을 가져오게 한 요인 중의 하나

---

7 한국교회사학회, 『조선예수교장로회사기』하, 연세대학교 출판부, 1968, 171쪽.

로 작용했다. 김윤수와 흥종의 헌신적인 노력에 힘입어 북문안교회의 주일 낮 예배 참석자의 수는 1908년의 125명에서 1909년엔 250~300명, 그리고 1910년엔 400명으로 늘어났다. 1911년 흥종은 김윤수와 더불어 교우들의 압도적인 지지 속에서 초대 장로로 피택되는 영예를 얻었고, 이듬해인 1912년 장로에 임직되었다.

경술국치 이후 전국의 교회가 대체로 침체 현상을 보이고 있던 시기에 북문안교회가 한국인 목회자가 없는 상황하에서도 활기 있게 전진할 수 있었던 것은 흥종과 김윤수 같은 훌륭한 평신도 지도자들이 건재했기 때문이었다. 1913년 초 흥종은 『예수교회보』에 '광주 교회의 수은'이란 제하의 북문안교회의 형편을 소개하는 글을 기고하였다. 여기서 흥종은 교회의 소학교 사업에 적극적으로 개입하고 있는 것을 볼 수 있는데 이는 그가 민중의 교육 운동에도 남다른 관심을 가지고 있었음을 입증해 준다. 이하에 그 전문을 옮겨 본다.

> 광주는 전남에 대도회처라 토대가 고옥하고 기후가 온화하여 물산이 풍부한 고로 인민의 성질이 완완하여 참도리를 연구할 사상이 박약한고로 예수를 믿는 사람이 희소하더니 죽을 땅과 그늘에 앉은 백성에게 빛을 비추시는 하나님께서 은혜를 풍성히 베푸사 지금은 믿는 형제, 자매가 매주일 평균 사백 명 이상이 모이며 주일 학당 처소가 일곱 곳이온데 매주일 공부하는 인원 도합이 칠백 명 이상이요, 남녀 학교가 설립되어 학도가 백십여 명이온데 고등부는 미션회에서 주관하고 심상부는 본 교회에서 주관하여 교사 월봉에 지불하오나 심상부를 완전히 확장할 자본금이 없어 일반 교우의 매양 한탄하는 바러니 이 일을 근심하는 형제가 아름다운 뜻을 얻어 후히 주시고 꾸짖지 아니하시는 만물의 주재 하나님께 구하자고 결심하고 몇 달 동안 매일 하오 칠 시에 학교

사무실에 모여 은밀 기도로 구하더니 마침 감사절을 당한지라. 교중에 공포하고 감사 예배를 북문안 예배당에서 볼새 온 교회 형제, 자매와 남녀 학도의 성아한 찬송가로 하나님께 영광을 돌리고 감사한 마음이 충만하여 각각 얻은 대로 여러 가지 물건을 연보하였사오며 연보할 물건을 대금으로 계산하니 오십여 원이 되었더라. 폐회하고 돌아오는 길에 몇 분 형제들이 학교 사무실에 인하여 모여 연보 사용 방법을 의논하는 중에 몇 원은 구제하고 다수는 학교 기본금으로 적립하기로 결정하고 계속하여 소학교 기본금에 대한 특별 연보를 더 하자고 발론되어 당시 회집한 형제 9인 중 연보한 금액이 600원이라 일제히 고장하며 하나님께 영광을 돌렸소이다. 그 이튿날 저녁에 본교회 집사 최재익 씨 집에서 최흥종 장로가 취지를 설명한 후 연보된 것을 공포하매 여러 형제가 열심을 내어 각각 출연한 것이 200원에 달한지라 전후 연보를 합계하니 850여 원이외다. 진실로 감사하온 것은 이 재정 곤란한 시대에 이 같은 거액의 연보는 과연 사람의 뜻으로 된 것이 아니요, 구하는 자에게 주시는 천지만물의 주재 하나님께 영광을 돌리옵네다.[8]

3. 목회자가 되기까지(1915~1921)

흥종이 나환자촌에서 나와 목회자의 길을 택한 데에는 그의 영적 스승인 배유지 목사의 권고가 큰 역할을 했을 것이라 추정된다. 의사의 길은 동생인 영욱에게 맡기고 자신은 오직 복음 전도에만 헌신할 것을 결심한 그는 1913년 10월 노회의 시취를 거친 뒤 1914년 8월 정기노회(제4회)에서 입학 허락

---

8 『예수교회보』, 1913. 1. 28, 1913. 2. 4.

을 받고 1915년 봄 평양신학교에 입학하였다. 홍종이 중학교의 과정을 거치지 않고도 신학교에 진학할 수 있었던 것은 "25세 이상은 중학 졸업생이 아니더라도 信心과 사역의 성적과 학문이 稍優한 자로 한다."[9]는 노회의 규정 덕분이었다. 당시 평양신학교는 매년 3개월씩 수업하는 5년제 교과과정을 채택하고 있었다. 춘기春期의 이론 수업이 끝나면 학생들은 그 나머지 기간을 실습 수업으로 현장에서 선교사와 목사를 도와 일선 목회 사역을 감당해야만 했다.

홍종이 신학교 재학 시 어떤 교회를 돌보았는지에 대하여는 정확한 기록이 남아 있지 않다. 그러나 그가 북문밖교회의 전신인 '북문밖주일학교'를 돌보고 있었던 것으로 보아 이곳에서 조사로서 활동하지 않았을까 추정된다. 당시 북문안교회는 장차 정식 교회로 발전할 가능성이 있는 여러 군데의 지역에 일명 '불신자를 위한 주일학교'[10]를 개척하여 운영하고 있었다. 이러한 방식의 교회 개척 운동은 광주 지역에서는 1912년부터 있어 왔다. 그 결과 생긴 교회들로는 북문밖교회(1920), 향사리교회(1922), 그리고 내방리교회(1922) 등이 있다.

그런데 홍종이 졸업반이던 1919년 봄 그의 순탄한 학업을 방해한 일대 사건이 일어났다. 기미독립만세운동이 그것이다. 광주의 만세운동은 동년 2월 하순경 서울에서 기독신보사의 주필로 활약하던 김필수 목사가 독립운동준비회의 밀령을 받고 광주에 내려오는 것으로부터 시작되었다. 이때 그가 만난 사람이 홍종과 김철 등이었다. 김 목사가 이들과 광주의 만세운동을 교섭

---

9 전라노회록 제2회(1912) 20쪽 참조. 본고에서는 『장로회신학대학 70년사』(1971) 65쪽에 있는 글을 인용했다.
10 THE MISSIONARY SURVEY, February 1922, p.131.

한 뒤 상경하자 홍종은 김철과 같이 광주 거사를 위한 구체적인 협의차 상경했다. 그들은 광주 출신 청년들과 만나 진지하게 의견을 교환하고 광주 거사의 책임을 자신들이 맡기로 했다. 협의를 마친 홍종과 김철은 경성에서 벌어지고 있는 만세운동의 추이를 좀 더 지켜보기 위해 그대로 머물러 있었다. 그러나 홍종은 좀이 쑤셔 가만히 앉아 있지를 못하고 만세운동에 가담하여 맹렬히 활동하다가 일경에 의해 체포, 구금되는 변을 당했다. 동년 11월 6일 경성 지방법원 조선총독부의 판사가 내린 최종 판결문에는 다음과 같은 기록이 보인다.

> 피고 최흥종은 장로파에 속하는 야소고 전도사인바, 대정 8년 3월 2일경 마침 광주 지방으로부터 경성에 와서 당시 이 태왕 전하(고종 황제)의 국장을 당하여 많은 군중이 경성에 모인 것을 기화로 위의 군중에게 대하여 조선 독립운동을 할 것을 고취함으로써 그 목적을 관철하려고 하던 차 대정 8년 3월 5일 학생단에서 위의 시위운동이 있음을 알게 되자 그 취지에 찬동하였으며⋯.[11]

홍종은 1년 형을 선고받고 대구형무소에서 옥고를 치러야 했다. 8개월의 미결 구류 기간 중 90일은 본형에 삽입되었기 때문에 그가 실제로 겪은 투옥 기간은 1년 5개월이었다. 홍종이 투옥되어 가족의 생계가 막연해지자 '북문 밖 모임'에서는 홍종이 출감할 때까지 그의 아내에게 조사의 봉급을 한 달도 거르지 않고 꼬박꼬박 지급해 주었다.[12]

한편 홍종 없이 전개된 광주의 만세운동은 이후 교회에 적지 않은 영향을

---

11 『독립운동사자료집 제5집』, 1972, 102쪽.
12 THE MISSIONARY SURVEY, March 1921, p.194.

끼쳤다. 적극 가담자의 상당수가 북문안교회의 교우들이었기 때문이었다. 이에 대한 보복으로 일본 정부는 국유지였던 교회의 땅을 환수하는 조처를 취했다. 이 터는 1905년 배유지 선교사가 광무 황제로부터 빌린 땅이었는데 일제에 의해 몰수당하고 만 것이다. 이렇게 되자 동년 가을 북문안교회는 남문밖(금정 101번지)에 교회당을 옮겨 짓고 교회명도 금정교회로 바꿨다.

교회의 이전 후에 있은 중요한 사건은 1920년 9월에 있은 북문밖교회(중앙교회의 전신)의 분립이었다. 이것은 교세의 확장과 거리상의 불편 때문에 생긴 필연적인 결과였다. 북문밖교회가 염두에 두고 있던 목회자는 물론 수년 간 조사로서 동 교회를 봉사해 온 홍종이었다. 출소 후 그는 평양신학교에 가서 마지막 학기(가을 학기)를 수료하고 1922년 1월 졸업(제14회)과 동시에 광주 오원기념각에서 열린 전남노회 정기노회(제7회)에서 선교사 로라복Robert Knox과 함께 북문밖교회의 동사 목사로 인준을 받았다.

4. 북문밖교회 목회 시절(1921~1922)

홍종이 목사 안수를 받고 정식으로 북문밖교회에 부임한 것은 1921년 1월이지만, 그가 동 교회를 돌보기 시작한 것은 평양신학교에서 마지막 학기를 마치고 돌아온 1920년 11월 하순경부터였다. 이 무렵 그는 미국 교회에 흥미 있는 공개 서한 한 통을 발송했다. 여기서 그는 전례 없는 청소년 전도의 필요성을 강조하고 그 실천 방법으로서 각종 교육기관의 설립을 제시한 뒤 미국 교회의 도움을 간절히 요청하고 있다. 이 편지의 내용은 특별한 것이라기보다는 당시 양식과 혜안이 있는 교회의 지도자들이 품고 있던 견해를 대변하는 것이다. 하지만 이를 공개 서한의 형식으로 미국의 교계에 발송한 것은 지도자적 용기와 추진력이 없이는 불가능한 것이라 보는 것이 옳을 것이다. 아래의 그 전문을 번역하여 옮겨 본다.

> 한국의 젊은이들은 그들에게 주어진 복음을 받아들여야만 합니다. 하나님의 파송을 받은 미국 선교사들이 한국 백성을 위해 사역해 온 지도 어언 30년이나 지났습니다. 그들의 노력한 결과 현재 이 땅에는 20만 명이 넘는 그리스도인들이 있습니다. 우리 한국의 그리스도인들은 미국 교회와 선교 본부가 우리를 위해 이처럼 쉬임 없이 노력해 주신 것에 대해 하나님께 이루 다 감사를 드릴 수 없습니다.
>
> 오늘날 한국 교회는 젊은이들을 예수 그리스도에게로 인도해야 할 필요성을 전례 없이 인식하고 있습니다. 이 사역을 적절히 수행하기 위해 우리는 보다 많은 학교, 전문학교, 그리고 성경학교를 필요로 합니다. 하지만 우리는 이러한 학교들을 재정적으로 지원할 만한 능력이 없으며 또 이것들을 관리할 만한 경험도 충분히 갖고 있지 못합니다. 이 사역을 수행할 선교사들과 자금이 (모두) 결핍되어 있기 때문에 우리의 염려는 큽니다. 왜냐하면 우리는 젊은이들의 요구에 부응하여 그것을 충족시켜 줄 방도를 알지 못하기 때문입니다. 궁여지책으로 우리는 그리스도의 사랑과 섭리를 우리에게 가르쳐 주신 여러분에게 도움을 청하는 바입니다.[13]

홍종이 담임한 북문밖교회는 시작부터 그 전도가 유망했다. 먼저 교세면에서 보면 금정교회 교우의 약 50%가 새 교회의 형성에 가담했다. 당시 금정교회의 등록 교인 수는 400여 명 되었고 주일 예배 출석 인원은 평균 600

---

13 *THE MISSIONARY SURVEY*, March 1922, pp.193-194.

명을 넘어서고 있었는데 이 교세가 양분된 것이다. 또한 교우들의 대부분이 상업이나 자유업에 종사하고 있어서 교회를 재정적으로 잘 뒷받침할 수 있는 사람들이었다. 게다가 이 교회는 주위에 많은 인구가 밀접해 있는 도시의 중심에 위치하고 있었다.[14]

교우들은 힘을 모두어 초가집 상하채 172평을 700원에 구입하여 예배당(행랑채 10평)과 목사 사택을 마련하였다. 그러나 홍종의 부임 후 계속된 교회 성장은 새 교회당의 건축을 불가피하게 만들었다. 주일날 교우들은 자리가 너무나 비좁아 집의 문들을 다 터놓고 문밖에 판자나 돗자리들을 깔아 놓고서 그 위에 앉아 예배를 드리고 있었다. 주일학교도 급속히 발전하여 성인 주일학교와 유년주일학교가 동시에 열릴 수 없을 정도가 되었다. 그리하여 공부 시간이 둘로 나뉘어 1부엔 유년 주일학교가, 2부엔 성인 주일학교가 열렸다.

예배당의 신축은 1921년 초에 시작되어 동 6월에 완성되었으며 7월 3일엔 헌당식[15]을 가질 수 있었다. 이층의 반양옥半洋屋으로 된 36평의 새 예배당은 전 교우들을 모두 수용하고도 남을 만한 큰 규모를 자랑했다. 구 예배당은 행랑채의 지붕을 뜯어 함석으로 덮고 그 건물에 지하실을 만들어 2층으로 개조하여 부속 건물로 삼았다. 건축비의 조달은 북문밖교회 교우들과 금정교회 교우들의 합력으로 이루어졌다. 교회당의 신축 기간 중 가장 앞장서서 헌신한 사람은 금정교회의 이득주 장로였다. 그는 400여 명의 신도들이 운집한 헌당식에서 경과보고를 했는데, 예배당의 신축을 위해 소요된 총

---

14 THE MISSIONARY SURVEY, March 1922, p.356.
15 헌당식에 관한 기사는 다음의 두 가지가 있다. THE MISSIONARY SURVEY, February 1922, pp.131-132(윌슨 의사의 보고); 『동아일보』, 1921. 7. 11. 여기에는 '광주 예수교 헌당식'이라는 제목의 기사가 실려 있다.

경비는 1500달러(약 3000원)였고 그중 500불은 아직 부채로 남아 있다고 말했다. 동 헌당식에서 고라복Robert T. Coit 선교사는 설교를 했고, 그의 부인은 축가를 불러 이채를 띠었다.

이후 홍종의 목회는 순조롭게 진행되었다. 1922년 1월 그는 조공찬과 조성훈, 그리고 최병춘 등을 장로로 장립하여 당회를 강화하였다. 북문밖교회 목회 시절 홍종은 사회활동에도 눈을 돌려 노동공제회勞動共濟會 광주 지부의 창립을 주도했다. 동 회는 1920년 일제가 문화정책을 표방하는 기회를 이용하여 노동자 상호간의 유기적인 결합을 위해 조직된 합법적인 사회단체였다. 광주 지부는 1921년 6월 10일 흥학관에서 400여 명이 입추의 여지 없이 참석한 가운데 홍종의 사회하에 결성되었다.[16] 그는 회장직을 맡지는 않았지만 동 단체의 정신적인 지주로서 계속 이 운동에 협력했다.

5. 시베리아 선교사 시절(1922~1923)

1922년 3월 홍종은 북문밖교회의 목회를 마감하고 시베리아 선교를 위해 블라디보스토크로 떠났다.[17] 그의 해외 동포를 위한 선교적 정열은 이미 오래전부터 불타오르고 있었다. 1913년 8월 홍종은 북간도 선교를 자원한 적이 있었다. 당시 그는 선교사 강운림William M. Clark의 간곡한 권면을 받아들여 주저앉고 말았다.[18] 하지만 이번엔 경우가 달랐다. 북문밖교회를 담임한

---

16 『동아일보』, 1921. 6. 10.
17 『동아일보』, 1922. 3. 9.
18 전라노회록(제2회), 1912, 53쪽.

지 얼마 되지 않아 홍종은 제11회 총회에 시베리아 선교 신청서를 제출하여 이미 그 승인을 받아 냈던 것이다. 홍종이 진작 선교사로 임명되었음에도 불구하고 7개월이나 뒤늦게 시베리아로 출발한 것은 '정치운동에 관계를 한'[19] 연고로 요시찰인물로 지목을 받아 당국의 감시가 특별하여 여권을 적기에 발급받지 못했기 때문이었다.

시베리아로 한인 이주가 시작된 것은 1862년이었다. 세월이 감에 따라 한인들의 수는 점점 늘어났는데, 1908년엔 45,397명을 기록했고, 1920년 초엔 약 30만 명을 헤아리고 있었다. 시베리아 거주 한인들에 대해 선교가 시작된 것은 1908년 동아기독교의 최성업 목사에 의해서였다. 장로교회에서 1909년 최관흘 목사를, 감리교회에서는 1912년 손정도 목사를 파송하여 이에 가세했다. 그러나 러시아정교회의 탄압이 자심하여 견디지 못한 최 목사는 결국 정교회로 전향하였고, 손 목사는 개종 압력에 불복했기 때문에 추방을 당했다. 그 후 시베리아 선교는 일단 중단되었다가 장로교회에서 1918년 김현찬 목사를 파송함으로써 재개되었다.

홍종이 시베리아로 떠날 무렵 러시아의 정국은 공산혁명 후 계속되는 적군赤軍과 백군白軍의 싸움으로 몹시 불안한 상태에 있었다. 또 선교사들은 양편 모두로부터 배척을 받는 어려운 처지에 놓여 있었다. 친지들은 그의 시베리아행을 "화약을 지고 불 속으로 뛰어 들어가는 것과 같이 무모한 짓"이라 비유하며 적극 만류했다. 눈물로써 가로막는 아내를 향해 그는 "기왕 나는 몸과 마음을 하나님께 바친 사람이오. 나는 오로지 하나님의 명에 따를 뿐이오."[20] 하면서 열차에 몸을 실었다.

---

19 『동아일보』, 1922. 3. 9.
20 문순태, 『영원한 자유인』, 87쪽.

홍종이 먼저 도착한 곳은 소황령(니코리스크)이었는데, 여기서 그는 안중근 의사의 어머니를 만나 세례를 베풀 수 있었다. 국권을 탈취당한 동포들이 춥고 배고픈 이국땅에서 목자 잃은 양처럼 방황하면서 모진 박해를 감내하며 살고 있는 것을 본 그는 그들을 얼싸안고 울면서 복음으로 따뜻하게 위로해 주었다.

당시 시베리아의 선교적 지반은 다년간에 걸친 김현찬 목사의 노고로 비교적 잘 닦여져 있었다. 홍종은 이러한 여건 속에서 한편으로는 기존의 신자들을 양육하고 다른 한편으로는 전도를 통해 새 신자를 얻는 선교활동을 펴 나갔다. 시베리아에서 북만주를 오가며 수행된 그의 선교가 어떻게 진행되었는지에 대하여는 제12회 총회(1923)에 제출된 다음의 보고서가 잘 말해 주고 있다.

1. 아령 야심시개에서 10일간 공부시키며 20인에게 세례 주고 5인을 학습 세우며 성찬도 베풀고 직분도 개선하였사오며
2. 다반교회에서는 10일간 성경 공부 시키고 27인에게 세례 주고 유아 세례 받은 이가 6인이오. 학습 선 이가 18인인데 성찬 예식도 거행하였사오며
3. 안반교회에서는 7일간 사경 공부 시키고 어른 23인과 유아 7인에게 세례 주고 8인은 학습 세우고 성찬 예식도 거행하였사오며
4. 북만주 요원현 사평산교회에서 10일간 성경 공부 시키며 어른 4인과 유아 3인에게 세례를 주고 학습 15인을 세우고 성찬례도 거행하였사오며
5. 동상동에 일주일 유하며 13인에게 세례 주고 9인은 학습 세우고 직분도 개선하였사오며
6. 대흥평에서 세례 2인, 학습 4인이 생기므로 교회가 새로 조직되었사오며
7. 대평동에서는 3인에게 세례 주고 직분을 개선하였사오며

8. 대가하에서는 1인에게 세례 주고 직분을 개선하였사오며

9. 아령 남부 우수리 박석동에서는 12인에게 세례 주고 직분도 개선하였사오며

10. 소황령 부근 방천리교회와 승정리교회에서도 직분을 개선하였사오며

11. 중령 평산에 학교 하나를 신설하였사옵나이다.[21]

1년여에 걸친 흥종의 선교 실적을 종합해 보면 신설 교회 6처, 신설 학교 1처, 세례인 도합 105인, 학습인 도합 78인이었으며, 전도에 바친 날 수가 107일, 그리고 방문하며 다닌 거리의 도합은 6,500리나 되었다.

상술한 그의 시베리아 선교 활동은 예견했던 대로 고난과 박해 속에서 이루어졌다. 제12회 총회록엔 다음과 같은 기록이 보인다.

> 최흥종 목사는 안반, 다반, 요하명 지방에서 무수한 핍박을 받았으나 많은 재미를 보고 나오던 도중에 소학령 정거장에서 구속을 당하여 러시아 관청에 가서 10일 동안 형언할 수 없는 고생을 당하고 겨우 해방을 받은 것은 우리 시베리아교회에서 하나님 앞에 찬송할 일이오며….[22]

그러나 흥종의 눈물겨운 시베리아 선교는 1923년 5월경 중단되고 말았다. 당국이 그의 이질적 선교 행위를 더 이상 용납하지 못하고 그에게 추방령을 내렸기 때문이다. 선교지에서 추방당한 그는 얼마 동안 만주에 머물며 북간도 지방에 살고 있는 동포들을 격려하고 다니다가 6월 초 귀국했다.

---

21 장로교 제12회(1923) 총회록, 93~95쪽.
22 장로교 제12회(1923) 총회록, 109쪽.

6. 북문밖교회와 금정교회 목회 시절(1924~1925)

시베리아에서 뜻을 이루지 못하고 광주로 돌아온 홍종은 여름 3개월 간은 전라도와 경상도에 있는 교회들을 순방하면서 시베리아에 거주하는 교민의 형편과 그곳의 선교 상황을 소개하는 강연을 하고 다녔다. 그 후 그는 최영택 목사가 사임하여 공석이 된 북문밖교회를 재차 돌보게 되었다. 얼마 동안 임시목사로 일한 그는 1924년 봄 동 교회의 제3대 목사에 취임하였다. 이번에도 그의 재임 기간은 짧았으나 홍종은 시베리아의 선교 경험을 바탕으로 교회 부흥의 발판을 구축해 놓는 데 성공했다.

그의 목회 기간 중 흥미로웠던 것은 러시아인들에 대한 전도 활동이었다. 당시 광주에는 러시아에서 공산혁명이 일어나자 이곳으로 망명해 와 있던 러시아인들이 적지 않았다. 이들 중엔 러시아의 공주도 끼어 있었다고 한다. 러시아인들은 광주천에 나와 빨래를 하곤 했는데, 이들을 보기 위해 구경꾼들이 많이 모여 들었다. 이때 러시아어를 구사할 수 있는 홍종은 러시아 망명객들에게 러시아말로 전도하여 광주골의 큰 화젯거리가 되었다.[23]

홍종이 북문밖교회에서 시무 중이던 1924년 7월 동 교회에서는 제14회 전남노회가 개최되었는데, 여기서 그는 노회장에 피선되는 영예를 얻었다.

동년 9월 홍종은 섬기던 북문밖교회를 사면하고 광주의 모교회인 금정교회로 자리를 옮겼다. 그의 갑작스런 자리 이동은 금정교회의 다급한 내부 상황 때문에 빚어진 것이었다. 당시 금정교회는 실질적인 분립 상태에 놓여 있었다. 동 교회의 김창국 목사가 양림 구역에 거주하던 다수의 교우들과 더불어 새 교회(양림교회)를 설립하려 하고 있었기 때문이다. 수피아여학교와 숭

---

23 『광주중앙교회 80년사』, 1998, 93쪽.

일학교 학생들이 모두 김 목사를 따라 나갔기 때문에 금정교회의 교세는 열세를 면치 못하는 형편이었다. 금정교회가 흥종을 긴급 청빙한 것은 이렇듯 어려워진 교회를 부흥시키기 위한 일종의 구제책이었다.[24]

1924년 9월 30일 금정교회에 부임한 흥종은 교우들과 더불어 교회를 안정시키고 재조직하는 일에 전념하였다. 그의 노력은 서서히 결실을 거두기 시작했다. 흥종은 목회자로서뿐만 아니라 사회운동가로서도 일반의 존경을 받고 있던 인물이었기 때문에 특히 청년들이 교회로 모여들어 왔다. 금정교회는 그의 지도하에서 점점 내적으로 견고해졌고, 1925년 11월 그가 동 교회의 목회를 사임할 즈음엔 정상적인 목회가 가능한 수준에까지 올라설 수 있게 되었다.

흥종의 목회를 도운 당회원으로는 이득주 장로와 황상호 장로, 그리고 선교사 도대선Samuel Kendrick Dodson 등이 있었다. 이득주 장로는 교회 일을 인생의 최우선으로 알고 봉사한 신실한 조력자였고, 황상호 장로는 광주의 만세운동 때 선봉에 서서 활동한 애국적 지식인이었다.

흥종은 재임 중 두 차례에 걸쳐 세례 및 학습 문답을 시행하여 22명에게 성인 세례를, 5명에게 유아 세례를 베풀었고, 27명을 학습 교인으로 세웠다. 문답 시 그는 몇 사람을 불합격으로 판정했는데 그 이유를 '신앙 부족信仰不足'이라 명기明記해 놓아 주의를 끈다. 흥종의 목회 기간 중 결혼을 약속한 한 쌍의 남녀가 혼전婚前 성관계를 가진 사건이 발생했다. 한 사람은 금정교회의 교인이었고 또 한 사람은 양림교회의 교인이었다. 이것은 당시의 상식으로는 도저히 용납할 수 없는 비윤리적 행위였다. 흥종은 양림교회와 합동당

---

24 『광주제일교회 90년사』, 1994, 348쪽.

회를 열어 이 문제를 처리했다.[25] 이때 그는 두 사람의 범죄를 자백받은 후 죄과는 책벌하되 혼례식은 가정 행사로 거행해 주자는 결정을 내렸다. 죄는 미워하되 인간은 사랑해야 한다는 그의 고매한 목회자적 인격이 돋보이는 대목이 아닐 수 없다.

   1925년 11월 28일 홍종은 금정교회의 목회직을 사임했다. 그의 '부득이한' 사임 이유는 밝혀지지 않고 있으나 동 교회에 부임한 목적을 이미 달성했다고 보았기 때문이 아닌가 추정된다.

7. 제2차 시베리아 선교에서 모슬포교회 목회까지(1926~1931)

금정교회를 사임한 홍종은 당분간 쉬면서 새로운 활동을 준비하고 있었다. 그것은 시베리아 선교였다. 체포-구금-축출이 반복되는 선교 현장을 다시 찾아가 과거에 못다 한 선교를 계속하려는 것이었다. 1926년 9월 최일형 선교사가 소환당하여 시베리아 선교에 공백이 생기자 홍종은 즉시 이에 지원하였다.

   "최목사는 한 번 갔다 왔는데 그 위험한 곳을 다시 가겠다는 겁니까?"

   "제겐 경험이 있으니 유리한 조건이 아닙니까? 기필코 제가 다시 갔다 오겠습니다."[26]

---

25 광주금정교회 당회록, 1925. 1. 11.
26 『기독신보』, 1927. 2. 2.

장로교 해외 선교 사무국에서는 흥종 외의 다른 지원자가 나타나지 않자 그를 선교사로 임명하였다. 하지만 이번에도 일차 여행 때와 같이 여권을 발급받기가 쉽지 않았다. 이듬해인 1월이 되어서야 어렵사리 여권을 손에 넣은 흥종은 1월 25일 여전도인 한 명을 대동하고 니코리스크를 향해 떠났다.[27]

흥종이 임지에 도착하자 과거 그의 보살핌을 받았던 신도들이 눈물을 흘리며 반가워했다. 그의 선교는 얼마 동안 큰 어려움 없이 진행되었다. 그러던 중 4월 초 그가 블라디보스토크(해삼위)에서 동포들을 모아 놓고 말씀을 증거하고 있을 때 갑자기 러시아 군인들이 들이닥쳤다. 그들은 외국 선교사로 러시아어를 잘 구사하는 흥종에게 비교적 예의를 갖추어 대했다. 그가 체포된 죄목은 '선교 금지령 위반'과 '러시아 당국의 체류 허가 없는 교회 순방 즉 불법 월경越境'이었다. 흥종은 약 20일간 유치장에 감금되었다가 4월 하순경에 열린 재판에서 강제 추방령을 선고받았다.[28]

군인들이 흥종을 국경 밖으로 추방하기 위해 끌고 갈 때였다. 부당하게도 러시아 장교가 부하들에게 흥종을 총살해 버리라고 명령했다. 세 명의 기마병들이 그를 데리고 적당한 처형 장소를 찾아 나섰다. 깊은 산 속에 도달한 그들은 한 나무꾼을 만나 적위군들이 러시아인들을 학살했다는 말을 전해 듣고서는 큰 불안을 느꼈다. 그들은 흥종을 그곳에 버려둔 채 서둘러 줄행랑을 치고 말았다. 구사일생으로 살아난 흥종은 4월 30일 고국 땅을 다시 밟을 수 있었다.

---

27 『기독신보』, 1927. 2. 2.
28 『기독신보』, 1927. 5. 11. 여기에는 최 목사가 적군赤軍의 퇴거 명령을 받은 것으로 보도되어 있으나 문순태의 견해를 따른다.

귀국 후 흥종은 특정 교회를 맡지 않고 목회 일선에서 물러나 이제 막 시작되어 진행 중인 신간회新幹會 운동에 뛰어들었다. 신간회는 1927년 2월 민족주의에 입각하여 창립된 항일 단체로 사회주의 계열과 민족주의 계열이 연합하여 형성한 단일 민족 전선이었다. 민족의 자주 독립과 해방을 위해 조직된 동 단체는 주로 제국주의적 식민지 교육정책의 배격과 노동운동 및 농민운동의 후원에 힘썼다. 신간회는 전국적인 조직망을 가지고 있었는데 산하에 있는 지회支會나 분회分會의 수는 200개가 넘었다.

광주 지회는 동년 10월 29일 흥학관에서 흥종의 사회하에 창립되었다.[29] 광주의 유지들이 대부분 참석한 창립총회에서 흥종은 회장에 선출되었다. 광주 지회는 그 출발부터 순탄치가 않았다. 임석 경관들이 축문들을 압수하고 내빈들의 축사를 금지시켜 장내를 긴장시켰기 때문이다. 그런데 토의 석상에서는 또 다른 일이 벌어졌다. 회원 중 강석봉이 재만在滿 동포들을 옹호하는 강도 높은 의견을 개진하자 임석 경관이 토의를 중지시키고 그를 체포했던 것이다.[30] 그는 동년 12월에 석방되었지만, 이 사건은 차후 신간회 광주 지회의 활동에 적지 않은 제약 요인으로 작용했음에 틀림없다. 흥종은 이듬해인 1928년 10월에 열린 정기총회에서도 회장에 재선되어 광주 지회를 이끌고 갔다.[31] 그의 활동상에 대한 자세한 기록은 별로 남아 있지 않다. 그는 목회를 위해 제주도로 떠나기 직전까지 이 직책을 수행했다.

흥종이 부임한 교회는 제주도 남단에 있는 모슬포교회였다. 동 교회는 이경필 목사의 수고로 성장한 산남 지방 최초의 자립 교회였다. 흥종은 1929

---

29 『동아일보』, 1927. 11. 1.
30 『동아일보』, 1927. 12. 21.
31 『동아일보』, 1928. 10. 19.

년 7월 20일 취임 후 첫 번째 당회를 주재했고, 24일에는 동 교회 제1대 위임목사의 위임식을 가졌다.[32]

취임 직후 흥종이 우선적으로 수행한 업무는 당회의 강화였다. 당시 동 교회의 시무장로는 전도인을 겸하고 있는 원용혁 한 사람뿐이었기 때문에 효율적인 목회를 위해서는 그 증원이 불가피했다. 흥종은 노회로부터 장로 2인의 선정을 허락받은 후 선거 절차를 거쳐 동년 10월 강흥주와 허성재를 장로로 임직시켰다.

동 교회에서 흥종은 만 2년 동안 사역했는데 이 기간 동안 세례를 베푼 사람이 26명, 학습 교인으로 세운 수가 27명이었고, 4명의 어린이에게는 유아세례를 베풀었다. 흥종이 교회 행정에서 엄격성을 보인 부분은 성수 주일이었다. 1개월 이상 주일예배에 무단결석하는 사람은 책벌의 대상이 되었다.

흥종의 제주도 목회 기간 중 있었던 기념할 만한 일은 제주노회의 창립이었다. 제주도에 있는 교회들이 종래 소속되어 온 전남노회로부터 분립하여 독자적인 노회를 구성하게 된 것이다. 흥종은 전남노회로부터 신생 제주노회의 조직 책임자로 임명받고 1930년 11월 14일 제주 성내교회에서 제주노회를 창립했다. 이것은 1908년 이기풍 목사에 의해 선교가 개시된 지 실로 22년 만에 얻은 소중한 결실이었다. 창립 노회에 참여한 교회 수는 모두 17개였고, 참석 회원 수는 목사 6인, 장로 7인, 계 13인이었으며, 선교사 3인과 목사 1인은 언권 방조 회원으로 자리를 함께했다. 동 노회에서 흥종은 초대 회장으로 추대되어 노회의 기초를 다지는 데 기여했다.

모슬포교회의 목회가 은혜 가운데에서 진행되어 가던 1931년 7월 19일 흥종은 사역을 중단하지 않으면 안되었다. 제주도에 이거해 온 후 '수토水土

---

32 모슬포교회 당회록, 1929. 7. 20.

가 맞지 않아' 가끔 고통을 당해 온 그는 더 이상 이를 견뎌 낼 수 없는 지경에 이르게 되었기 때문이다. 홍종은 노회에 1년간 수양을 청원하여 허락을 받자 제주도를 떠났다.

8. 나병구제연구회의 설립(1931. 7~1932. 6)

홍종이 휴양차 광주로 돌아와 채 숨을 돌리기도 전에 그의 앞에는 긴급한 일거리가 기다리고 있었다. 나환자를 위한 사역이 바로 그것이다.

　7월 하순경 홍종은 여수나병원의 조선나환자공제회에서 파송한 대표를 접견했다.[33] 나환자공제회는 자리의 부족으로 여수나 병원에 수용되지는 못했으나 병원의 특별한 배려로 병원 밖에서 거소를 제공받아 상부상조하며 애처롭게 살아가는 50명가량의 구급 환자 집단이었다. 그의 방문 목적은 홍종을 나병공제회의 대표로 장로교총회에 파송하여 그들의 요구사항을 관철시키기 위함이었다. 나병환자들의 딱한 정황을 전해들은 홍종은 즉석에서 나환자들의 요청을 수락하고 그들의 대변인이 되어 문제해결에 최선을 다할 것을 약속했다.

　그런데 이날 있은 나병공제회 대표와의 만남은 홍종의 생을 다시 한번 뒤바꾸어 놓는 일대 전기가 되었다. 그는 나병이 조선 민족의 보건상 최대 위협임에도 불구하고 사명감을 가지고 이들을 돌볼 사람이 없음을 개탄하면서 자신의 여생을 이들을 위해 바치기로 작정한 것이다. 홍종은 차후 사회 및 정치 운동에 대한 관심은 아예 매장埋葬해 버리고 자신은 '나환자'가 되어

---

[33] 『기독신보』, 1931. 9. 2.

오직 이 일에만 전념할 것을 굳게 다짐했다.[34] 그리고 7월 말경 여수의 나환자촌으로 이거하여 그들과 함께 생활하기 시작했다.

동년 9월 홍종은 금강산 수양관에서 회집된 장로교 제20회 총회에 나병공제회의 대표로 참석하여 자신의 임무를 충실히 수행했다.[35] 총회에서는 나병의 구제와 예방을 위해 적극적으로 활동할 것을 결의하고, 나병공제회에는 50원을 긴급 지원해 주자는 결정을 내렸다.

총회가 끝나자 홍종은 경성으로 발길을 돌렸다. 나환자 구제에 대한 여론을 환기함과 아울러 전 조선의 민간 인사를 망라하여 '나환자구제연구회'를 발족시키기 위함이었다. 당시 전국에 널려 있는 나환자의 수는 15,000~20,000명을 헤아리고 있었으나 이들을 수용하여 치료하는 시설은 극히 적었다. 관영으로는 소록도 한 곳이 있었고, 선교회에서 운영하는 것으로는 대구와 부산, 그리고 여수 등 세 곳이 있었는데 이들 네 군데에서 격리, 치료할 수 있는 숫자는 고작 2,400명에 불과했다. 따라서 나머지는 가상街上에서 학대를 받으며 유리 방황하고 있었기 때문에 일반 사회의 큰 위협이 되어 가고 있었다.

홍종은 각계각층의 유명 인사들을 차례로 방문하여 협력을 얻은 후 9월 24일 종로에 있는 기독교 청년회관에서 '조선나환자구제연구회' 발기인대회를 가졌다. 동 대회에서 선출된 20명의 실행위원 중엔 윤치호·신흥우·안재홍·조만식·김병로·김성수·송진우 등 당대의 쟁쟁한 인물들이 다수 끼어 있었다. 28일에 열린 실행위원회에서는 윤치호를 회장으로 추대하고 홍

---

34 『기독신보』, 1931. 9. 2.
35 홍종은 발언권이 없었기 때문에 여수나병원의 원목인 김응규 목사에게 부탁하여 총회 앞에서 호소하게 했다.

종을 상임위원(총무)으로 선출하는 등 실무진을 구성했다.[36]

'나환자구제연구회'가 추구하는 목적은 나환자의 적극적 구조, 가도에서 구걸하는 나환자의 치료, 그리고 보균자의 격리 등이었다. 실무 책임자인 홍종은 먼저 나환자의 실태 파악에 나섰다. 대강 조사를 마친 그는 인류 사회에서 완전히 구축되어 '골육도 가정도 국가도 없는 인생'이 조선 내에 18,000명가량이 된다고 밝혔다.[37] 그와 동시에 동 연구회에서는 각계 여론을 환기하기 위해「조선 나환자 구제 취지서」를 작성하여 발표했다. "인류애의 지극한 충동에서와 민중 보건의 간절한 요구에서 우리들은 조선 나환자의 구제와 그 예방 사업을 확립하기를 열렬히 주장한다."[38]로부터 시작하여 "천하의 혈성 있는 사녀士女들은 어찌 성誠과 힘力을 모으지 아니하랴. 민중 보건에로 할 수 있는 역량을 집중하자."[39]로 끝나는 동 취지서는 뭇사람의 마음을 감동시키고도 남음이 있었다.

그 후 홍종은 대구와 부산, 그리고 여수의 나병원에서 수행하는 나환자 구제 상황과 나환자 자치기관의 실제 상황을 조사하여 상임위에 보고했다. 동 회는 1932년 1월 그 명칭을 '조선나병근절책연구회'로 확정하고 그 장정章程을 만들었으며, 이를 이전의 취지서와 함께 수만 장 인쇄하여 일반에 배포하였다.[40] 그러나 동 연구회의 목적을 달성하기 위해서는 홍보와 함께 기부금 모집이 필요했다. 홍종은 여러 차례 당국과 협의한 끝에 2,800원의 모금을 허가받는 데 성공했다.

---

36 『동아일보』, 1931. 9. 26, 1931. 9. 30.
37 『동아일보』, 1931. 10. 21.
38 『동아일보』, 1931. 10. 21.
39 『동아일보』, 1931. 10. 21.
40 『동아일보』, 1932. 1. 26.

'나병근절연구회'가 발족되어 활발한 활동이 전개되자 돌발 사태가 발생했다. 자기들을 위해 일하는 기관이 나타났다는 소식을 들은 나환자들이 전국 각지로부터 협회의 사무실로 쓰던 중앙기독청년회에 몰려와 먹고 자면서 떠나지 않으려 했던 것이다. 심지어 이들은 회장인 윤치호의 사택까지 몰려와 눌러앉으려 했다. 이들의 저돌적인 행동에 인내력을 상실한 윤치호는 1932년 4월 마침내 회장직을 사임하고 말았다. 상임위원회에서는 신임 회장으로 흥종을 선임하고 기부금 모집에 박차를 가하기로 의결했다.[41]

흥종의 회장 취임 직후 있었던 잊지 못할 일은 '총독부 습격 사건'[42]이다. 광주에서 삶의 근거지가 없이 방황하는 나환자들을 위해 그는 총독부에 여러 차례 진정서를 제출한 적이 있었다. 그의 건의가 번번이 묵살당하자 흥종은 정상적인 방법으로는 그 해결이 불가능하다고 판단을 내리고 비상수단을 쓰기로 결심했다. 그는 길거리에서 구걸하는 나환자들을 불러 모아 놓고 집단으로 서울에 올라와 총독과 직접 담판을 벌이자는 제의를 했다. 나환자들은 환호성을 지르며 이에 동조했다. 흥종은 약 150명의 나환자들을 이끌고 광주에서 서울로 향했다. 이들은 열하루 만에야 서울에 도착할 수 있었는데 도중에 합류한 사람들이 많아 서울에 도착했을 때는 그 숫자가 400명이 넘었다. 그들이 총독부로 몰려가자 총독부는 발칵 뒤집혔고, 지금까지 흥종의 제안을 완강히 거절해 온 총독 우가키는 그와의 면담을 자청했다. 구체적으로 무엇을 도와주면 되겠느냐고 질문하는 총독에게 흥종은 "소록도에 나환자 수용소가 있으니 그곳의 시설을 대폭 확장하여 환자들을 수용하고 치료받은 환자들에게는 갱생의 길을 열어 달라"고 주문했다. 총독은 그의 요구

---

41 『동아일보』, 1932. 4. 11.
42 문순태, 『영원한 자유인』, 97~101쪽.

를 들어주겠다고 약속하면서 "그 대신 다시는 나환자들을 몰고 오지 말라"는 부탁을 했나.

홍종의 재직 시 경성에서는 어처구니없는 사건이 일어나 '나병근절연구회'와 시민들을 긴장시켰다. 신설리(신설동)에 집단으로 거주하던 30여 명의 나환자들이 '나병근절연구회'에서 그들의 살 곳을 장만해 준다는 소문을 듣고 본래 살던 집들을 매각하고 연구회의 처분을 기다리고 있었으나 아무런 소식이 없자 생활의 근거를 잃은 채 노상에서 방황하고 있었던 것이다.[43] 사태가 여기까지 이르게 된 것은 연구회의 모금이 계획처럼 이루어지지 않았기 때문이었다. 사실 연구회의 발족 이후 총독부는 거의 냉담한 태도로 방관적인 자세를 견지하고 있었고, 경제적 기반이 허약한 백성들은 모금 조성에 큰 기여를 할 수 없었다. 이 사건이 사회에 알려진 후 약간의 독지가들이 모금에 응하긴 했으나 필요한 금액을 채우기에는 역부족이었다.

홍종은 위원들과 함께 다방면으로 모금 운동을 전개해 보았으나 결과는 마찬가지였다. 6월 하순까지의 모금 실적이 기대에 미치지 못하여 사업을 제대로 추진할 수 없게 되자 홍종은 기왕 모금된 1,287원으로 '신설동 문제'를 해결하기로 하고, 동 연구회는 해체시키기로 결론을 내렸다. 자신이 설립한 단체를 자신의 손으로 허물어뜨려야만 했던 당시의 심경을 홍종은 다음과 같이 토로했다.

> 나병 근절의 사업은 실로 민족 성쇠에 관한 대사업으로서 처음 본회가 성립될 때에는 여러 가지 사업의 설계가 있었다. 그러나 모든 일이 뜻 같지 않아 우선 경성 안의 환자를 수용하는 정도로 일단 동 회를 해체하게 되었는데 이 앞으

---

[43] 『동아일보』, 1932. 5. 4.

로 나는 여수에 있는 윌슨 의사와 합력하여 나환자 구제에 일생을 바치겠다. 전라도에 있는 환자만 해도 1천5백 명이나 되어 국부적이나마 우선 이들을 구제해 볼까 한다.[44]

9. '궁민구제연구회'와 '나병단체연합회'의 설립(1932. 7~1934)

홍종이 '나병근절연구회'를 해체하고 광주에 내려온 지 얼마 되지 않아 읍내에서는 새로운 사건이 벌어졌다. 1932년 7월 하순경 광주읍이 그 소유 토지를 처분하려고 천정泉町 일대에 있는 빈민촌을 모조리 철저해 버린 것이다. 문제는 철거민을 위한 대책을 조금도 세우지 않고 강제로 계획을 집행시켰다는데 있었다. 갑작스런 철거 작업으로 인해 200여 호에 살던 800명의 빈민들은 갈 곳을 잃은 채 망연자실했다. 이들의 참상을 바라본 홍종은 즉시 유지들과 '철거구 궁민구제연구회'를 조직하고 당국과 협상을 벌이기 위해 읍 청사로 향했다.[45]

홍종과 대좌한 도지사의 태도는 단호했다. 전혀 말이 통하지 않았다. 생각다 못한 홍종은 때마침 광주에 온 우가키 총독을 만나 사정을 말하고 선처를 요구했다. 총독은 읍장에게 철거민에 대한 대책을 세우라 지시했고, 읍장은 그 이행을 약속했다. 하지만 어떻게 된 영문인지 읍장의 태도는 변하지 않았

---

44 『동아일보』, 1932. 6. 24.
45 『동아일보』, 1932. 9. 4, 1932. 9. 9. 빈민 구제 과정에서 홍종이 '계유구락부'를 조직했다는 주장은 오류이다. 이 모임은 1933년 3월 16일 광주의 주민을 대표하는 기관을 자임하고 김응모에 의해 조직된 것이다. 홍종은 동 모임이 주최한 특별 강연회(1934. 10. 20)에서 '종교의 일상생활'이란 제목으로 강연한 적은 있다.

다. "무단 거주자는 부정한 행위를 한 자이니 구제하는 것은 중대한 악례惡例를 잔殘한다."는 말을 반복할 뿐이었다. 읍의원들도 마찬가지였다. 읍이 재정상 부득이하게 매각한 것이므로 "구제책이 전무全無하다."는 것이 그들의 대답이었다.

당국자들과 수차에 걸친 협의에서 아무런 합일점을 찾지 못한 구제회연구회 회장 홍종은 9월 17일 광주읍장에게 아래와 같은 '교섭 파열 통고문'을 보내고 협상을 중지했다.

> 귀하와 본 회 대표 간에 광주읍 가옥 피철훼 궁민 구제 방침을 수차 협의하였으나 귀하는 약속을 무시하고 재삼再三 자의自意로 협정을 번복하며 시일을 천연遷延시킴으로써 능사를 삼으니 차此는 읍의 최초 의사를 고집키 위하여 총독 각하의 융화 협조하라는 지시를 배반하므로 본 회는 차 이상 읍과 교섭할 여지가 전무全無케 됨을 통석히 여기고 자이玆以 통고함.[46]

당국자들과의 교섭이 결렬된 후 홍종은 실제적인 문제의 해결에 나섰다. 그는 우선 유지들에게 말하여 식량을 얻어다 철거민들에게 나눠 주는 일을 했다. 겨울을 눈앞에 두자 철거당한 걸인들의 잠자리가 큰 문제로 부딪쳐 왔다. 홍종은 경양방죽 가에 짚 다발로 움막을 짓기로 했다. 떠돌아다니는 걸인들을 거기에 집단으로 수용하기 위함이었다. 그는 중앙교회 신도들의 도움으로 여러 채의 움막을 완성했는데 그 결과 수백 명의 걸인들이 그곳에 대피하여 추위를 면할 수 있었다. 걸인들의 거처를 마련한 홍종은 이들을 먹이기 위한 방책을 연구했다. 중앙교회로부터 장소를 제공받은 그는 매일 점심 교

---

46 『동아일보』, 1932. 9. 22.

회 앞마당에 솥을 걸어 놓고 밥을 지어 걸인들을 대접했다.[47] 소요되는 경비는 당시의 부자들로부터 지원을 받아 충당했으며, 일이 여의치 못할 때엔 신도들의 헌신적인 성금으로 해결됐다. '걸인 잔치'는 이듬해인 1933년 봄까지 계속되었다. 홍종의 따뜻한 보살핌에 감격한 걸인들은 그를 '아버지'라고 부르며 따랐다.

1933년 봄 홍종은 한국 나병사에 길이 남을 또 하나의 사업을 추진하였다. 그것은 조선에 있는 나병 단체들을 하나로 묶어 나병단체연합회를 구성하는 일이었다. 환자 자신이 민중 보건에 관심을 갖고 위생상 공익 관념을 철저히 하며 나병환자에게 이행되고 있는 인습적 폐해를 일소하자는 것이 그 취지였다. 이리하여 3월 15일 부산나병원에서는 조선에 있는 나병 단체 대표자 20여 명이 모여 전全조선나병단체연합회를 결성하게 되었다. 이 모임에서 홍종은 윤치호·송진우·안재홍 등과 함께 고문으로 추대되었다.[48]

동 창립회에서는 정부가 조직한 나예방협회에 보내는 여섯 가지의 진정건을 채택하고 고문인 홍종에게 진정을 위탁하였다. 그 내용은 ① 소록도에 제1차로 수용할 나환자의 전형을 연합회에 일임할 것, ② 미수용 환자의 임시 구제와 치료에 관한 것, ③ 환자의 간호에 환자를 다수 사용할 것, ④ 나환자의 자질 중 건강한 아동을 특별 보육할 것, ⑤ 무의무탁한 중환자를 먼저 수용할 것, ⑥ 가정생활 환자와 독신 생활자를 구별하여 수용할 것 등이었다.

또한 나병단체연합회에서는 나병환자들 사이에 퍼져 있는 악습들을 철저히 소탕하기로 결의했다. 사람의 심장을 먹으면 병이 완쾌된다는 미신, 지역

---

47 문순태,『영원한 자유인』, 106쪽. 여기서 저자는 홍종이 1935년 중앙교회에 재취임했다고 기록하고 있으나 이는 오기이다.
48 『동아일보』, 1933. 4. 9.

주의적 작당과 행패, 그리고 선배 환자가 후배 환자를 노예같이 부리는 소위 '동무잡이' 등이 그 대표적인 예들이다. 이와 같은 결의늘은, 말하자면 자정 운동을 통해 나환자 집단의 도덕적 건전성을 내적으로 회복해 보려는 시도라 볼 수 있다.

나병단체연합회의 내적 정화 운동이 거둔 성과는 자세한 기록이 남아 있지 않아 정확히 말하기 어려우나 대내외적으로 적지 않은 긍정적 반향을 얻었을 것임에 틀림없다.

10. 자유인의 삶(1935~1945)

자신이 돌보던 나환자들이 대부분 총독부에 의해 소록도로 보내져 그곳에서 격리되어 치료를 받게 되자 홍종의 마음은 한결 가벼워졌다. 그는 모처럼 어수선한 외부의 세계에서 눈을 돌려 여유를 가지고 내면의 세계로 향할 수 있는 기회를 얻게 되었다.

그러던 중 1935년 9월 25일 홍종은 돌연 경성에 올라가 세브란스병원에서 오긍선 의사로부터 거세去勢 수술을 받았다. 오긍선은 홍종의 아우인 영욱의 친구로 홍종과 잘 아는 사이였다. 그가 거세 수술을 받은 이유는 무엇이었을까? 그것은 앞서 언급한 홍종의 내적 경건과 깊은 관련을 가진다. 신앙의 세계에 침잠해 들어가면서 그는 자신의 정情과 욕慾을 완전히 십자가에 못 박고(갈라디아서 2:20; 5:24; 6:14) 진정한 그리스도인의 삶을 살기를 희구하게 되었다. 말하자면, 거세는 이를 효과적으로 실현하기 위한 비상한 방법으로 채택된 것이었다. 홍종은 이에 대해 다음과 같이 말한다.

그러나 육체의 전면纏綿이 너무나 견고히 얽혀 있어 아무리 해방을 부르짖어도 되지 않으므로 소위 오방五放을 제창하여 보았으나 역시 시원치 않고 외식적인 붕대에 여전히 속박되는 한탄을 벗지 못하고 오호 태식太息을 느끼다가 돌연 생각이 나서 신체에 일대혁명一大革命을 행할 결심을 갖고 먼저 생리적 변화를 야기하려고 노력하였습니다. 인간이 죄과에 빠지는 것은 식욕, 색욕, 명예욕, 이욕 곧 육신의 정욕과 안목의 정욕과 이생의 과장에 전면纏綿됨으로 식食, 색色, 명名, 이利 사비四非에서 해탈하여 보려는 운동을 한 것입니다.[49]

하지만 거세 수술은 그의 영적 기대를 충족시켜 주지 못했다. 거세를 단행한 후에도 명리적이고 사이비한 생활의 잔재는 없어지지 않고 늘 그의 마음을 괴롭혔기 때문이다. 그는 친구들에게 괜히 수술을 했다고 말하기도 했다. 그가 심리적 갈등에서 헤어나지 못하고 있을 때 1936년 5월에 출간된 『성서지식』에 실린 스가모토塚本 씨의 「사망 통지서」는 홍종에게 큰 충격을 주었다. 그리고 같은 잡지의 동년 10월호에 실린 「가사망假死亡」 기사는 그로 하여금 새로운 결심을 하도록 이끌어 주었다. 드디어 1937년 1월 홍종은 「사망 통지서」를 작성하여 친지들에게 발송하는 데 이르렀다.

본인을 사망자로 간주하시고 우인 명부에서 삭제하여 주시기를 복망하나이다. 가정에 대하여 오만자者, 사회에 대하여 방일자放逸者, 사업에 대하여 방종자, 국사에 대하여 방기자放棄者, 종교에 대하여 방랑자 소위 오방五放을 제창하면서도 명실名實이 불합한 가면극이 왕왕 연출되어 양심상 사이비한 생활을 절실히 참회하고 무익한 죄인이 세사世事에 관여하는 것은 유익보다 폐

49　신정식 편, 『김교신과 "문둥아"』, 녹십자, 1989, 198쪽.

해가 될 것을 각오하므로 십자가十字架의 구주 예수만 신뢰하고 범사에 예수의 교훈으로 생활할 것을 맹약하고 이제는 생사 간에 예수 이외의 아무것도 없으므로 세사世事에 관하여 사망자가 되어 스스로 매장한 것이외다. 가족적 항렬에서나 윤리적 예의에서나 사회적 규범에서나 제외자요 출보자요 폐기자로 인간 사회에 무용無用의 일종 폐물廢物이오니 자금自今 이후로는 사망자로 인정하시고 모든 관계와 통신을 단절하여 주심을 통고하나이다.[50]

「사망 통지서」를 받은 사람들이 깜짝 놀라 홍종을 찾아왔을 때 그는 미소를 지으며 "이제 모든 인연이 끊어졌으니 아는 체를 마시오. 자, 어서 돌아가시오. 내가 하는 일에 관심조차 보이지 마시오. 나를 자유롭게 내버려 두시오. 하나님과 함께 자유롭게 살아가도록 내버려 두시오."라고 했다 한다.

홍종의 '사망 통고'는 세상을 향한 죽음 선언임과 동시에 하나님을 향한 신생新生의 고백이었다. 따라서 그것은 현실에 대한 일체의 무관심이나 침묵을 뜻하지 않았다. 자신이 속한 장로교회의 총회가 국가적으로나 교회적으로 어려운 시기에 이권과 세력 다툼으로 수치스런 난맥상을 보이자 홍종은 같은 해 4월에 나온 『성서조선』에 "교역자의 반성과 평신도의 각성을 촉促함"[51]이란 글을 실어 교계의 일대 쇄신과 개혁을 촉구하고 나섰다.

홍종은 조선 교회가 잘못되어 가는 원인을 목회자의 영적 부패에서 찾았다. "양들을 위해 희생하려는 대신 각자의 명리名利를 위해 영리적 목자들이 대량 생산됨"이 문제의 출처라고 했다. 이러한 자들이 교회와 노회, 그리고 총회에서 행세하기 때문에 시기와 분쟁, 그리고 충돌이 그치지 않는다는 것

---

50   신정식 편, 『김교신과 "문둥아"』, 197~198쪽.
51   신정식 편, 『김교신과 "문둥아"』, 227~229쪽.

이다. 그는 조선 교회가 갱신되려면 바로 이러한 명리를 추구하는 영웅목사英雄牧師들이 퇴거하고 순복음주의적純福音主義的 신진 교역자들이 그 자리를 대신해야 한다고 역설했다. 또한 그는 장로교 문제의 해결은 총회의 분립分立이 아닌 내부 숙청肅淸에 있다고 주장하면서 팽배해 있는 분열주의를 경계했다. 홍종의 글 중 주의를 끄는 것은 교회 갱신에 있어서 평신도의 책임을 강조한 부분이다. 그는 평신도들이 깨어나면 "가목자假牧者들이 저절로 무대를 잃고 퇴장할 것이며 조선장로교 총회가 참으로 하늘의 장자의 총회와 같이 거룩한 통일적 총회가 될 것이요 교회가 성화聖化될 것이다."라고 말했다.

그렇다면 스스로 자유인이 된 홍종의 삶의 구체적인 모습은 어떠했을까? 한마디로 그는 주변을 의식하지 않고 자신이 원하는 곳에서 원하는 방식대로 살았다. 그는 리어카 하나를 마련하여 그 속에서 잠을 자면서 거지들과 나환자를 벗 삼아 떠돌아다녔다.[52] 마치 희랍의 디오게네스처럼 말이다. 큰아들 득은得恩이 극구 말리자 홍종은 "나는 이미 죽은 사람이다. 그러니 애비라고 부르지도 말라"고 오히려 간청하듯 말했다. 리어카를 세워 두는 곳이 바로 그의 집이 되었다. 그러다가도 그 생활이 마음에 들지 않으면 다른 곳으로 훌쩍 자리를 옮겼다. 담양의 어느 과수원과 무등산 자락 증심사證心寺 부근에 마련한 '오방정五放亭'도 그가 거처했던 곳으로 알려져 있다.

홍종은 은거 생활로만 시종 일관하지는 않았다. 자신의 역할을 필요로 하는 일이 생길 때는 적극적으로 발 벗고 나섰다. 그 대표적인 예가 1944년 5월 20일에 개교된 광주의전 설립이었다. 신사참배 반대로 폐교된 수피아여학교에 간판은 내렸으나 아무런 시설이 없어 교육이 난항에 부딪히자 그는

---

52   문순태,『영원한 자유인』, 122쪽.

현준호와 함께 상해上海로 가서 자신이 잘 아는 손창식에게 사정하여 100만 원의 기부금을 얻어 이 문제를 해결했다.[53] 광주의진은 후에 진남의대로 발전했다.

11. 해방 이후의 활동(1945~1966)

해방이 되던 날 흥종은 무등산 자락의 '오방정'에 기거하고 있었다. 그는 광복 이후에도 종전과 같이 자유로운 생활을 계속하고 싶었다. 하지만 당시의 상황은 그를 가만 놓아 두지 않았다.

당시 우리 민족의 최대 현안은 건국建國이었기 때문에 건국준비위원회가 경향 각지에서 구성되고 있었다. 광주에서도 전남건준全南建準이 결성되었다. "위원장은 맡지 않으셔도 좋으니 참석만이라도 해 주십시오."라는 말을 곧이듣고 결성식에 참석한 흥종은 임원 선거에서 만장일치로 위원장에 추대되었다.[54] 취임 직후인 8월 25일 흥종은 광주서중 교정에서 '광주시민 해방 축하대회'를 열었다. 수만 군중이 운집한 동 대회에서 그는 "일치단결하여 자주 독립국가를 건설하자"고 외쳤다. 9월 10일 미군의 킬버드 소령이 야기 지사로부터 도정을 인수받은 후 흥종의 아우 영욱이 지사로 임명되었다. 흥종은 건준위원장 자리를 다른 사람에게 넘겨 준 후 공직을 맡지 않고 사회사업에만 전념하려 했으나 킬버드의 간곡한 요청으로 도정 고문직을 수락

---

53 문순태, 『영원한 자유인』, 125쪽.
54 문순태, 『영원한 자유인』, 128쪽.

할 수밖에 없었다. 도정 고문 시절 그는 광주YMCA의 회장[55]을 맡아 수고 하기도 했다.

한국전쟁 중 그는 무등산의 오방정에 머물면서 고아들과 걸인들을 돌보는 일을 했다. 나환자들이 찾아오면 따뜻하게 맞아들여 먹여서 재워 보냈다. 사람들이 그를 한국의 '다미엔'이라고 부른 것도 무리가 아니었다. 홍종의 소문을 들은 인민군들은 여러 차례 사람을 보내어 그를 자기편으로 회유하려 했으나 실패했다고 한다.[56]

한국전쟁 후 홍종은 70세가 넘은 고령임에도 불구하고 여전히 활동을 계속했다. 그의 사역 중 괄목할 만한 것으로는 다음 세 가지가 있다.[57]

첫째는 삼애三愛학원의 설립이다. 이것은 그가 1955년 허백련과 함께 증심사 입구에 세운 농촌 지도자 양성 학교였다. '하나님 사랑', '민족 사랑' 그리고 '땅 사랑'이 그가 주장한 삼애三愛였다. 홍종은 교장이 되어 주로 성경과 정신 교양을 강의했다. 그의 제자 가운데에는 재미 경제학 박사 이종모도 끼어 있다.

둘째는 호혜원互惠園의 창설이다. 이것은 홍종이 이듬해인 1956년 나주에 세운 음성 나환자촌이다. 치료를 받아 완치된 음성 나환자들에 대한 사회적 편견이 심하여 그 대책이 절실하다고 본 홍종은 사회 각계에서 성금을 지원받아 이 기관을 세웠다. 건축이 끝나자 그는 호혜원에 들어가 음성 나환자들과 함께 생활하면서 그들의 식생활 문제를 해결해 주는 '아버지'의 역할을

---

[55] 광주YMCA의 초대 회장은 최병준이었으나, 광주YMCA는 최흥종과 3·1운동에 참여했던 청년들이 중심이 되어 설립되었다. 최흥종은 광주YMCA의 제3대(1924), 5대(1932), 8대(1945) 회장을 역임했다.
[56] 최협 교수의 증언.
[57] 문순태, 『영원한 자유인』, 127~134쪽 참조.

감당했다.

셋째는 송등원松燈園의 창설이다. 송등원은 1958년 흥종이 무등산 원효사 앞에 세운 폐결핵 환자 수용소이다. 이때 그에게 도움을 준 사람은 의료 선교사 카딩톤이었다. 그는 흥종의 희생적인 삶에 크게 감명을 받아 그를 몹시 존경했으며 필요한 협력을 아끼지 않았다. 1963년 흥종은 그의 도움을 받아 송등원 옆에 무등원無等園 교회를 세워 예배를 인도했다.

무등원교회를 시작한 이후 흥종은 시내에 내려와 사람 만나는 것을 꺼렸다. 그는 이전보다 더 간절히 아무런 방해도 받지 않고 하나님과만 함께 하는 자유를 누리기를 원했다.

1964년 12월 30일 그는 유언장을 만들어 친지들에게 돌림으로써 다시 한 번 그들을 놀라게 했다. 여기서 그는 그리스도께서 주신 영생 복락을 기뻐하면서 자녀들에게 회개와 믿음, 그리고 그리스도를 추종하는 진실된 삶을 살 것을 권면했다. 이를 옮겨 보면 다음과 같다.

> 인생은 공수래공수거空手來空手去하는 것이 천리天理요 운명이다. 그러므로 우주적 공간과 역사적 시간에서 생로병사 행왕行往, 좌와坐臥, 환몽幻夢 중에 초로같이 춘몽같이 시들어지는 것이 인생인데 어찌하여 죄악 중에서 멸망의 길로만 가는가? 나는 우리 구주 예수 그리스도의 십자가도十字架道를 신앙하므로 현재를 영원한 미래로 접속하는 진리를 확실히 철저히 깨닫고 나는 최후 시각을 기대 중이므로 여차이 유언을 쓰노라. 나의 믿는 바는 사일死日이 곧 생일이다. 현재를 영원한 미래로 연결하는 참생일이란 말이다. 이 세상이 알지 못하는 기쁨이 내게 있단 말이다. 순식간에 홀연히 변화하는 오묘 신비한 진리를 믿고 아는 자라야 참신자가 될 수 있다(고린도전서 15:50-55, 고린도후서 4:16-18; 5:6-10, 베드로후서 3:10-13, 누가복음 21:1-4). 이상 성경 말씀을 깨닫

고 보면 어찌 기쁜지 말로 다할 수 없으므로 최후 시간을 기다리면서 1946년 12월 30일부터 유언을 쓸 생각이 나서 와서臥書로 기록하는 뜻은 유자녀遺子女들로 하여금 회개하고 구주 예수를 진실로 믿으라는 것이다(마태복음 15:24-25, 마가복음 8:34-37). 교회를 다닌다고 혹 직분이 있다고 목사나 전도사나 장로나 집사라는 명칭으로 신자라고 자칭할 수 없고, 예수와 연합聯合한 자라야만(마태복음 7:22-23) 구원을 얻는 진리이다. 내가 보기에는 자녀들이 경제적 질곡桎梏에 노예가 되고 처·자녀 애착에 중점을 두므로 이중 삼중으로 괴뢰적 포로가 되어 해방될 소망이 희소하니 어찌 가련애석可憐哀惜치 않으랴. 용감히 회개할지어다. 십자가를 지고 자기自己를 이기고 예수를 따를지어다.[58]

유언장을 돌린 지 2년이 지난 1966년 2월 10일 홍종은 자신의 생명이 끝나 가는 것을 예감하고 금식에 들어갔다. 무등산 중봉 위에 거적을 치고 혼자 거하면서 아무도 접근하지 못하게 한 후 34일을 그곳에서 금식하고 기도하며 지냈다. 이를 안타깝게 여긴 아들 득은이 강제로 그를 집으로 모셔 오지 않았더라면 그는 아마 거기서 굶어 죽었을 것이다. 장남의 집으로 내려온 후 그는 전국 기독교인들에게 경고장을 보냈다. 그 내용은 유언장에 있는 것과 대동소이했다. 이 경고장이 전국 교회에 발송되자 기독교계가 크게 술렁거렸음은 물론이다.

1966년 5월 14일 홍종은 87세를 일기로 그가 그렇게도 그리워하던 주님의 품에 안겼다. 그는 세상을 떠나기 전 가까운 사람들에게 자신의 장례식을 조용히, 그리고 간소하게 치러 줄 것을 당부했다. 하지만 장의 위원들은 그의 마지막 부탁을 들어주지 않았다. 18일 광주공원에서는 수많은 시민, 학

---

58 문순태, 『영원한 자유인』, 136쪽.

생, 나환자, 그리고 걸인들이 참석한 가운데 사회장이 거행되었다. "아버지께서 영원히 가 버리시면 누가 우리를 돌봐 줍니까?"라는 추도사가 있자 200여 명의 음성 나환자들은 "아버지, 아버지!"를 연호하며 울부짖었고, 각처에서 몰려온 거지들도 소리를 높혀 "아버지!" 하며 흐느꼈다. 그들의 애곡은 장지에서도 계속되었다. 이를 지켜본 장남 득은得恩은 "인간 최흥종은 나와 동생들에게는 단순히 윤리적인 아버지였을 뿐이라는 사실을 알았습니다. 그분의 진짜 아들들은 저 병자들임이 분명합니다. 아버님은 만인의 아버지였습니다."[59] 하며 고개를 숙였다.

『호남교회춘추』 제11호, 1999, 14~49쪽.

---

59 문순태, 『영원한 자유인』, 151쪽.

한규무

오방 최흥종의 생애와 기독교 민족운동

1. 머리말

오방 최흥종(1880~1966) 목사는 한국근현대사 연구자들에게 그다지 친숙한 인물이 아니다. 그의 민족운동에 대해 『독립유공자공훈록』에는 다음과 같이 나온다.

최흥종(1880. 5. 2.~1966. 5. 14.): 광주 사람이다. 1919년 3월 2일 광주에서 서울에 상경하여 3월 5일에 일어난 학생 단체의 제2 독립만세 시위에 찬동하고 동일 8시경 남대문 역전에서 벌어진 대시위에 참가하여 시위하던 중 인력거에 올라서서 『신조선신보新朝鮮新報』와 독립정신을 고취하는 인쇄물을 배포하고 대한문 앞에서는 인력거에 올라서서 '조선 독립'이라 쓴 대형 태극기를 높이 흔들어 시위 군중을 선도하며 지휘하다가 피체되었다. 이로 인하여 1919년 11월 6일 경성지방법원에서 소위 보안법 위반으로 징역 1년형을 언도받아

공소하였으나 1920년 2월 27일 경성복심법원에서 기각되어 옥고를 치렀다. 1920년 9월 1일 조선노동공제회의 광주 지회장을 역임하였고, 1927년 10월 29일 신간회 광주 지회장을 역임하면서 항일운동을 전개하였다. 정부에서는 고인의 공훈을 기리어 1990년에 건국훈장 애족장(1986년 대통령 표창)을 추서하였다.

그런데 광주·전남 민족운동계에서 그의 위치는 독보적이었다. 이 지역의 '사회주의 계열'을 서정희[1]가 대표했다면, 최흥종은 '민족주의 계열'을 대표했다. 그는 국채보상운동, 3·1운동, 신간회운동 등 민족운동을 비롯하여 나환자·고아·빈민들을 위한 구제활동, 교육활동·농촌사업·노동운동 등에도 적지않은 관심을 보였으며, 해방 직후 전남건국준비위원회 위원장을 맡는 등 건국운동 등에 참여했기 때문이다. 여기에 목사로서의 종교활동까지 더한다면 그의 관심과 활동의 영역은 거의 모든 분야에 걸쳐 있었다고 해도 과언이 아니다.[2] 1966년 그가 죽었을 때 장례가 '광주시민장'으로 치러진 것도 지역사회에 끼친 그의 공헌을 짐작케 한다.[3]

---

[1] 서정희에 대해서는 이성규, 『서정희』 상·하, 지식산업사, 2006 참조.
[2] 최근에는 최흥종이 중국에서 추앙받는 한국인 음악가 정율성의 외삼촌이었으며, 그의 성장기에 영향을 주었을 것이라는 이유로 조명을 받기도 한다.
[3] 그에 대한 연구는 그리 많지 않다. 연구라 하기는 어렵지만, 소설가 문순태는 최흥종의 측근이었던 이영생의 증언을 토대로 하여 『영원한 자유인—오방 최흥종 목사의 생애』(광주YMCA, 1976: 이하 『영원』)라는 전기를 썼으며, 이를 다듬어 다시 『성자의 지팡이』(다지리, 2000: 이하 『성자』)를 펴냈다. 이어 오방기념사업회에서는 그에 대한 여러 글들을 모아 『화광동진의 삶』(광주YMCA, 2000: 이하 『화광』)을 내놓았다. 여기서 특히 문제가 되는 것은 전기류인 『영원』과 『성자』다. 역사적 요소와 문학적 요소가 뒤섞여 있는 이 책은, 최흥종에 대한 대부분의 글에서 인용되고 있을 뿐 아니라 많은 이들이 그 내용을 그대로 믿고 있기 때문이다.
김수진의 「사회구원을 외쳤던 최흥종 목사」(『호남선교 100년과 그 사역자들』, 고려글방,

일제강점기 그의 명성은 광주·전남을 넘어 전국적인 것이었다. 그럼에도 그에 대한 연구는 매우 일천한 상태이다. 이 글에서는 그의 생애 전체를 다루기는 하지만 주로 민족운동에 초점을 맞출 것이다.[4] 그리고 이 과정에서 일제강점기 광주 지역의 민족운동이 새롭게 밝혀지기를 기대해 본다.

2. 한말 민족운동과 최흥종

최흥종은 1880년[5] 5월 2일 광주에서 탐진최씨 최학신과 부인 국 씨의 차남으로 태어났다. 초명은 '영종泳琮'이었다. 5세 때 모친을 잃고 계모인 공 씨 밑에서 자랐다. 서당에서 한문을 배웠으며, 광주 장터에서 '주먹'으로 유명했다고 하며, 1899년에 강명환과 결혼했다.[6]

1992)는, 최흥종에 대한 최초의 연구라는 점에서 의미가 있으나 사실 관계에서 일부 오류가 나타난다. 이어 차종순은 「호남교회사에 있어서 복음적 사회운동에 대한 한 연구―오방 최흥종 목사의 생애와 사상을 중심으로」(계명대 박사학위논문, 1998)와 이를 축약한 「호남교회사에서 복음적 사회운동에 대한 한 연구―오방 최흥종 목사의 생애와 사상을 중심으로」(『한국기독교와 역사』 11, 한국기독교역사연구소, 1999)에서 그를 역사신학적 입장에서 살펴보았다. 이 논문은 다양한 증언과 기록을 활용하여 최흥종 연구에 새로운 전기를 마련해 준 역작이지만, 『영원』과 『성자』에 나오는 내용들을 상당 부분 그대로 따르고 있다.
물론 『영원』과 『성자』는 증언에 근거하여 지어진 것이기 때문에 상당 부분이 사실일 것이다. 그러나 전기류 성격을 띠다 보니 상식적으로는 이해되지 않는 과장·미화도 없지 않은 것 같다. 이에 대해 한규무는 「'신화'의 장막에 가려진 기독교민족운동가 최흥종」(유준기 편, 『한국근현대인물강의』, 국학자료원, 2007)에서 그의 '전기'에 대해 몇 가지 의문을 제기했지만, "'날조'나 '창작'이라기보다는 '윤색'과 '과장'"에 가깝다는 견해를 밝혔을 뿐 진위에 대한 명확한 결론을 내놓지는 못했다.
4 기독교인으로서 그의 시대 인식과 선교활동에 대해서는 별도의 논문에서 살펴볼 예정이다.
5 호적에는 '개국 489년'(1881)이라 되어 있으나 가족·친지의 증언에 따르면 1880년이라 한다. 차종순, 「호남교회사에 있어서 복음적 사회운동에 대한 한 연구」, 52쪽.
6 차종순, 「호남교회사에 있어서 복음적 사회운동에 대한 한 연구」, 52~53쪽.

그는 1904년 12월 25일 배유지Eugine Bell 선교사 사택에서 열린 광주 최초의 예배에 참석했다고 한다.[7] 그가 교회에 나오게 된 배경이 무엇인지는 정확치 않으며, 1907년 세례를 받으면서 '홍종興琮'으로 개명했다고 한다.[8] 다음 기록에서 보듯이 그는 초기 광주 교회의 중심인물이었다.

> (1904년) 광주군 양림리교회가 성립하다. 초에 선교사 배유지 · 오기원이 조사 변창연과 교우 김윤수를 동반하야 목포로브터 본리에 도착하야 사택을 정하고 열심전도혼 결과로 최흥종 · 배경수등이 신종하야 자기 사랑에셔 예배하다가 신도가 점차 증가됨으로 북문 내에 와가로 예배당을 건축하고 후에 김윤수 · 최흥종 이 인을 장로로 장립하야 당회가 조직되얏고 기후 남궁혁 · 이득주 · 홍우종이 계속 시무하니라.[9]

최흥종의 이력은 분명치 않으나, 생활은 여유가 있었던 것 같다.[10] 1905년 그는 광주군 경무청의 순검巡檢이 되었다. 여기에는 총순總巡을 지낸 같은 교회 김윤수[11]의 영향이 있었다고 알려져 있다. 그런데 이때 그가 붙잡힌 의병

---

7 최흥종은 3·1운동으로 체포된 후 신문조서에서 "13년 전[1906-필자] 장로파를 신앙하고 4년 전[1915-필자]에 전도사가 되었는가?"라는 질문에 그렇다고 대답했다. 「최흥종 신문조서」(경성지방법원, 1919. 6. 25),『한민족독립운동사자료집』17(3·1운동 VII).
8 초기 개신교에서는 세례를 받으며 개명하는 사례가 종종 있었다.
9 차재명 편,『조선예수교장로회사기』상, 기독교창문사, 1928, 121쪽.
10 "광주의 부유층의 자녀로 태어나","광주라는 지역사회에서 상당한 재산을 가진 부유층으로서 자만심". 차종순,「호남교회사에 있어서 복음적 사회운동에 대한 한 연구」, 76~77쪽. 그는 1909년 나환자 보호시설에 1천여 평을 기증했다. 차종순,「호남교회사에 있어서 복음적 사회운동에 대한 한 연구」, 136쪽.
11 차종순에 따르면, "김윤수 집사는 1900년 목포교회에서 세례를 받았는데, 경영하던 양조장을 폐업하고 동시에 목포부 총순이라는 직책마저 포기하였다."고 한다. 차종순,「호남교회사에 있어서 복음적 사회운동에 대한 한 연구」, 54쪽 각주 48. 그런데 당시『관보』에는 '木

들을 몰래 풀어 줬다는 일화가 광주에서는 유명하다.[12]

그가 체포된 의병 12명 또는 10여 명을 압송 도중에 달아나도록 도와주고 (A-①/B-②), 투옥된 의병 6명이 감옥에서 빠져나가게 했는데도(A-②) 그가 무사할 수 있었다는 것이 쉽게 믿기지 않는다. 그렇다고 이를 전적으로 부정하기도 어렵다. 실제로 이들 의병들이 활동한 시기와 지역이 최흥종이 순검으로 있던 시기 및 지역과 크게 벗어나지 않는다.

浦府 總巡 金允洙'는 나오지 않고 '務安港 總巡 金允洙'가 나오는데, 그는 1897년 9월 17일 임명되었다가 1899년 6월 15일 사직[依願免本官]했다. 「敍任及辭令」, 『관보』 744(1897. 9. 17), 1288(1899. 6. 15). 무안과 목포가 인접 지역이고, 총순을 사직한 시기가 1899년과 1900년으로 거의 비슷하므로 동일 인물이라 생각된다.

12 A. ① 영종은 순검이 된 지 일 년 만에 화순 지방의 의병 소탕 작전에 출동하게 되었다. 보성 지역 의병대장인 안규홍의 부하들이 화순 관아를 습격한다는 정보를 입수하고, 인근의 순검들까지 총출동했다. … 경찰들은 묘치고개 아랫마을을 샅샅이 수색한 결과 12명의 수상한 남자들을 포박했다. 그들이 숨어 있던 물레방앗간에서 화승총 두 자루와 철환 20발도 찾아냈다. 이들은 보성 의병대장 안규홍의 부하들이었음이 밝혀졌다. … 영종은 다른 순검 한 명과 같이 체포된 의병 12명을 화순으로 압송하라는 명령을 받았다. … 영종은 계속하여 일본 경찰의 기분을 띄워 주며 술을 권했다. 조금 있자니 일본 경찰이 소변을 보러 화장실에 다녀오겠다며 자리에서 일어났다. 일본 경찰이 비틀대며 화장실로 들어가는 모습을 확인한 영종은 재빨리 자리에서 일어나 의병들의 포승을 풀어 주었다. "나한테 재갈을 물리고 어서 이 포승줄로 나를 감나무에 묶으시오. 자, 어서."(『성자』, 89~93쪽) / ② 그러나 영종은 그로부터 몇 달 후에도 순창에서 그와 비슷한 방법으로 총살 직전의 의병 6명을 살려 주었다. 그때는 포로들을 압송하다가 풀어 준 것이 아니고 한밤중에 의병들이 감금되어 있는 유치장 문을 열어 준 것이었다.(『성자』, 94쪽) / ③ "… 얼마 전 보성 안규홍 의병장의 부장인 임창모·이백래 등이 도마산 전투에서 붙잡혀 왔을 때도 윗사람 몰래 사식을 넣어 주고 가족들에게도 소식을 전해 준 일을 나는 알고 있다네…" 영종은 유치장 창살 안으로 손을 넣어 백낙구의 손을 잡았다. 영종은 백낙구 노인이 얼마 전에 임창모와 이백래가 유치장에 갇혔을 때 따뜻하게 돌봐 준 것을 알고 있는 것에 놀랐다.(『성자』, 101쪽)
이와 더불어 최흥종의 측근이었던 김천배의 글에서도 의병 관련 내용이 나온다.
B. ① 잠복 중인 의병장 蔡基文을 체포하라는 명을 받고는 출동 전에 미리 내통하여 그를 도망치게 하였고, ② 체포된 寶城의 義兵將 朴[林]昌模의 부하 10여 명은 僞計를 써서 이를 살려 보내기도 하였다. ③ 閔妃를 시해한 三浦라는 자를 죽이려다 실패하고 잡힌 의병장 白樂九와는 감방 안에서 남의 눈을 피해서 부둥켜 안고 통곡하였다. 김천배, 「물이 '포도주' 되어」, 오방기념사업회, 『화광동진의 삶』, 160쪽.

이 내용이 맞다면 최흥종은 의병 활동에 직접 참여하지는 않았다 해도 사실상 그것을 후원한 것이나 다름없다. 그리고 1900년대 중반에 이미 그의 민족의식이 뚜렷했음도 짐작할 수 있다. 그렇다 해도 그의 의병 관련 사례들이 모두 사실이었다고 하기도 주저된다. 만약 그랬다면 다른 자료에서도 관련 내용이 찾아져야 하나, 현재로서는 지인들의 증언에서만 나오기 때문이다.

모든 사례들이 사실이라 하기는 어렵더라도 최흥종이 의병들에게 호의적 태도를 갖고 후원한 것은 인정해도 좋을 듯하다. 그렇지만 뚜렷한 민족의식을 갖고 있던 그가 계속 순검을 하기는 힘들었고, 결국 1907년 사직하게 된다. 그리고 그 계기가 국채보상운동이었다는 것이다.[13]

당시 신문에 광주의 국채보상운동[14]과 관련된 단체는 '전남·광주 대동광문지회大東廣文支會'[15], '전남·광주 국채보상의무회國債報償義務會'[16], '대동의

---

13 C. 광주의 국채보상운동은 '대동의무소'가 그 모체였다. 대동의무소는 취지문을 만들어 주민들의 동참을 호소하기까지 했다. 취지문과 함께 최성기는 직접 자기 집에 '국채보상운동 전남 지부'라는 간판까지 붙이기도 했다. 이 일로 광주경찰부가 발칵 뒤집혔다. 그 불똥은 곧바로 영종에게로 떨어졌다. 평소 영종을 의심하던 정석돌 총순은 경무고문의 허락을 받아 이 사건의 해결을 영종에게 떠맡긴 것이었다. "당장 가서 그 주모자를 잡아 오고 간판을 떼어 와!" … 영종은 마음속으로 울부짖다시피 하며 복도 바닥에 무릎을 꿇었다. 그리고 간절한 마음으로 기도를 올렸다. 그때였다. 복도 끝 유치장 쪽에서 누군가가 말했다. "어이, 영종, 왜 우는가?" 그는 바로 구례 지방의 의병대장 백낙구 노인이었다. … '국채보상운동 전남 지부' 간판을 떼어 오고 주동자를 체포하라는 명령을 받은 다음 날 아침 영종은 순검 사직서를 써서 경무고문 책상에 올려놓았다. 『성자』, 98~104쪽.
14 광주에서의 국채보상운동에 대해서는 『광주시사』 1(광주직할시사편찬위원회 편, 광주직할시, 1992) 제6장 제4절 「국채보상운동과 광주·전남」과 김기주, 「광주·전남지방의 국채보상운동」(『전남사학』 10, 전남사학회, 1996) 참조.
15 『황성신문』, 1907. 3. 2.
16 『대한매일신보』, 1907. 3. 19.

상회大同義償會'¹⁷, '광주부 국채보상기성회國債報償期成會'¹⁸ 등이 있었다. 최홍종은 "光州郡에셔 徐丙冀·崔興琮氏等 八人이 大同義償會를 發起ᄒᆞ얏더라"¹⁹는 기사에서 보듯이, 1907년 3월에 조직된 것으로 보이는 대동의상회의 발기인이었으며, 그 회원으로서 40전錢을 의연하기도 했다.²⁰

그런데 당시 경찰이나 군인이 국채보상운동에 참여하기도 했다. 광주·전남의 경우만 보더라도, 무안의 경무서 권임權任 김석로金錫老를 비롯한 모든 순사들이 합동으로 20원을 의연했으며,²¹ 광주의 부위副尉 최학철崔學哲이 60전을 의연했고,²² 화순의 오위장五衛將 박영일이 10원을 의연했다.²³ 이 지역에서는 아니지만, 헌병대에서 의연을 한 사례도 있다.²⁴ 즉, 경찰이나 군인이라 해서 국채보상운동을 막는 데만 급급했던 것은 아니었다.

이처럼 최흥종은 광주의 국채보상운동에 깊이 관여하고 있었다. 그런 그가 순검을 사직한 이유가 "간판을 떼어 오고 주동자를 체포하라는 명령" 때문이었다고 하는데, 그것이 아니더라도 을사조약·정미조약을 거치며 일제의 주권 침탈이 날로 거세지는 상황에서 그가 순검 생활을 계속하기는 어려웠을 것이다.

순검을 사직한 그는 광주농공은행에서 잠시 직장 생활(1907. 7. 8.~1908. 3.)을 하다 이마저 사직하고 1908년 3월 남장로교 의료선교사 윌슨Robert M.

---

17 『황성신문』, 1907. 3. 29.
18 『대한매일신보』, 1907. 7. 5.
19 『황성신문』, 1907. 3. 9.
20 『황성신문』, 1907. 4. 18.
21 『대한매일신보』, 1907. 3. 12.
22 『대한매일신보』, 1907. 3. 1.
23 『대한매일신보』, 1907. 11. 14.
24 『대한매일신보』, 1907. 4. 7.

Wilson의 어학 선생 겸 광주선교진료소 조수로 취직했다.[25] 그리고 같은 해 양림리교회 집사가 되었으며, 1909년 4월에는 남장로교 의료선교사 포사이트 Wiley H. Forsythe를 만나 감화를 받고 더욱 독실한 신앙인이 되었다고 한다.[26]

3. 3·1운동과 최흥종

일제의 병탄 이후 최흥종은 광주 제중원의 '사무인'으로 재직하며 1912년 나환자 교회인 봉선리교회의 설립에 참여했다.[27] 같은 해 북문안교회의 장로가 되었으며, 1913년에는 북간도 선교사를 지원했으나 노회와 총회의 허락을 받지 못해 좌절되었다.[28] 1914년에는 장로교 평양신학교에 입학했다.[29] 그러나 직장은 여전히 광주 제중원이었다.[30]

최흥종이 민족운동에 나서게 된 계기는 1919년 3·1운동이었다. 그는 3월 1일 이전에 서울에 올라가 광주 출신 유학생들을 만나 광주에서의 거사를 협의하고 김철과 함께 인력거를 타고 3월 1일 남대문을 지나다 그곳에서 벌어진 만세 시위에 우발적으로 참여했다가 붙잡혔다고 알려져 있다.[31]

당시 '야소교 전도사'[32]였던 그는 김필수·김철과 함께 서울로 올라와 국

---

25 차종순, 「호남교회사에 있어서 복음적 사회운동에 대한 한 연구」, 66~67쪽.
26 차종순, 「호남교회사에 있어서 복음적 사회운동에 대한 한 연구」, 68쪽.
27 한국교회사학회 편, 『조선예수교장로회사기』 하, 연세대학교 출판부, 1968, 171쪽.
28 그가 북간도 선교사를 지원한 이유에 대해 가족과 지인들은 "독립운동을 하기 위해서"였다고 한다. 차종순, 「호남교회사에 있어서 복음적 사회운동에 대한 한 연구」, 82쪽.
29 차종순, 「호남교회사에 있어서 복음적 사회운동에 대한 한 연구」, 82~83쪽; 한국교회사학회 편, 『조선예수교장로회사기』 하, 166쪽.

기열의 주선으로 김범수를 만나 광주에서의 만세 시위에 대해 협의했다.[33] 하지만 그가 서울에 올라온 때는 3월 2일이었고, 만세를 부르다가 붙잡힌 일자는 3월 1일이 아닌 3월 5일이었고, 남대문 역전에서 인력거 위에 올라가 『신조선신문新朝鮮新聞』이라는 유인물을 나누어 주며 '민족자결주의'에 대해 연설했다. 이어 대한문 앞으로 자리를 옮겨 역시 인력거 위에 올라가 '조선독립'이라 쓰여진 기를 흔들며 시위를 선동했다. 언도받은 형량도 '보안법' 위반으로 징역 1년이었다. 그에 대한 다음의 판결문을 보면 그 점이 분명해진다.[34]

A. 경성지방법원 예심종결문 (1919. 8. 30)	B. 경성지방법원 판결문 (1919. 11. 6)	C. 경성복심법원 판문 (1920. 2. 27)
[3월 5일] … 피고 최흥종은 남대문 역전에서 인력거 위에서 『新朝鮮新聞』이라고 題하고 조선 독립사상을 고취함과 같은 불온 인쇄물 수십 매를 살포하고 자기 신변에 집합한 다수의 군중에게 개하여 민족자결주의를 述하고 독립사상을 고취하는 연설을 하려고 하여 그 冒頭를 述키 시작하자 군중은 독립만세를 고창한 고로 이에 창화하여 함께 대한문 전에 이르러 同處에서 인력거 위에서 '조선 독립'이라고 大書한 기를 흔들며 군중에 솔선하여 시위운동의 勢를 부조함으로써 각 피고는 정치의 변혁을 목적하고 불온한 망동을 해서 치안을 방해한 사실이더라.	피고 최흥종은 장로파에 속하는 야소교 전도사인바, 대정 8년 3월 2일경 마침 광주 지방으로부터 경성에 와서 이태황 전하(고종 황제)의 국장을 당하여 많은 군중이 경성에 모인 것을 기화로 위의 군중에게 대하여 조선 독립운동을 할 것을 고취함으로써 그 목적을 관철하려고 하던 차 대정 8년 3월 5일 학생단에서 위의 시위운동이 있음을 듣고서 알게 되자 크게 그 취지에 찬동하였으며 … 피고 최흥종은 인력거 위에서 『新朝鮮新聞』이라 제한 조선 독립을 고취하는 불온한 인쇄물 수십 매(증 제114호와 동일한 것)를 선포하고 대한문 앞에 이르자 인력거 위에서 '조선 독립'이라 크게 쓴(증 제115호) [것]을 휘저으며 군중을 지휘하여 시위운동의 기세를 도움으로써 각 피고는 치안을 방해하였다.	[3월 5일] … 동 운동의 취지에 찬동한 피고 최흥종 및 전시한 이병주·최강윤·김종현·채순병은 전시한 기 및 적포를 흔들면서 군중과 함께 조선 독립만세를 고창하였으며…
『독립운동사자료집』 13, 107쪽.	『독립운동사자료집』 5, 102~103쪽.	『독립운동사자료집』 5, 163쪽.

이처럼 최흥종은 시위에 계획적·적극적으로 참여했다. 그는 이미 『신조선신문』 수십 매와 '조선 독립'이라 크게 쓰여진 배너[赤布]를 갖고 있었으며, 남대문에서 대한문까지 시위대의 선두에 섰기 때문이다.[35] 최흥종 개인의 3·1운동 참여는 이렇게 끝났지만, 광주에서의 만세 시위는 3월 5일 광주에 내려온 김철의 주도로 계획이 진행되었다. 이날 밤 남궁혁의 집에서 모인 인사는 강석봉·김태열·서정희·최병준·최영균·최정두·한길상·홍승애·황상호 등 '북문안교회 교인'과 강생기·김복수·박팔준·정상호·최한영 등 '삼합회 회원'이었다고 한다. 이들은 '선언서·태극기 준비'(최한영), '일반 시민 동원'(서정희), '기독교인 동원'(김강), '수피아여학교생 동원'(홍승애), '숭일중학교생 동원'(최병준), '기타 학교 학생 동원'(김용규·김태열·최영균), '자금 조달'(이기호) 등 업무를 분장했다.[36] 이들의 주도로 광주에서는 3월 10일 만세 시위가 이루어졌다.

그런데 서정희·최한영·한길상 등은 1920년대 중반 이후 사회주의 계열

---

30 『기독신보』, 1916. 1. 26.
31 예컨대 『광주시사』 2(광주직할시사편찬위원회 편, 광주직할시, 1993)의 '3·1운동' 부분에서도 이 내용을 거의 그대로 옮겨 놓았으며, 이는 광주의 3·1운동에 대한 여러 논저에서도 마찬가지이다.
32 「최흥종 신문조서」, 경성지방법원, 1919. 6. 25; 『韓民族獨立運動史資料集(三一運動 Ⅶ)』 17, 국사편찬위원회.
33 김진호·박이준·박철규, 『국내 3·1운동 Ⅱ—남부: 한국독립운동의 역사 (20)』, 독립기념관 한국독립운동사연구소, 2009, 186~186쪽.
34 그가 3·1운동 이전에 상경했다거나 김철 등과 협의했다는 등의 내용은 재판 과정에서 굳이 밝힐 필요가 없기 때문에 의도적으로 감추었을 수도 있다. 그리고 그가 3월 2일 상경했다는 말은 꾸며 낸 것일 수도 있다.
35 「최흥종 신문조서」, 경성지방법원, 1919. 6. 25; 『韓民族獨立運動史資料集(三一運動 Ⅶ)』 17, 국사편찬위원회.
36 『광주시사』 2, 470쪽; 차종순, 『양림교회 100년사』 1, 양림교회, 2003, 240쪽; 김진호·박이준·박철규, 『국내 3.1운동 Ⅱ—남부: 한국독립운동의 역사 (20)』, 186쪽.

에서 활동하는 인물들이다. 한길상의 기독교인 여부는 확실치 않으나, 서정희는 한때 양림교회 교인이었으며 최흥종과도 친밀한 사이였다.[37] 뒷날 최흥종으로 대표되는 민족주의 계열과 서정희로 대표되는 사회주의 계열이 이미 3·1운동 당시에 제휴하고 있었다는 점에 주목할 필요가 있다.

4. 청년운동·사회운동과 최흥종

3·1운동에 참여했다 투옥된 최흥종은 1920년 6월 출옥했다. 다음 달인 7월 광주기독교청년회(광주YMCA)가 조직되어 광주 사회운동의 근거지 역할을 했다.[38] 하지만 그는 한동안 여기서 직책을 맡지 않았던 것 같다.[39] 출옥한 지 얼마 되지 않은 인물이 임원을 맡는다는 것이 단체에 부담을 줄 것을 우려했기 때문이라 여겨진다. 그는 재판 과정에서 밝힌 다음과 같이 밝힌 바 있다.

    문: 장래에도 독립운동을 할 것인가.
    답: 나는 독립이 될 것으로 믿고 있으며, 어쨌든 나로부터 독립사상은 사라지지 않을 것이다.[40]
    문: 예심에서는 독립사상은 그만둘 수 없으므로 장래에도 한다고 했는데 지금

---

37 "서정희는 3·1운동 이전부터 1922~1923년 양림교회에 출입한 '교인'이었던 것은 분명하다."고 하며, 서정희의 4녀인 서경남도 아버지가 가끔 교회에 나왔다고 한다. 이성규, 『항일 노농운동의 선구자 서정희』 상, 지식산업사, 113~114쪽.
38 광주YMCA는 1922년 7월 29일 창립 2주년 기념식을 가진 것으로 미루어 이렇게 추정한다.
39 광주YMCA 제1대 회장은 최병준, 제2대 회장은 황상호였다.
40 「최흥종 신문조서」, 경성지방법원, 1919. 6. 25; 『韓民族獨立運動史資料集(三一運動 Ⅶ)』 17, 국사편찬위원회.

도 같은 생각인가.

답: 정의·인도에 의하여 조선 독립은 가능하다고 생각하여 했던 것이나 장래에는 전도에만 전념하여 종사하고 정치에는 관계하지 않겠다.[41]

출옥한 해 그는 다시 평양신학교에서 학업을 계속했고,[42] 북문밖교회 담임목사를 맡으며 같은 교회에 유치원을 설립했다.[43] 그러나 그는 오래지 않아 다시 사회운동에 관심을 보였다. 1920년 9월 조선노동공제회 광주 지회장으로서 전국 회의에 참석하면서 노동운동을 시작한 것이다.[44] 광주 최초의 노동운동 단체 제1대 회장에 그가 취임했다는 점은 시사하는 바 크다. 그 때문인지 그는 1921년 1월 당국으로부터 '갑종 요시찰인물'로 지목되었다.[45] 같은 해 6월 그는 서정희 등과 함께 광주 지회 '개선 임원 선정 위원'으로 위촉되었고,[46] 이어 서정희가 제2대 지회장에 선임되었다.[47] 이어 7월에는 노동공제회 광주 지회에서 최흥종이 '노동자의 행운', 서정희가 '노동문제'란 제목으로 강연했다.[48] 9월에는 광주 최초의 청년단체인 광주청년회에서 의사원으로 선임되었다.[49]

---

41 「공판시말서」, 경성지방법원, 1919. 10. 18;『韓民族獨立運動史資料集(三一運動 Ⅷ)』18, 국사편찬위원회.
42 한국교회사학회 편,『조선예수교장로회사기』하, 300쪽.
43 『중외일보』, 1928. 7. 21.
44 『동아일보』, 1920. 9. 24.
45 「요시찰인의 동정에 관한 건: 不逞團關係雜件—在西比利亞 (13)」, 全南警高 제2966호, 1922. 3. 18.
46 「노동공제광주지회」,『동아일보』, 1921. 6. 8.
47 「광주노동공제총회」,『동아일보』, 1921. 6. 16.
48 『광주시사』 2, 648쪽.
49 『동아일보』, 1921. 9. 9.

1921년 평양신학교를 졸업한 그는 광주 북문밖교회 목사로 부임했다.[50] 같은 해 광주YMCA 회원들과 함께 일본산 마약인 모루히테방독회를 조직[51]한 그는 1922년 광주YMCA 제3대 회장에 취임했다고 한다. 하지만 같은 해 3월 그는 시베리아 선교를 위해 블라디보스토크로 출발했다. 이미 1921년 장로교 총회에서 결정된 사안이지만, 일경은 그를 '요주의인물'로 주시하여 출발이 늦어진 것이다. 환송회에서는 서정희가 사회를 맡았다.[52] 이 무렵 일제 보고서에는 그가 "점차 사상이 온건해져서 하등 용의점이 없다."고 나온다.[53]

같은 해 9월 그는 총회 참석차 일시 귀국했는데, 언론에서는 그를 "전남 청년계의 추앙 인물인 최흥종 목사"라 소개했다.[54] 이듬해 6월 최흥종은 귀국하여 광주·전주·영광·담양·군산·목포·여수·마산·부산 등지를 순회하며 시베리아 선교 보고회를 열었다.[55]

귀국 후 광주 북문안교회 담임목사가 된 그는 1923년 9월 서정희와 함께 광주소작인회연합회 대표로서 소작권 이동 방지 등 7개 항에 대해 동척 당국과 교섭했다.[56] 이 단체는 같은 해 4월 결성된 것으로 서정희가 회장이었다.[57] 1924년 3월에는 전라노농연맹 발기회에 '광주지한면소작인회' 대표로 참석

---

50 한국교회사학회 편, 『조선예수교장로회사기』 하, 301~302쪽.
51 차종순, 「호남교회사에 있어서 복음적 사회운동에 대한 한 연구」, 121쪽; 『광주시사』 2, 651쪽.
52 「양목사송별회 성황」, 『동아일보』, 1922. 3. 23.
53 「요시찰인의 동정에 관한 건: 不逞團關係雜件—在西比利亞 (13)」, 全南警高 제2966호, 1922. 3. 18.
54 「최 목사 귀국」, 『동아일보』, 1922. 10. 1.
55 「최 씨 노령 상황 강연」, 『동아일보』, 1923. 7. 6; 『동아일보』, 1923. 7. 13.
56 『한국공산주의운동사』, 한국역사정보통합시스템(원문 미확인).
57 『광주시사』 2, 598~599쪽.

했다.[58] 노동운동에 이어 농민운동에도 관심을 보이게 된 것이다. 또 1925년 1월에는 기자와의 면담에서 "면화 공동판매 개선이 시급한 문제"이며 "不正奸策을 徹底懲治"을 주장했다.[59] 이에 앞서 1924년 6월에는 광주YMCA 주최 6단체 후원을 4개 교회에서 열릴 예정(7. 20.~8. 20.)인 "무산 아동을 위한" 단기학교의 총장으로 선임되었다.[60] 시베리아 선교사로 떠날 무렵과는 달리 귀국하여 다시 사회운동에 적극 나서게 된 것이다. 1924년 그가 광주YMCA에 다시 취임한 것도 이같은 시각에서 이해될 수 있다. 광주YMCA는 광주청년회와 더불어 이 지역 청년운동·사회운동의 양대 산맥이었다.[61] 이 밖에 광산회 총무(1923), 광주수해구제회 위원(1925), 광주여보고 창립기성위원(1926), 광주협회 위원(1926) 등을 지냈다.[62]

그렇다면 그는 어떤 이유에서 한동안 자제했던 사회운동을 재개한 것일까. 정확히 알 수는 없지만, 그의 신앙관과 관련되지 않았을까 여겨지기도 한다. 다음은 1923년에 그가 기고한 글이다.

> 許諾世代에셔 法律世代로 건너가는 過渡期(徵兆)에는 埃及에 十災殃이 잇셧다. 埃及은 當時에 世界의 强國이라 軍閥財閥 諸般權力主義者Despotie에 代表이라. 其 밧은바 災殃의 範圍는 매우 宏大하다. 衛生으로붓터 經濟에 이를 經

---

58 「사회주의불온언동사건(1924. 3. 24.)」, 한국역사정보통합시스템.
59 「면작조합 개혁(광주 최홍종 씨 談)」, 『동아일보』, 1925. 1. 1.
60 「무산 아동을 교육」, 『동아일보』, 1924. 6. 16.
61 이애숙, 「1920년대 광주지방의 청년·학생운동과 지역사회」, 한국역사연구회·전남사학회 편, 『광주학생운동연구』, 아세아문화사, 2000, 58쪽. 1925년 6월 현재 회원 수는 광주청년회 210여 명, 광주YMCA 190여 명, 광주점원청년회 130여 명, 광주형평청년회 50여 명, 광주여자청년회 50여 명, 광주YWCA 20여 명이었다고 한다. 『시대일보』, 1925. 6. 30.
62 『광주시사』 2, 651쪽.

> 濟로붓처 殺弑에 이르러 埃及의 長子를 滅亡하고 畢竟은 軍閥을 紅海에 埋葬하고 小弱民族이 自由를 得하야 民族自決이 發生한 것이니 其時 徵兆는 늘 繼續하여 올 것이다. 따라셔 勞働問題의 發生한 것이다. 쌀조아의 壓迫橫暴가 極甚하야 六十萬名 勞動者는 極端으로 부르지젓다. 그러나 今日갓치 思想發展이 되지 못한 時代요 더구나 鎖國時代이엿슴으로 엇더한 輿論이나 國際會 International Convention나 他方面에 對한 希望이 毫無하엿다. 그러나 超自然的으로 不可思議에 神秘의 幕이 열니엿다. 强迫下에 在한 小弱民族의 攝理者는 여호와 하나님이시오 統率者는 모세이엿다. 아— 머리를 들고 눈을 쓰고 注目할지어다. 貧弱한 이스라엘 民族의게 雲棟火柱의 大曙光이 퍼질엿다. 紅海를 陸地갓치 건너셔 曠野로 나왓다. 이것은 다만 亞細亞와 亞弗利加洲에 關係이나 世界的으로 將來 過渡期에도 可謂 權力□義를 불근 바다에 埋葬할 것슬 預表한 것이다.[63]

"埃及의 長子를 滅亡하고 畢竟은 軍閥을 紅海에 埋葬하고 小弱民族이 自由를 得하야 民族自決이 發生한 것이니 其時 徵兆는 늘 繼續하여 올 것이다."라든가 "將來 過渡期에도 可謂 權力□義를 불근 바다에 埋葬할 것슬 預表한 것이다."와 같은 대목은 일제의 몰락을 상징한 것 아닐까. 즉 일본을 이집트, 조선을 이스라엘에 비유하여 장차 하나님의 섭리에 따라 조선이 일본으로부터 독립할 것을 소망한 것이다. 이는 독실한 기독교인인 그가 민족문제를 신앙인의 관점에서 어떻게 이해했는가, 그리고 "쌀조아의 壓迫橫暴가 極甚하야 六十萬名 勞動者는 極端으로 부르지젓다."는 대목은, 그가 왜 기독교인으로서 노동운동·농민운동에 참여했는가를 보여 준다고 하겠다.

---

63 최흥종, 「過渡期의 現狀」, 『청년』, 1923. 9, 5~6쪽.

5. 신간회 광주 지회와 최흥종

이처럼 1920년대 광주의 청년운동과 사회운동에 적극 나선 최흥종은 1927년 1월 다시 시베리아 선교사가 되어 출국했으나, 러시아 당국의 탄압을 받아 일시 투옥되었다가 석방되어 "赤露退去命令으로" 같은 해 4월 귀국했다.[64]

같은 해 10월 14일 열린 신간회 광주 지회 설립준비위원회에서 그는 취지 설명을 하고 임시의장으로 선출되었고,[65] 29일 열린 창립총회에서 제1대 회장에 취임했다.[66] 부회장은 정수태, 간사는 국채진·김응규·김철·김태오·김홍선·문태곤·범윤두·전도·전용기·정해업·최부식·최장전·최종섭·최한영·한용수 등이었다. 수백 명이 참석했으나 내빈들의 축사는 일경의 제지로 금지되었다.[67] 이들 중 상당수가 3·1운동에 참여했으며, 김철·김태오·정해업·최종섭 등이 광주YMCA 회원이었다.

신간회의 '좌우 연합적' 성격으로 볼 때 최흥종은 양측으로부터 모두 신망을 얻고 있었기에 지회장으로 추대된 것이라 여겨진다. 그는 앞서 살핀 바와 같이 민족주의 계열의 근거지인 광주YMCA의 지도자였으며 일찍이 조선노동공제회 광주 지회장을 역임했고 광주소작인연합회와 전라노동연맹회에서도 활동하는 등 사회주의 계열과도 관련을 맺고 있었다.

신간회 광주 지회의 초기 활동이 뚜렷한 성과를 보이지는 못했다.[68] 물론

---

64 『기독신보』, 1927. 5. 11; 차종순,「호남교회사에 있어서 복음적 사회운동에 대한 한 연구」, 109쪽, 135쪽.
65 「신간광주회 준비」,『동아일보』, 1927. 10. 17.
66 「광주신간 창립」,『동아일보』, 1927. 11. 1.
67 「광주신간 창립」,『동아일보』, 1927. 11. 1;「신간회광주지회 창립」,『중외일보』, 1927. 11. 5.
68 『광주시사』 2에 따르면, "초기의 신간회 지회는 거의 유명무실하였던 것으로 알려지고 있

일경의 감시과 탄압에 기인한 바 컸다. 10월 31일 제1회 임원회가 열렸고,[69] 12월 재만 동포 옹호에 대해 토의하던 중 회원 강석봉이 검속되었는데,[70] 이로 미루어 재만 동포를 위한 활동을 벌였던 것 같다. 이듬해인 1928년 12월 제2회 정기총회가 열렸을 때는 광주경찰서 고등계와 전라남도경찰부 고등과의 정사복 경관 10여 명이 삼엄한 경계를 펼쳤다. 여기서 최흥종은 다시 지회장을 연임했다.[71] 하지만 신간회 광주 지회의 활동은 대체로 부진했던 것 같다. 1828년 8월 남녀 유학생 20여 명을 초청하여 환영회를 연 것[72] 정도가 눈에 띈다.

이 밖에 최흥종은 1927년 재만동포옹호동맹 위원[73], 1928년 광주교육보급회 이사·사립보통학교유지방침연구회 위원[74]·광주보통학교유지회 위원[75]·광주철도기성회 상임위원[76] 등으로 활동했다. 이미 북문밖교회에 유치원을 설립하고(1920) "무산 아동 위한 교육" 차원에서 설립된 단기학교의 총장(1924)과 광주여고보창립기성위원(1926) 등을 역임한 그는 계속하여 유치원·간이학교·보통학교·고등보통학교 등 '광주 교육 보급'을 위해 힘썼다.

다. 중앙본부도 지회로서 정식으로 인정하지 않았던 것으로 보인다. … 결국 광주 지회가 정식으로 출범을 할 수 있었던 것은 1927년 10월에 이르러서였다"(493쪽)고 한다.

69 「제1회 간사회」, 『중외일보』, 1927. 11. 5.
70 「강석봉 씨 석방」, 『동아일보』, 1927. 12. 21.
71 「광주신간대회」, 『동아일보』, 1928. 12. 19.
72 『중외일보』, 1928. 8. 12. 이 환영회에서 장재성이 유학생 대표로 답사를 했다.
73 『중외일보』, 1927. 12. 24.
74 차종순, 「호남교회사에 있어서 복음적 사회운동에 대한 한 연구」, 133쪽; 『광주시사』 2, 651쪽.
75 『중외일보』, 1928. 6. 6.
76 『중외일보』, 1928. 8. 17.

그런데 1929년 3월 무렵부터 신간회 광주 지회장으로서 그의 활동이 보이지 않는다. 3월 2일 열리던 정기 간사회가 일경의 간섭으로 연기되어 3월 9일 열렸는데, 이때 부회장 정수태가 사회를 맡았다.[77] 이후 광주 지회 각종 회의의 사회자는 정수태였으며,[78] 6월 서울에 열린 신간회 각 지회 대표위원회에 그가 '광주구대표'로,[79] 7월 서울에서 열린 복대표회의(8개 지회에서 1명의 복대표 선정)에 '광주 지회장'으로 참석했다.[80]

최흥종이 활동을 중지한 이유는 확실치 않으나, 당시 신간회의 주도권을 둘러싼 중앙·지방에서의 민족주의 계열과 사회주의 계열의 갈등과 무관치 않았을 것이다. 1929년 6월 전남노회는 그를 제주도 모슬포교회의 담임목사로 파송하기로 결의했고,[81] 이에 따라 그는 7월 광주를 출발했다.[82] 따라서 신간회 광주 지회장도 사임하게 되었다. 그럼에도 그를 이은 새로운 광주 지회장은 선출되지 않은 것 같다. 9월 열린 광주 지회 임시대회에서 정수태는 '집행위원장'을 맡았을 뿐,[83] 지회장이란 직책은 더 이상 나오지 않는다.

아울러 최흥종의 사임 이후 신간회 광주 지회는 내홍에 휩싸이며 중앙본부와도 마찰을 빚었다. 1929년 7월 서울에서 열린 복대표회의에서 위원장 허헌을 비롯한 사회주의 계열이 대거 중앙집행위원에 선출되자 정수태(광주 지회장)·장병준(목포 지회장) 등은 임원 개선이 무효라며 퇴장했고 위원장

---

77 「광주신간간사회」, 『동아일보』, 1929. 3. 15.
78 「광주신간간사회」, 『동아일보』, 1929. 7. 24; 「의안찬불찬으로 회장 일시 소란」, 『동아일보』, 1929. 9. 9.
79 「신간각지회 대표위원회」, 『중외일보』, 1929. 6. 28.
80 『광주시사』 2, 493쪽.
81 차종순, 「호남교회사에 있어서 복음적 사회운동에 대한 한 연구」, 133쪽.
82 『중외일보』, 1929. 7. 2.
83 「광주신지 임시대회 경과」, 『중외일보』, 1929. 9. 9.

불신임안을 제출했다.[84] 이에 중앙본부에서는 8월 중앙상무검사위원을 광주 지회와 목포 지회에 파송하여 사건 경위를 조사케 했고,[85] 9월에 열린 광주 지회 임시대회에서는 집회의 적법성 여부와 심의 안건의 찬반을 놓고 "찬반론자들이 갑론을박하며 쌍방이 극도로 흥분"하여 일부가 퇴장하는 사태가 벌어졌다.[86] 같은 달 중앙본부에서는 광주 지회에 대해 '3개월간 정권停權'이란 처벌을 내리면서 정수태를 제명시켰다.[87] 이어 10월 광주청년동맹에서는, 중앙본부로부터 처벌을 받은 신간회 광주 지회 임원들이 청년동맹 소속 회원들에게 탈회를 강요한다 하여 경고문을 발표하는 등 청년운동계 전체가 홍역을 치렀다.[88]

6. 구라救癩 사업과 최흥종

1929년 7월 제주도로 내려온 이후 최흥종의 행적은 잘 알려져 있지 않지만 목회에 전념했을 것으로 짐작된다. 그런데 1930~1931년 무렵 여수의 조선나환자공제회 회장 이종수가 그를 찾아와 나환자에 대한 지원을 부탁했고, 최흥종은 이를 허락했다. 그는 "從此로난 社會及政治事業은 無關心할 뿐 안이라 今日로 埋葬하겟다 하시며 우리 不祥한 患者로 하야금 내가 그들이 되

---

84 『광주시사』 2, 493쪽.
85 「조 씨를 특파」, 『중외일보』, 1929. 8. 25.
86 「의안찬불찬으로 회장 일시 소란」, 『동아일보』, 1929. 9. 9.
87 「신간위원회 광주 지회 정권」, 『동아일보』, 1929. 10. 4.
88 「처벌당한 광주신지에 경고」, 『중외일보』, 1929. 10. 11.

겟다."고 했다고 한다.[89]

일찍이 1900년내에 최흥종은 쪼사이트 선교사의 나환자 치료에 감명을 받고 구라救癩 활동을 벌인 바 있기 때문에 그들에 대한 관심이 남달랐을 것이다. 특히 '社會及政治事業'을 '今日로 埋葬'하겠다고 밝힌 것은 현실 문제와는 거리를 두고 구라 사업에만 전념하겠다는 뜻이었다.

1931년 7월 그는 '수토불복증'을 이유로 제주도 모슬포교회 담임목사를 사직했다.[90] 그리고 9월 조선나병환자구제회를 설립했는데, 이 구제회에서는 다시 조선나병환자구제연구회를 조직했다. 각계각층의 지도급 인사들이 연구회 실행위원으로 참여했으며,[91] 10월 김병로의 사회로 열린 제1회 실행위원회에서 위원장에 윤치호, 상무위원에 최흥종이 선임되었다.[92] 실행위원들을 보면 기독교·천도교·불교 등 여러 종교 인사들이 섞여 있으나 기독교인들이 상당수였고, 김성수·박승직·현준호 등 자산가들도 눈에 띈다. 이들은 대부분 민족주의 계열의 인사들이었으며, 당연히 일제의 감시가 뒤따랐다.[93]

하지만 구제회와 연구회가 뚜렷한 성과를 거두지는 못했던 것 같다. 최흥종은 2,700~2,800원을 모금하는 등[94] 고군분투했지만 여의치 못했고, 결국

---

89 林康兒,「癩患者의 슬픈 冤情」,『기독신보』, 1931. 9. 2.
90 차종순,「호남교회사에 있어서 복음적 사회운동에 대한 한 연구」, 134쪽;『기독신보』, 1931. 7. 22.
91 「사회유지의 발기로 나병구제연구회」,『동아일보』, 1931. 9. 26. 실행위원은 윤치호·신흥우·이종린·오긍선·한용운·최흥종·안재홍·김필수·명제세·현준호·조만식·김택원·김병로·유각경·김성수·최규동·박승직·송진우·이인·김응규 등이었다.
92 「나병구제회위원회 개최」,『동아일보』, 1931. 9. 30. 이때 백관수·현동완·이기태 등도 실행위원으로 선임되었다.
93 「조선나병환자구제연구회 집회취체상황보고(1931. 10. 20)」,『사상에 관한 정보』, 한국역사정보통합시스템.
94 『동아일보』, 1932. 4. 11.

1932년 6월 서울의 나환자 30여 명을 데리고 여수 애양원으로 내려갔다. 이에 대해서는 다음 기록이 참고된다.

> … 崔氏는 혼자 애를 쓰며 쪼차다닌 結果 爲先 第1着事業으로 약 三十名의 患者를 麗水癩病舍에 收容시키기로 交涉하고 그 費用으로 所用될 二千八百圓의 寄附金募集許可를 지난 三月 二十四日에 얻게 되엿다. 以來 四五個月을 땀을 흘리며 쪼차다녓으나 寄附金은 一千二百七十八圓 八十錢밖에 더 모히지 아낫다. 그리고 그 일을 하는 事務費도 收入이 不足되여 時間과 精力을 全部犧牲한 崔氏는 다시 또 現金으로 一百五十餘圓을 처너흘 수밖에 없엇다. … 아! 그러면 以上計劃은 一場春夢이엇든가? 애쓰고 애쓰다가 시언한 結果를 못본 崔氏는 無情한 社會를 원망하면서 지난 六月 二十三日 京城에서 거리로 방황하든 三十名 患者를 더리고 麗水로 내려가고 말앗다. 그와 同時에 癩病患者根絶策研究會는 解散하게 되엿으며 崔氏는 萬事가 不如意하게 됨을 嘆息하면서 서울을 떠난 것이다.[95]

이때 최흥종은 크게 낙심했던 듯하며, 스스로 '五放'이란 호를 지은 것도 이 무렵으로 보인다.[96] 오방의 내용과 의미에 대해서는 자료나 연구에 따라

---

95 「나병환자의 은인 최흥종 목사」, 『신동아』, 1932. 8, 40~41쪽.
96 최흥종이 스스로 '오방'이란 호를 지은 것은 1935년이라 알려져 있다. 차종순, 「호남교회사에 있어서 복음적 사회운동에 대한 한 연구」, 185쪽. 그러나 『동광』 1932년 8월호에 실린 「五放先生 崔興琮氏」에는 "나병환자 구제를 위해서 京鄕으로 출입하며 남달은 애를 태우는 木浦의 崔興琮 씨는 최근 아호를 「五放」이라 지섯는데 그 뜻을 무르면 如左하다고"라 나온다. 즉 스스로 '오방'이라 부른 것은 1932년 8월 이전인 셈이다. 아울러 차종순은 같은 해 최흥종이 '거세 수술'을 받고 「사망 통지서」를 작성, 발송했다고 하나(차종순, 「호남교회사에 있어서 복음적 사회운동에 대한 한 연구」, 183~185쪽), 이는 사실과 다르다. 후술할 바와 같이 그가 '거세 수술'을 받은 때는 1935년, 「사망 통지서」를 작성, 발송한 때는 1937년이었다.

조금씩 다르지만, 현실 문제에 구애받지 않고 초연하겠다는 뜻으로 읽힌다.[97]

그렇다고 해서 그가 두문불출하며 구라 사업을 중단한 것은 아니었다. 1933년 4월 그는 총독부를 방문하고 경무국장과 위생국장을 면담하면서 나환자를 위한 6개 항을 진정했다. 다음은 이에 대한 기사이다.[98]

---

[97] '오방'의 내용과 의미에 대해서는 다음과 같이 정리된다.

주위 사람들 (『성자』, 272쪽)	이영생 증언 (『성자』, 273쪽)	「사망 통지서」 (『성자』, 278쪽)	「오방 선생 최흥종 씨」 (『동광』 36, 1932. 8, 36쪽)	「김교신일기 (1937. 1. 18)」 (『김교신전집』 6, 15쪽)
색욕	가사에 방만	가정에 대하여 오만	가정은 放漫	家庭에 대하여 오만자
식욕	사회에 방일	사회에 대하여 방일	회사에서는 放逸	사회에 대하여 放逸者
명예욕	경제에 방종	사업에 대하여 방종	정치 방면으로는 放免	事業에 대하여 방종자
물욕	정치에 방기	국가에 대하여 방기	종교 생활로는 放浪	國事에 대하여 放棄者
생명욕	종교에 방랑	종교에 대하여 방랑	권문세가에서 볼 때는 放恣	宗敎에 대하여 방랑자

[98] 『조선중앙일보』, 1933. 4. 11. 최흥종이 1933년 나환자 수백 명과 함께 서울로 올라가 총독부 앞에서 농성을 벌이다 총독을 면담했다고 널리 알려져 있으며 이를 '구라 행진'이라 부르나(『성자』, 243~254쪽) 사실 여부는 확인되지 않는다. 신문·잡지를 비롯한 당시 자료에도 나오지 않으며, 최흥종이 쓴 「救癩사업50년사 개요」, 『호남신문』, 1960. 3. 17~20; 『화광동진의 삶』, 304쪽)에도 그런 내용이 없다. 최흥종은 1932년 30여 명 나환자들을 여수로 데리고 갈 때도 총독부 경무국장과 보안과장을 만나 여비를 받은 적이 있다. 또 1932년 우가키 총독이 광주를 방문했을 때 최흥종이 다시 그를 만났다고 하나(차종순, 「호남교회사에 있어서 복음적 사회운동에 대한 한 연구」, 144쪽) 총독이 광주를 방문한 것은 1933년 10월이며, 이미 9월에 나환자 100여 명이 전남도청 앞에서 시위를 벌였으며(「癩患者 百數十名, 再擧 全南道廳에 殺到」, 『조선중앙일보』, 1933. 10. 1), '요시찰인물'에 대한 경계가 강화되었다(「要視察人物 二十餘名 檢擧」, 『조선중앙일보』, 1933. 10. 11; 「南鮮視察次 宇垣總督 來光」, 『조선중앙일보』, 1933. 10. 19). 이 같은 상황에서 최흥종이 총독을 면담할 수 있었을지 의문이다.

긔보한 바와 가티 지전池田 경무국장의 발긔로 라병예방협회癩病豫防協會를 조직하야 각도에 산재한 문둥병 환자를 구제코저 하는 중 이병구호를 압두고 전남全南에 잇는 라병환자공제회癩病患者共濟會에 수용된 △백八십여 명과 대구大邱에 잇는 라병상조회에 수용된 환자 七백 명, 부산에 잇는 상조회에 수용된 七백여 명들이 최근에 련합대회를 열고 다음과 가튼 결의를 하야 총독부 당국에 진정케 되엿는데 전남의 최흥종崔興琮 목사가 十일 총독부로 지전 경무국장 서귀西龜 위생과장을 방문하고 장시간 진정하얏다.

一. 無依託한 患者 先着收容의 件.
二. 患者收容募集을 △△△에 依託募集할 것.
三. 未收容△△ 患者 臨時救濟及治療△할 것.
四. 患者看護에는 患者를 使用할 것.
五. △康한 小兒는 特別敎育△할 것.
六. 家庭生活患者와 獨身生活患者를 區別收容할 것[99]

이처럼 그는 여전히 구라 사업의 대표적 인물이었다. 또 1934년 10월 광주의 유지들로 조직된 계유구락부에서 '종교와 일상생활'이란 제목으로 강연하기도 했다.[100]

그러던 중 1935년 9월 25일 서울로 올라가 세브란스병원 의사 오긍선으로부터 '거세 수술'을 받았다. '오방'이란 호를 붙인 데 이어 모든 세속적 욕심과 단절하겠다는 의지의 새로운 표현이었다. 이 시기 그는 목포에 머물면서 오직 구라 사업에 매진했다. 1936년 2월에는 목포에서 안창호와 동행하

---

99 「癩病者聯合大會 當局에 六條項陳情」, 『조선중앙일보』, 1933. 4. 11.
100 『동아일보』, 1934. 10. 20.

여 순천에 와서 신풍리의 나환자치료소를 안내하기도 했다.[101]

이어 1937년 1월에는 모든 외부 활동의 중단을 선언한 이른바「사망 통지서」를 지인들에게 발송하여 주위를 놀라게 했으며,[102]「교역자의 반성과 평신도의 각성을 촉促함」이란 글을 『성서조선』에 기고하여 한국 교회를 신랄하게 비판했다.[103] 이 무렵 그는 제도권 교회를 떠나 '무교회주의' 신앙생활

---

101 『삼천리』, 1936. 6.
102 그 내용은 다음과 같다. "本人을 死亡者로 간주하시고 友人名簿에서 삭제하여 주시기를 복망하나이다. 家庭에 대하여 오만자, 사회에 대하여 放逸者, 事業에 대하여 방종자, 國事에 대하여 放棄者, 宗敎에 대하여 방랑자 소위 五放을 제창하면서도 名實이 不合한 假面劇이 왕왕 연출되어 良心上 似而非한 생활을 절실히 참회하고 무익한 罪人이 此世에 관여하는 것은 유익보다 폐해가 더 될 것을 각오하므로 十字架의 구주 예수만 신뢰하고 凡事에 예수의 교훈으로 생활할 것을 맹약하고 이제는 生死間에 예수 이외에 아무것도 없으므로 世事에 대하여 死亡者가 되어 스스로 매장한 것이외다. 가족적 行列에서나 윤리적 禮儀에서나 사회적 規範에서나 除外者요, 黜陟者요, 廢棄者로 人間社會에 무용의 일종 廢物이오니 自今以後로는 死亡者로 인정하시고 모든 關係와 通信을 단절하여 주심을 통고하나이다. 1937년 1월 일 五放 崔興琮 謹告"(「김교신일기 1937. 1. 17」, 노평구 편, 『김교신전집』 6, 일심사, 1981[재판], 15~16쪽). 이어 그는 다음과 같이 이유를 밝혔다. "敬啓者 死亡通告書에 대한 理由와 동기를 간단히 告하고자 하나이다. 理由에 잇어서는 바울使徒 말씀과 같이 육체의 情과 慾을 十字架에 못박고(갈라디아서 2:20; 5:24; 6:14) 餘生을 그리스도人的 생활을 하여 보려는 데 있습니다. 그러나 肉體의 纏綿[線?]이 너무나 견고히 얽혀 있어 아무리 解放을 부르짖어도 되지 않으므로 소위 五放을 제창하여 보았으나, 역시 시원치 않고 외식적인 繃帶에 여전히 속박되는 恨嘆을 벗지 못하고 嗚呼太息을 느끼다가 돌연 생각이 나서 신체에 一大革命을 행할 결심을 하고 먼저 생리적 變化를 惹起하려고 노력하였습니다. 人間이 罪過에 빠지는 것은 食慾, 色慾, 名譽慾, 利慾 곧 肉身의 情慾과 眼目의 情慾과 此生의 誇張에 纏綿되므로 食, 色, 名, 利 四非에서 해탈하여 보려는 운동을 한 것입니다. 그래서 1935년 9월 25일에 去勢를 단행하고 惑種事業 혹은 團體에 얽힌 줄이 늘 끊기지 못하고 늘 名利의 인 劇團에 출연하므로 似而非한 생활을 끝내 끊지 못하고 自悔自責이 이만저만이 아니건만 연결된 줄을 끊기에는 力不及하여 심히 번민하던 중 『聖書知識』誌 지난 5월호에 塚本氏의 死亡通知文을 읽고 다대한 충격을 받아 死亡通知에 대한 관심이 不絶하던 차에 聖朝 지난 10월호 첫 페이지에 실린 「假死亡」을 讀破 이후로 思念이 倍加하여 노력한 결과, 단체나 事業 等의 諸般事會의 連鎖關係를 전부 단절하였으므로, 死亡通知書를 발표한 것이오며 聖朝는 사랑하는 나의 영적 親友로 알므로 이유와 동기를 略陳하나이다. 1937년 1월 15일 崔興琮拜."
103 최흥종, 「교역자의 반성과 평신도의 각성을 促함」, 『성서조선』 1937. 4, 89~90쪽. 이 글의

을 하고 있었다. 그리고 무등산 증심사 계곡에 칩거하며 병자·빈민·걸인들을 위한 활동에만 전념했다.[104]

7. 맺음말

1937년 이후 사실상 은거 생활에 들어갔던 최흥종은 1945년 8·15와 함께 활동을 재개하게 되었다. 8월 16일 국기열의 집에 모인 인사들은 "광주 시민들로부터 존경"을 받는 최흥종이 전남건국준비위원회 위원장의 적격자라는 데 의견을 모으고 은거 중인 그를 찾아가 위원장 수락을 부탁했다. 최흥종은 이를 사양했으나 이튿날 광주극장에서 열린 전남건준 결성식에 축사를 하기 위해 참석했다가 "만장일치로 위원장에 선출"되었다고 한다.[105] 여전히 그가 좌우 양측으로부터 신망을 얻고 있었음을 보여 준다. 그러나 그가 위원장으로 재임한 기간은 불과 17일뿐이었고,[106] 이후 건준과는 거리를 두었다고 한다.[107] 이어 9월에는 고려청년당 창립준비회 고문으로도 추대되었다.[108] 초대 전남도지사인 최영욱의 형이기도 한 그는 11월 제1회 도지사고

작성 시기는 1937년 2월이다.
104 예외적으로 그는 1944년 5월 광주의학전문학교 설립에 관여했다. 이는 전남도지사의 요청에 따른 것으로, 최흥종은 동생 최영욱 등 의사들과 함께 현준호의 후원을 받아 폐쇄된 수피아여학교 교사에서 100명을 모집해 교육시켰다고 한다. 차종순, 「호남교회사에 있어서 복음적 사회운동에 대한 한 연구」, 197쪽.
105 안종철, 『광주·전남 지방현대사 연구』, 한울아카데미, 1991, 73쪽; 김석학·임종명, 『전남의 주요사건 광복 30년』 1, 전남일보사, 1975, 29쪽.
106 차종순, 「호남교회사에 있어서 복음적 사회운동에 대한 한 연구」, 202쪽.
107 전남일보 광주전남현대사 기획위원회, 『광주전남현대사』 1, 실천문학사, 1991, 30쪽.
108 『매일신보』, 1945. 9. 13.

문회 회장에 선임되었고,[109] 1946년 2월에는 서울 명동성당에서 열린 비상국민회의에 전남 대표로 참석했다.[110] 1947년에는 광주에 내려온 김구가 무등산 오방정五放亭을 방문하여 그와 면담했다.[111] 1950년 1월에는 대한국민당 전남도당부 발대식에서 광주시당부 위원으로 명단에 올랐다.[112] 이처럼 해방 정국에서 그는 다양한 정치활동·사회활동에 참여했는데, 그가 여전히 이 지역에서 신망을 얻고 있었으며, 그의 명성과 권위를 필요로 하는 세력들이 여럿이었음을 짐작할 수 있다.

한편 1945년 9월 그는 한국나예방협회를 조직했고, 1948년 3월에는 증심사 객사에 광주국민고등학교(삼애학교)를 설립했다. 같은 달 그는 호남신문사 초대 회장에 취임했으나 곧 사임했고,[113] 병자·빈민·걸인들을 위한 복지시설인 호혜원·송동원을 설립하기도 했다.[114]

이처럼 해방 정국에서 다양한 활동을 벌이던 그가 1950년 이후에는 다시 칩거에 들어가 외부와의 접촉을 끊고 나환자들과 함께 지내며 신앙생활에만 전념했다. 그러다 1964년 12월 30일, 그는 「유언장」을 작성·발송하고 1966년 2월 단식과 절필을 선언했다. 그리고 같은 해 5월 14일 사망했다. 5월 18일 열린 그의 장례식은 광주 최초의 시민장으로 광주공원에서 치러졌다.[115]

---

109 임선화, 「미군정의 실시와 전남도지사고문회의 조직」, 『역사학연구』 38, 호남사학회, 2010, 332쪽.
110 『자유신문』, 1946. 2. 1. 전남 대표는 강해석·김준연·이순탁·정광호·최흥종 등이었다.
111 차종순, 「호남교회사에 있어서 복음적 사회운동에 대한 한 연구」, 210쪽.
112 『한성일보』, 1950. 1. 11.
113 차종순, 「호남교회사에 있어서 복음적 사회운동에 대한 한 연구」, 212쪽.
114 차종순, 「호남교회사에 있어서 복음적 사회운동에 대한 한 연구」, 209~219쪽.
115 차종순, 「호남교회사에 있어서 복음적 사회운동에 대한 한 연구」, 220~223쪽.

이상에서 살펴보았듯이, 최흥종은 광주에서의 만세 시위를 비롯하여 신간회·노동운동·농민운동·청년운동·사회운동·교육운동 등 다양한 방면에서 활동을 벌였으며, 해방 공간에서도 중요한 역할을 했다. 때로는 「사망통지서」의 작성 등 '기인'의 모습을 보이기도 했고, 때로는 은둔 생활을 하기도 했다. 그럼에도 그의 생애와 활동은 결코 사회와 유리되지 않았으며, 신앙적 입장에서 민족문제에도 큰 관심을 쏟았다. 그는 총독부 관리나 친일적 유지들과도 접촉했지만 한 번도 '친일 논란'에 휘말린 적이 없으며, 기독교인으로서 신사참배에 순응하지도 않았다. 또 '좌우' 양측을 모두 아우르며 신망을 얻었던 그였기에 일제강점기 및 해방 정국에서 그는 여러 단체에서 임원을 맡을 수 있었다. 특히 일제강점기 광주YMCA를 근거로 한 기독교 민족운동의 대표자요 지도자였다.

이처럼 최흥종은 광주의 근현대사를 이해하는 데 빠뜨릴 수 없는 중요한 인물이다. 그럼에도 그에 대한 역사학계의 연구는 거의 없었고, 또 알려진 내용 중에도 다시 검토해야 할 부분이 적지 않다. 오늘의 발표는 향후 그 같은 작업을 계속하기 위한 첫걸음인 셈이다.

『한국독립운동사연구』 39, 2011, 205~234쪽.

차종순

호남 교회사에서 복음적 사회운동에 대한 한 연구

오방 최흥종 목사의 생애와 사상을 중심으로

1. 문제 제기

1980년대에 들어 선교 1세기를 앞에 둔 상황에서 ① 한국 교회가 성장하고, ② 한국 교회사에 대한 재정립이 논의되기 시작하고, ③ 한국과 미국 장로교회의 상호 협력으로 미국 장로교 총회에서 소관하고 있는 자료를 한국인 연구자들에게 공개하기 시작하였다. 이렇게 공개되기 시작한 원 자료를 통하여 한국인 연구자들은 한국교회사를 한국인의 입장에서 재정립할 수 있게 되었다. 본 연구자도 이와 같은 혜택을 입어 연구의 대상으로 삼은 미국 남장로교 선교 역사에 대하여 새로운 차원에서 연구할 수 있게 되었다.

지금까지는 선교사들과 한국인 목회자들 사이에서도 주된 흐름에 있었던 사람들에 대한 연구가 진행된 반면에 그 흐름에 들지 못한 사람들은 소홀히 되어 왔다. 이 연구는 선교사와 한국인 목회자들 가운데 주된 흐름에 있었던 인물보다는 저변층에 있었던 사람들을 발굴하여 소개함으로써 이들이 왜 배척 당하고, 역사의 주된 흐름에 속하지 못하였는가를 정확하게 파악하고, 이들에 대한 정당한 평가를 내리려고 한다.

이 연구를 진행하기 위하여 우선적으로 선결되어야 할 몇 가지 문제가 있다. 첫째는 본 연구에 적절한 사관을 정립하고, 둘째는 최흥종 목사에 대한 성격을 규명한 다음에, 셋째로 한국에 전래된 기독교의 신앙적·신학적 성격을 규명하고, 넷째로 한국 교회의 사회적 관심이 언제부터 시작되었는가를 확정해야 한다.

2. 최흥종 목사의 개종

최흥종崔興琮 목사의 본명은 최영종崔泳琮이다. 그는 1880년[1] 광주의 최학신崔學新과 부인 국鞠 씨의 둘째 아들로 태어났다.[2] 위로는 10년 연상의 형이 있었으나 일찍 세상을 떠남으로 최영종이 장남이었다.[3] 그러나 최영종은 5세 때에 어머니가 세상을 떠남으로 새 어머니 공孔 씨에게서 자랐으며, 아래로는 10살 미만의 이복동생 최영욱崔泳旭이 있었다. 최영종은 엄한 계모 아래서 따뜻한 모정을 그리면서 자랐다.[4]

---

1 호적은 출생일을 개국 489년 5월 2일이라고 하였다. 이를 환원한다면 1881년이지만, 가족과 친지의 증언은 1880년이다. 따라서 그의 출생 연도는 1880년이 더 정확한 것으로 간주할 수 있다.
2 전라남도 광주를 인근으로 하여 각 지방마다 유지에 속하는 성씨가 있었다. 담양국씨, 화순군 동복면 오씨, 광산김씨, 탐진최씨 등이 널리 알려져 있었다.
3 호적에는 최흥종을 장남으로 표기한 것으로 보아, 위의 형이 일찍 죽음으로써 호적에 올리지 않은 것으로 보인다.
4 문석희(최흥종 목사의 다섯째 사위) 씨 증언, 1996. 8. 7.

최영종은 여느 아이처럼 서당에 다니면서 한학을 익혔으나, 청소년기에 접어들면서 광주의 무쇠주먹鐵漢으로 널리 알려졌다. 남다른 활력과 대담성을 지닌 젊은이가 기개를 펼칠 무대를 만나지 못함으로써 방황기를 겪은 것으로 볼 수 있다. 어거스틴Augustine이 카르타고Carthago에 도착하여 "나는 불법적인 사랑의 솥단지가 주변에서 들끓고 있는 카르타고에 도착하였다. … 그러나 무엇보다도 나를 사랑하는 사람으로부터 육체적인 즐거움을 얻는 것을 필요로 했다. … 드디어 결혼의 해변에서 목욕할 수 있었다."[5]고 고백하였듯이, 최영종은 강명환姜明煥과 결혼함으로써 젊음의 가시를 무디게 하려하였다.[6]

그렇지만 최영종의 젊음의 가시를 무디게 한 사람은 부인이 아니라 김윤수金允洙 집사와 벨Engine Bell 목사였다. 김윤수 집사와 최영종의 만남이 어떻게 이루어졌는가에 대하여는 알 수 없지만, 김천배는 소책자『오방 최흥종 목사의 삶』에서 출세를 위한 동기라고 피력하면서, "김윤수 집사가 현 산수동에서 후보지를 물색하는 것으로 도와서 양림리의 한 동산을 사게 되었다. 왜냐하면 최영종은 김윤수를 자신의 출세의 길잡이로 생각하였기 때문이다."라고 기록하였다.[7]

어찌되었거나 최영종은 친구 최재익과 함께 1904년 12월 25일 오전 11시

---

5 Peter Brown, 차종순 역,『어거스틴의 생애와 사상』, 대한예수교장로회 총회출판국, 1992, 49~50쪽.
6 부인 강명환의 아버지는 강재섭姜在涉, 어머니는 김대일金大一이다. 결혼 연도는 알 수 없으나, 큰딸 최숙이崔淑伊가 1901년에 태어났으므로 당시의 풍습에 따라 빠르게는 1895년, 혹은 늦어도 1900년에 결혼하였을 것으로 추정할 수 있다.
7 그렇지만 필자는 다르게 본다. 즉, 최영종이 광주의 장터에서 가장 무서운 주먹이었으며 광주 인근의 제반사에 간섭하는 주먹 집단의 지도자였다면, 양림동에서 진행되는 건축공사장에 모습을 드러내지 않았을 리 없다. 최영종은 양림동 선교부 건축 현장에서 주먹을 휘두르려다가 김윤수 집사의 위세에 눌려 교회에 다니게 되었던 것으로 말할 수 있다.

벨 목사의 사택에서 드린 최초의 예배에 참석하여 예배를 드리게 되었다.[8] 벨 목사의 부인은 1905년 6월호 『더 미셔너리The Missionary』에 이렇게 묘사하였다.

> 우리가 도착한 다음의 첫 번째 일요일은 크리스마스날이었으며, 11시가 되도록 조사들과 그 가족밖에는 없었다. … 11시 정각에 밖을 보니 하얀 옷을 입은 긴 줄이 우리 집 쪽으로 오고 있었다. … 부인들을 한쪽 방으로, 그리고 남자들은 다른 쪽으로 방으로 초청하였으며, 벨 목사는 문에 서서 '땅에는 평화요 사람들에게 선한 의지'라는 메시지를 전했다. 그날 진리를 최초로 들은 이방인이 200여 명이었다고 생각한다. 물론 이들은 호기심으로 왔으며 '예수의 가르침'을 배우려고 생각하지는 않았다.[9]

최영종은 김윤수 집사와 벨 목사의 감화로 기독교인이 되었으나, 아직까지 세상과 결별한 사도 바울은 아니었다. 기독교는 그에게 출세의 도구였으며, 서구 문명과 만나는 길이었다.

그는 교회에 참석하면서도 곧바로 출세라는 길을 포기하지는 않았다. 김윤수 집사가 보여 주었던 결단력보다는 쟁기는 잡았어도 뒤를 돌아보고 싶

---

[8] 벨 목사는 신혼살림이 크리스마스 즈음에 도착하도록 주문하였으며, 광주에 도착한 200파운드 무게의 짐짝 12개를 해체시킨 후 짐꾼을 사서 하나씩 운반하게 함으로써, 광주 시민들의 호기심을 불러일으켰던 것이다.

[9] Mrs. Margaret W. Bell, "Opening Work at Kwangju," *The Missionary* 9, 1905, pp.301-302. 벨 목사의 부인은 이날 예배에 참석하였던 한국인의 숫자에 대하여 1910년 연례대회에서는 40명이라고 보고하였다. *Station Reports to the Nineteenth Annual Meeting of the Southern Presbyterian Mission in Korea*, Annual Report of Kwangju Station, June 30, 1909~June 30, 1910, p.32.

은 충동을 버릴 수 없었다. 그리하여 김윤수 집사의 만류에도 불구하고 순검 시험에 응시하였다.

3. 선교사들의 복음 이해와 최흥종 목사의 복음 이해

최흥종 목사는 개종 초기부터 복음의 영적인 거듭남의 기능을 철저하게 이해하고, 이것을 교회와 교인의 사회적 사명으로 연결시키면서 평생을 살았던 사람이다. 그렇다면 그가 이해한 복음이 무엇인가? 이 문제는 한국에 왔던 초기 선교사들의 신앙관과 신학을 살펴봄으로써 알 수 있다.

한국 장로교회의 신학과 신앙을 결정하는 데 결정적인 역할을 한 사람은 마펫Samuel A. Moffett(馬布三悅)이다.[10] 그는 1890년 '네비어스 선교방법론' 결정에서 주도적인 역할을 감당하고, 1901년 평양신학교를 세우고 목회자를 양성하였다. 따라서 그의 영향력이 제자 목회자를 통하여 한국 교회의 한 뿌리로 깊숙이 자라게 되었던 것이다. 마펫은 1934년에 교회가 복음 사업과

---

10   마펫은 1864년 1월 25일 인디애나 주 매디슨Madison에서 태어나(아버지: Samuel Shuman Moffett, 어머니: Jane McKee Moffett) 하노버 예비학교Hanover Preparatory School를 마치고 15세에 하노버 대학Hanover College에 입학하여 1885년에 마치고, 같은 해에 맥코믹 신학교McCormick Theological Seminary에 입학하여 1888년에 졸업하였다. 맥코믹 신학교는 당시 서부 개척 전초지인 시카고에 세워진 신학교로서, 서부개척단과 함께 선교적 열정을 가장 뜨겁게 느끼는 사람들이 많이 모인 곳이었다. 마펫은 1886년 여름 무디D. L. Moody가 개최한 메사추세츠 주 헤르몬산 학생 여름 수련회에 참석하여 해외 선교사로 자원한 사람으로서, 그의 선교사적 기조는 '학생자원운동Student Volunteer Movement'이다. 학생자원운동은 기본적으로 개인의 영혼 구원을 강조하는 선교적 동기를 가지고 있었다. Lee, Jong Hyeong, "Samuel Austin Moffett: His Life and Work in the Development of the Presbyterian Church of Korea 1890~1936," Doctor's Degree, Union Theological Seminary, 1983, pp.16-27.

더불어 사회사업에 개입하는 것을 적극적으로 방지하면서 오로지 복음만, 그것도 자신이 "40년 전에 전해 준 복음만" 전하도록 토로하였다.

> 내가 한국에 처음 왔을 때, 복음 전도를 개시하기 전에 하나님 앞에 기도하고 결심한 바가 있다. 그것은 십자가의 도 이외에는 전하지 않겠다는 결심이었다. 오직 하나님의 뜻대로 살든지 죽든지 구원의 복음만을 전하기로 결심하였다. … 다른 것은 참복음이 아니다. 근래에 와서 교회 안에서도 종종 이런 말이 들린다. … 새 시대에 옛적 복음이 적당치 않다. 새 세계에는 새로운 복음을 전하자고 한다. … 옛 복음에는 구원이 있으나 새 복음에는 구원이 없는 것이 답답하다. … 조선교회 형제여, 40년 전에 전한 그 복음 그대로 전파하자. … 다른 복음을 전하면 저주를 받을 것이오.[11]

마펫이 말하는 "40년 전에 전한 복음"이란 무엇을 의미하는가? 이 부분을 잘 설명해 주는 논평이 있다. 미국 북장로교 해외 선교국의 총무로 있던 브라운A. J. Brown은 이렇게 말하였다.

> 나라를 개방한 이래 처음 25년간 전형적인 선교사의 모습은 퓨리턴 형의 사람이었다. 이 퓨리턴 형의 사람은 안식을 지키되 우리 뉴잉글랜드 조상들이 한 세기 전에 행했던 것과 같이 지켰다. 춤이나 담배, 그리고 카드놀이 등은 기독교 신자들이 빠져서는 안 될 죄라고 보았다. 신학이나 성경을 비판할 때 이러한 선교사들은 강력하게 보수주의적이었으며, 그리스도의 재림에 대한 전

---

11 마포삼열, 「朝鮮敎會에 寄함」(1934), 『대설교전집: 1884~1919』 제1권, 박문출판사, 1974, 513~514쪽.

천년의 견해는 없어서는 안 될 진리라고 주장했다. 고등 비평주의와 자유주의 신학은 위험한 이단이라고 생각하였다.[12]

마펫은 총무 브라운이 제시하는 선교사의 자격 조건을 골고루 갖춘 전형적인 인물이었다. 그가 말하는 복음에는 십자가의 도, 그리고 개인 영혼 구원이며, 여기에 청교도적인 윤리와 전천년설적인 종말론적 기대가 다 함께 곁들어 있었다.[13] 따라서 마펫을 중심으로 한 평양신학교는 개인 영혼 구원과 전천년설적인 종말론적 긴장과 기대가 근본적인 것이며, 여기에 청교도적인 윤리가 첨가되었다. 그리고 사회적 문제에 대하여는 무관심으로 일관하였다. 이러한 유형의 신앙이 한국 교회에서는 보수·정통 신앙으로 인식되어 왔다.

그러나 최흥종 목사는 마펫 유형의 이른바 보수·정통 신앙을 그대로 받아들이면서도 복음을 삼애三愛로 이해하였다. 즉, 하나님 사랑[愛神]과 이웃 사랑[愛隣]과 나라사랑[愛土]이다. 그리고 그는 이 복음을 언제나 살아 움직이는 실천으로 옮긴 신행일치信行一致적 삶으로 보여 준 사람이다. 따라서 그에게서 기독교의 복음은 명사적 의미의 정체성이 아니라, 동사적 의미의 움직임과 실천이었으며, 그 말씀의 배경은 "하나님의 뜻대로 행하는 사람이 곧 내 형제요 자매요 어머니이다"(마가복음 3:31-35)였다.

---

12 A. J. Brown, *The Mastery of the Far East*, New York: Charles Scribners, 1919, p.549.
13 마펫과 베어드William Baird(방위량)는 신학교 동기생으로, 다 같이 한국 선교사로 활동하였다. 베어드는 마펫에게 "자네는 예수님 오시기를 바라지 않은 날이 있었는가?"라고 묻자, "결혼 첫날밤만 빼놓고 언제나 기다렸다."라고 대답하였다. 이러한 의미에서 베어드는 마펫을 가리켜, "그리스도의 임박한 재림에 대한 소망은 그의 매우 소중하고, 그의 사상과 가르침에 특징을 주었다."라고 보았다. 서정운, 「초기 한국 장로교회의 성장과 선교사들의 신앙정신」, 『교회와 신학』 제13집, 1981, 183~185쪽.

문제는 이른바 보수·정통적 복음을 교회 안에서 개인 영혼 구원과 종말론적·내세적 희망에 국한시킴으로써 교회와 사회를 이분화시킬 것인가, 아니면 이상과 같은 복음 이해를 사회적 차원으로 확대시켜 교회와 사회를 일원화시킬 것인가이다.

이 문제에 대한 대답은 한국 교회의 사회적 관심이 어떻게 하여 발달하였는가를 살펴봄으로써 얻을 수 있다.

4. 3·1만세운동 이후 진행된 사회운동과 최흥종 목사

1) 광주YMCA 설립과 운영

광주YMCA 설립은 광주 숭일학교 학생부의 설립이 시초이다. 1908년 학교의 설립 이래로 학생의 숫자가 증가하다가 1909년에는 프레스톤 선교사가 목포에서 광주로 전임하면서 목포 영흥학교의 선생 남궁혁과 함께 왔으며, 곧바로 광주 숭일학교에서 영어와 신학문 선생으로 근무하게 하였다. 곧이어 홍우종 선생이 한문을 맡고 여타의 과목은 선교사들이 맡았다. 1911년 접어들면서 교장은 프레스톤 목사가 맡고 뉴랜드LeRoy T. Newland(南大理) 목사는 체육 및 여타의 과목을 맡았다. 그리고 12월에 이승만 박사가 강연차 광주를 방문하였다. 뉴랜드 목사는 이승만 박사와 프린스톤 동창이고 또한 남궁혁 선생은 이승만 박사와 배재학교 동창이었다.

이 당시 학생은 김세열[14]·변영득·이병열·최영욱·조정환·장맹섭 등이

---

14 1889년 생으로 전라남도 옥과에서 태어나 1936년에 목사 임직을 받고, 전주 서문교회에서 원로목사로 은퇴하였다. 그는 기장과 예장이 나뉠 때 기장으로 옮겼으며 기장 초대 총회장을 역임하였다.

었다. 이들은 이승만 박사의 강연을 들은 다음에 광주기독학생청년연합회를 조직하였다. 이 부분을 최윤상[15]은 "고등부 학생들만의 회합이라 하여 나는 회의장에 들어갈 수 없었다. 당시 모인 학생 중에는 최영욱·조정환·최기현·정효룡·장맹섭 등이 있었다. 이 밤은 이승만 박사가 다녀간 후 1911년 광주학생기독교청년회가 창설된 밤이었다."라고 회상한다.

이렇게 하여 광주 숭일학교 학생을 중심으로 학교 내에 YMCA가 창설되었으며, 이들을 위하여 1914년에 미국 스탠퍼드대학교Stanford University 총장 조단Dr. Jordan 박사가 광주를 방문하였다. 이 부분을 광주의 선교사 스와인하트M. L. Swinehart는 「한국의 첫인상」이라는 제목으로 보고하였다.

> 지난밤 나는 지역 YMCA(local YMCA) 집회에 참석하여 1,400명의 젊은이들이 캘리포니아주 스탠퍼드대학의 총장 조단 박사의 강연을 경청하는 것을 보았다. … 나는 단상에 앉아 1,400 얼굴과 2,800의 눈동자를 바라보았다. … 조단 박사는 깨끗한 삶의 가치라는 제목으로 강연하고 통역이 뒤따랐다. … 이들에게서 대다수의 같은 나이 또래의 미국 소년들보다도 훨씬 더 진지함을 확인할 수 있었다.[16]

이렇게 광주 숭일학교 학생들을 중심으로 시작한 학생 YMCA 운동이 점점 성장하여 1920년 최흥종 목사가 수감 생활을 마치고 광주 북문밖교회에 다시 부임하여 목회에 전념할 때인 1920년 8월 29일에 광주 지부를 설립하

---

15 최윤상 씨는 최흥종 목사와 처음부터 행동을 같이하여 1904년 12월 25일 첫 예배부터 참석하였던 최재익 씨의 아들로서, 광주YMCA 이사로 오랫동안 활동하고 『광주시사』 기록에 참여한 인물이다.

16 M. L. Swinehart, "First Impressions in Korea," *The Missionary Survey* 1, 1913.

게 되었다. 모든 여건으로 미루어 최흥종 장로가 회장을 맡아야 하지만, 본인은 뒤에서 젊은이들의 활동을 밀어 주는 협력자로 만족하였다. 그리하여 초대 회장은 당시 숭일학교 선생이며 광주 양림교회 장로인 최병준이 맡았다.[17] 그러다가 1924년 최흥종 목사가 제4대 회장을 맡을 때에 비로소 서울 중앙 YMCA의 인준을 받아 지부로서의 자리를 굳혔다. 김천배·송건호 두 사람이 저술한 『한국 YMCA 운동사』에서 송건호는 이렇게 밝힌다.

> 1920년 8월 29일에 창립되었다. 그러나 연합회의 인준을 받은 것은 1924년 이상재·신흥우·김필수 등 최고 간부들의 임석하에 최흥종이 제4대 회장으로 취임하고 나서이다. 총무에는 최영균이 임명되었다.[18]

이 당시 광주YMCA의 회원은 광주 숭일학교 선생[19]과 학생, 그리고 광주 양림교회와 북문밖교회 교인들이 대다수를 이루었다.

---

17 최병준은 1915년부터 숭일학교 교사를 역임하였다. 1921년 광주 양림교회에서 장로로 임직하고, 1923년부터 1935년까지 평양신학교를 다녔다. 1930년에서 1935년까지 광주기독병원 전도인을 역임하였다. 1935년 전남노회에서 목사 임직을 받고, 1937년까지 순천교회 담임목사를 역임하고, 1937년부터 1943년까지 광주중앙교회 담임목사를 역임하였다. 그 후 1943년에서 1945년까지 일제가 지명하는 순천 지구 교구장을 역임하다가 1945년 5월 5일 사망하였다. 최병준 목사의 큰딸이 최흥종 목사가 후원하는 고아원 동광원의 설립자 정인세 선생의 부인이다. 그리고 둘째 딸이 안동의 김광현 목사의 부인이다. 그의 아들 최동식도 목사 임직을 받고 광주 신안교회 등 여러 교회에서 목회하였다.

18 송건호, 「민족수난기의 YMCA 운동」, 『대한YMCA 운동사: 1895~1985』, 대한YMCA연맹, 1986, 51쪽.

19 이 당시 광주 숭일학교에는 훌륭한 교사들이 많았다. 김정련과 함께 숭실전문학교를 졸업히고 1920년 3월에 부임한 서창균(徐昌均) 선생은 1925년에 원산으로 전임하여(원산 보광학교일 듯하다) 원산장로교회에서 활동하며 장·감 연합의 주역을 맡기도 하였다. 양원모(梁源模) 선생은 일본 와세다대학 정치경제학과 출신으로, 광주YMCA 창립 당시에 지육부장을 맡았으며, 광주청년회 경영 남자 야학에서 경제학을 강의하였다. 그는 1931년 3월에 숭일학교를 사임하고 동아일보사에 입사하였다.

이들의 활동은 무엇이었는가? 1920년 8월 16일에서 30일까지 전남 각 지역에 광주기독청년전도대를 보내어 복음 전도 활동과 함께 음악 및 각종 문화 활동을 전개하였다. 이들이 거둔 성과는 785명의 결신자였다.[20] 그러나 이 전도대를 이끌던 사람들의 성격으로 미루어 단순히 복음 전도와 더불어 국가의 독립과 애국심에 관하여도 많은 관심을 보였다.

특히 김정련 선생과 추종하는 학생들이 전개한 독립운동은 독립운동사에 크게 남을 만한 사건들이 있었다. 경찰서 및 교도소에 수감된 독립지사들에게 사식을 차입하고, 또한 친일적인 반민족주의자들을 집단으로 구타하거나 습격하고, 심지어는 요인 암살과 관공서 파괴까지 서슴지 않았다.[21]

최홍종 목사 자신이 무력적인 독립운동을 고취시킨 것은 아니지만, 강태성·주형옥·김철주 등 광주 북문밖교회에서 신앙 생활을 하였던 신도들 가

---

20 제1대 조직은 연사에 기정련(숭일학교 교사)·김철주(학생), 악사에 장맹섭(숭일학교 교사)·주창규·김태봉으로서, 남평·나주·장성·고창·무장·법성포·영광을 순회하였다. 제2대는 연사에 주창균(숭일학교 교사)·고려위(학생), 악사에 노천목·유계문·최호석·장남규로서, 화순·동복·옥과·순창·담양·창평 등을 순회하였다. 이들의 보고에 의하면 제1대는 425명의 결신자를, 제2대는 360명의 결신자를 얻었다.

21 제1대 연사이며 단장이었던 김정련金正連에 관하여 언급할 필요가 있다. 그는 평양에서 3·1운동과 관련되어 태형 90대를 맞았다. 1920년 3월 숭일학교 교사로 부임하여 수감자를 위한 사식 차입 운동을 벌이는 등 독립운동을 전개함으로써 강의를 못 하게 되었다. 그러나 당시 교장이었던 녹스Robert Knox의 주선으로 서무과에 재직하였다. 그는 학생들 가운데 몇 사람(이윤호·김태오·최윤상)을 선발하여, '요인 암살과 관서 폭파'를 목적으로 한 결사대를 조직하였다. 이들 결사대는 군자금을 모금하고, 파출소를 습격하고, 악질 경찰 및 고관과 소방대를 상해하고, 이들이 경영하는 상점과 거주하는 가옥을 파괴하는 일을 서슴지 않았다. 이러한 일이 발각되어 해외로 추방되었으나, 곧바로 중국을 경유하여 서울로 잠입하였다. 그는 공명단 사건을 일으켜 일군 병력 12,000명이 출동하고 서울시 교통이 차단되는 비상사태를 일으켰다. 결국 천마산에서 체포되어 9년 동안 수감 생활을 겪다가 해방 후 75세를 일기로 세상을 떠났다. 김천배,「26. 김정련」,『광주 기독교 청년회 운동사』, 미간행 자료집.

운데에서 이처럼 무력적인 독립운동을 전개한 사람이 있었다.[22] 물론 이와 같은 일련의 사건은 최흥종 목사를 위시하여 사찰 당국의 감시와 함께 선교사들과 교계로부터 배척받는 계기가 되었다.

2) 북문밖교회 유치원과 야학 운영

최흥종 목사는 일찍이 조선의 어린아이 교육에 대한 큰 희망을 가지고 있었다. 특히 광주의 주일학교 운동을 크게 이끌었던 윌슨Robert M. Wilson과 스와인하트Martin L. Swinehart 두 사람의 선교사와의 사귐을 통하여 어린아이 교육이 앞으로 얼마나 중요한가를 실감하였다.

특히 스와인하트는 1913년 전국주일학교연합회 실행위원회 회장을 역임하는 등 주일학교 운동의 중요성을 강조하여 왔으며, 그의 주일학교 운영 철학은 확실하였다. 1913년 당시 남장로교 한국 선교회가 보고한 입교인communicants이 7,174명인 데 반하여 주일학교 학생의 숫자는 8,154명이라고 밝혔다.[23] 주일학교에 다니는 학생의 연령층은 주로 7세에서 14세인데, 스와인하트는 자신과 더불어 9개월간 어린이 전도협회에서 일하게 된 한국인 동료에게 주일학교 교육의 이유를 묻자 그는 이렇게 대답하였다.

    1. 어린아이는 전도하기가 쉽다.

---

22 이 가운데에는 강태성·주형옥·김철주 등을 거론할 수 있다. 이들은 다 같이 북문밖교회 청년 교인이었다. 강태성은 광주 방림리 출신으로, 광주중앙교회(북문밖교회의 새 이름)의 장로로 임직하였으며, 동생 강순명은 최흥종 목사의 큰딸 최숙이崔淑伊와 1918년 결혼하였다. 주형옥은 화순군 동복 출신으로, 광주 숭일학교를 졸업하고 중앙교회에서 장로 임직을 받고 광주 시내의 여러 교회에서 장로로 신앙 생활하다가 목사 임직을 받았다.

23 M. L. Swinehart, "Sunday School Work in the Southern Presbyterian Mission," *The Korea Mission Field* 1, 1913, pp.15-16. 이 보고서는 주일학교 학생 수를 표시하는데, 전주에 378명, 목포에 255명, 군산에 200명, 그리고 광주에 390명이다.

2. 어린 시절에 배운 것은 결코 잊지 않는다.
3. 어린 시절부터 하나님의 말씀으로 자란 사람은 위대한 사람이 될 수밖에 없다.[24]

스와인하트는 이 사람이 누구라고 밝히지는 않았지만, 분명히 최흥종 목사라고 말할 수 있다. 최흥종 목사는 어린아이 시절부터 하나님의 말씀으로 교육하는 것이 사람의 일생에서 매우 중요한 일로 보았던 것이다.

그리하여 1920년 6월경 북문밖교회로 재 부임한 이래로 어린아이의 교육을 생각하다가, 1921년부터 유치원을 운영하기로 하였다. 그러나 유치원 운영은 자금이 필요한 일이기 때문에 재정 확충을 위한 방안을 모색하였다. 최흥종 목사는 동아일보사 광주 지국장인 최원순과 상의하여 오웬 기념각Owen Memorial Building[25]에서 유치원 설립을 위한 자선 음악회를 개최하였다. 이렇게 하여 1921년 4월에 광주유치원이라는 명칭으로 시작하였으며, 선생은 여류 소설가 박화성과 박경순이었다.

이렇게 시작된 광주유치원 사업은 곧바로 재정난에 봉착하여 더 이상 유지할 수 없게 되었으나 1921년 12월에 개최된 학부형 총회는 '광주유치원 유지회'를 조직하여[26] 지속적으로 운영할 것을 결의하였다. 그렇지만 광주유

---

24 M. L. Swinehart, "Sunday School Work in the Southern Presbyterian Mission," *The Korea Mission Field* 1, 1913, pp.15-16.
25 오웬 의사가 순교한 다음에, 그가 모아 두었던 3,000달러와 동료 선교사 및 유족들이 모금한 금액을 합쳐서 기념관을 짓기 시작하였다. 1911년에 시작하여 1912년에 완공된 이 건물은 광주 선교부에서 매년 농한기에 실시하는 성경학교 장소로 사용하였다. 또한 이 건물은 광주의 초창기 문화적 행사가 이루어지는 예술회관으로 사용되었다. 현재는 광주기독병원 간호전문대학의 부속 건물로 사용되고 있다.
26 회장 서정희, 부회장 최흥종, 총무 설병호, 평의장 최종섭, 평의원 이득주·김기석 씨 외 7인. 김천배, 「46. 광주YMCA의 활동」, 『광주 기독교 청년회 운동사』, 미간행 자료집.

치원의 지속적인 유지는 교회 측의 재정 지원보다는 광주의 갑부인 현준호가 연 경비 900원 가운데 500~600원씩 지원함으로써 경제 공황 시기를 이겨 내고 유지될 수 있었다.[27]

최흥종 목사의 또 다른 사업은 여성들을 위한 야학 운영이었다.[28] 한국의 문맹률은 참으로 높았다. 1933년도 통계에 따르면 문맹률이 72%를 넘었다.[29] 1920년의 문맹률도 최소한 이와 비슷하였을 것으로 보이는데, 특히 여자들의 문맹률은 더욱 높아 "여자는 천 명 중에 구백이 무식자이외다."[30]라고 말할 정도였다. 이와 같은 상황에서 최흥종 목사는 교회에 여성을 위한 한글 야학반을 북문밖교회 안에 개설하여 운영하였다.

여자반 야학은 1921년 10월 1일부터 시작하였는데, 선생은 유치원 보모인 박경순과 한국의 여류 소설가 박화성이 맡았다. 박화성은 이 당시를 회상하면서 이렇게 썼다.

> 최흥종 목사님은 곧 북문밖교회에 유치원을 만들어 나를 보모로 채용하여 낮에는 유치원에서, 밤에는 부인 야학에 매달려 나는 밤과 낮으로 그 머나먼 양림에서 북문밖까지를 왕래하면서 바쁜 나날을 보냈다. … 유치원과 야학은 날

---

27 「광주 유치원에 현준호 씨 특지」, 『동아일보』, 1926. 1. 15.
28 이 당시 광주에는 여성들을 위한 야학이 여러 곳에 있었다. 최초는 광주청년회가 주관하고 흥학관(1905년에 시작된 광주공립보통학교의 동창생들이 사회 활동을 하면서 강습회, 토론회, 강연회, 그리고 체육 활동으로 야구·정구·축구를 장려하는 것을 흐뭇하게 여기던 광주의 지주 최명구 선생이 10,000여 원을 기증하여 흥학관을 건축, 기증하였다)에서 시작한 야학이다. 이 야학의 원장은 김필례(최흥종 목사의 제수) 선생이고, 선생은 김자혜(양림교회 장로이며 숭일학교 선생인 김강 선생의 부인), 홍승애(양림교회 홍우종 장로의 딸이며 3·1만세운동의 주동자) 씨였다. 이 밖에도 서북여자야학원, 광주YMCA 야학부, 청년학원 야학부, 노동야학부, 향사리교회 야학부가 있었다.
29 「전 조선의 문맹자 전 인구의 72%」, 『기독신보』, 1933. 1. 25.
30 「전 조선의 문맹자 전 인구의 72%」, 『기독신보』, 1933. 1. 25.

로 번창하였는데 특히 야학생으로는 당시의 갑부들, 큰 사업가들, 법관들의 부인들과 자녀들이 노소를 불문하고 모여들어 진지한 모습으로 지성껏 배우고 있었다.

그러나 나는 그들의 비단옷과 금비녀·가락지 등이 눈에 거슬려 명을 내렸다. "여기는 작으나마 학교입니다. 여러분은 학생인 이상 학칙을 지켜야 합니다. 비단옷과 금비녀는 엄금합니다. 70명 중에 50명이 가난한 부인이나 처녀들이니까요. 여러분은 그들에게 미안한 마음을 가지셔야 합니다."[31]

최흥종 목사는 여성의 교육이야말로 한국의 앞날을 위한 기초석이 된다는 것을 확신하였으며, 특히 자신의 제수이며 한국 YWCA의 창립자 가운데 한 사람인 김필례의 여성운동을 적극 지원하였다. 최흥종 목사는 1921년 7월 30일 광주 흥학관에서 조직된 광주부인회 창립총회에 고문으로 석진형·홍우종·남궁혁과 함께 참여하였다. 김필례는 1923년에 한국 여성운동으로 인한 변화에 대하여 「1913~1923년 사이의 여성의 발전」이라는 글을 통하여 이렇게 평가하였다.

(1) 교육의 권리. 초등 과정에서 여학생 수가 4,000에서 40,000으로 … 그리고 중등 과정에서 300에서 3,000으로 증진되었다.
(2) 결혼에서의 새로운 해방. 10년 전만 해도 딸들은 결혼에 맹목적으로 순종하고 아무런 주장도 할 수 없었다. … 이제는 약혼자에게 말할 수 있고, 또한 약혼하지 않은 남자들에게도 말할 수 있다.
(3) 사회적 관계에서 결정적으로 발전했다. 10년 전만 해도 여성들은 머리를

31　박선홍,『광주 1백년』제1권, 금호문화재단, 1994, 159~160쪽.

쓰개로 덮고, 낮 동안에 거리를 다니지 못하고, 가마를 타야 했다. 이제는 거리를 활보할 수 있다. 이것이 놀랄 만한 진전이다.

(4) 사업과 장사에 여성들이 참여할 수 있다. 10년 전에는 여성들이 가게에 물건을 사러 가지도 못했으나, 지금은 가게를 여성들이 운영하기도 한다.

(5) 여성단체들의 성장. 10년 전에는 여성단체란 존재하지도 못했다. 이제는 58개의 여성단체가 등록되어 있다.[32]

3) 노동공제회 지회장

1910년 경술국치 이후 일본의 자본이 항만·도로·철도 등 노동집약적 국가 기간 사업에 집중적으로 투입되면서 저임금 노동자들이 증가하게 되었다. 조선의 근대적 노동운동이 전국적 규모로 시작된 것은 노동공제회와 그 노동운동이다. 1919년 3·1만세운동 이후 노동자들의 권익에 관한 관심이 많아지면서 박중화·박이규·차금봉·오상근·신백우·장덕수·김명식 등이 조선노동문제연구회를 조직하고, 이들을 중심으로 1920년 4월 11일 서울에서 발기하여 '조선노동공제회'를 창립하였다.[33]

이들의 강령은 민족 차별 철폐, 식민지 교육 폐지, 노동자의 기술 향상, 노동 보호 및 쟁의권 획득, 상호부조 등이었고, 활동 방침은 노동자의 지식 계

---

32 Mrs. Choi Pil Ley, "The Development of Korean Women during the Past Ten Years," *The Korea Mission Field* 10, 1923, pp.222-223. 이 밖에도 김필례 씨는 여성의 지위 향상에 관하여, 여성 초등학교 선생, 여성 의사, 여성의 정치적 참여, 교회에서의 여성의 역할, 남녀 합석 자리에 드리워진 휘장의 제거 등을 열거하였다. 김필례 씨는 해방과 함께 광주 수피아 여학교를 재건하고 교장에 취임하였다가, 1947년부터 서울 정신여고 교장으로 전임하였다.

33 이들은 첫째 민족주의 지식인, 둘째 사회주의 지식인, 셋째 노동자 등이었다. 따라서 이들의 활동은 일제 당국자들에게는 처음부터 사찰의 대상이었다.

발, 품성 향상, 환난 구제, 직업 소개, 저축 장려, 위생 장려 및 일반 노동 상황의 조사·연구 등이었다. 이와 같은 활동을 전개하기 위하여 노동자 계몽 활동, 중앙노동강습소 운영 및 노동 야학을 실시하여 수신修身, 한국어, 한문, 일본어 등의 대중 교육까지 실시하였다. 이와 같은 활동에 동조하여 1년이 채 못 된 1921년 3월에는 전국적으로 17,259명의 회원을 확보하였으며, 전국 14개 도시에 지회가 설립되었고,[34] 1922년 3월 말까지 40여 개의 지회와 40,000여 명의 회원이 가입하였다.

서울 중앙회의 결성과 함께 곧바로 광주 지부의 설립이 이루어졌다. 1920년 7월 30일 광주 지방의 유지 122명의 발기로[35] 광주향교 명륜당에서 창립 총회를 개최하고 최흥종 목사를 초대 회장으로 선임하였다. 초기의 활동은 주로 새로운 사조에 대한 민중 계몽적인 차원에 머물러 있었다. 이와 같은 흐름은 발기 취지문이라 할 수 있는 「발기통론發起通論」을 통하여 알 수 있다.

> 大凡 萬有界의 현상은 모든 자연에 始하여 자연 귀납합니다. 우리 인생의 생존 존망이 다 자연의 지배하는 것일 뿐이올시다. 자연은 공정하여 자유 평등 박애로써 전세계에 임하나니 그의 법칙에 순한 자는 存하고 역한 자는 亡합니다. 공정한 자연의 광명을 받은 우리 인생이 어찌 근본적 빈부우열의 차등이 있겠습니까. 다만 자유와 평등이 있을 뿐이올시다. 그러므로 자아의 노력과 고통으로서 오락의 糧米를 구함은 불합리한 인의의 賊害라 할 수밖에 없습니다. 이 사회의 조직과 현상을 볼지라도 이것이 자연인가 부자연인가. 합리적

---

34 14개 도시는 서울·부산·대구·마산·진주·광주·공주·평양·풍기·안동·포항·감포·사천·양양 등이다.
35 광주 지회의 설립 일자가 8월 26일이며 발기인은 300명이라고 보는 주장도 있다.

인가 불합리적인가. 자기의 노력과 고통을 盡하여도 食할 수 없고 衣할 수 없는 자 幾何이며 타인의 노력으로 양식을 삼고 타인의 고통으로 오락을 삼는자 幾何이뇨. 이와 여히 부자연 불합리한 현상을 보수함은 오인의 비참한 말로를 초치함이 아닌가. 노동이 신성하고 귀중한 것을 자각하여야 하겠습니다. 자연의 노력이 아니면 생활할 수 없고 자아의 고통이 아니면 위안받을 수 없는 것이 자연 진리가 아니겠습니까? 이의 모순되는 사회현상을 보수코자 하는 자는 자연의 주재하신 상제의 노하심을 면할 수 無합니다. 분기하라. 인생 자연의 진리를 자각한 자들이 이 사회의 모순된 현상을 볼 때에 자기의 노력과 고통이 타인의 오락적 희생이 되고 마는 자들을 위하여 전 세계의 명예와 영광을 그에게 돌리어 노동 가치와 자연 진리를 표명함이 오인의 사명이 아닌가. 우리 회는 맹세코 이 사회의 모순된 현상을 인생 자연에 歸正케 하여 인생의 이상을 관철하여 인생의 행복을 조장코자 합니다.[36]

이와 같은 취지문을 발표하여 회원을 확보한 노동공제회는 회장인 최흥종 목사가 시베리아 선교사로 떠나려는 등 거취 문제로 활발한 활동을 못 하다가, 1921년 6월 10일 흥학관에서 정기총회를 개최하여 임원을 새롭게 개편한[37] 뒤부터 본격적인 활동을 개시하였다. 이때로부터 진행된 사업은 이

---

36 광주직할시사편찬위원회 편, 『광주시사』 2, 광주직할시, 1993, 486~487쪽.
37 새롭게 개편된 임원진은 다음과 같다. 지회장: 서정희, 총간사: 김복수, 간사: 김철(서무부), 장복익 · 차남형(경리부), 최종륜 · 이길남(교육부), 설병호 · 김인영(편집부), 차순정 · 최영균(구호부), 최당식 · 김원식(소개부), 문태곤 · 유영달(조사부). 어윤빈(의사장), 김유성 · 양동우 · 문천구 · 전순영 · 최득주 · 강운섭 · 한용수(의사), 노동자: 김복동 · 양치운 · 정덕행 · 김길홍 · 정재호 · 이학우 · 김종식 · 유상원 · 박재하 · 강태성 · 노천목 · 이상진 · 홍순영 · 전남길 · 노문영 · 박암우 · 유상규(외무부 간사).

렇게 정리할 수 있다. 첫째, 노동 야학의 실시,[38] 둘째, 노동 강연 활동,[39] 셋째, 광주소작인연합회의 구성,[40] 넷째, 소비조합의 구성,[41] 다섯째, 노동자 합숙소 건설,[42] 여섯째, 임금노동자조합 조직 등이었다.[43]

4) 신간회 지회장

1919년 3·1만세운동 이후 사회주의와 공산주의는 한국 사회의 지성인들에게는 매혹적인 대안이었다. 기독·지성인들의 모임인 YMCA에서도 사회주의적 성향은 모임체의 운동 방향에 관한 상호간의 구체적인 논의를 거치지 않고 사회주의적 성향으로 흐르고 있었다. 그렇다고 해서 공산주의적인 사회를 지향하는 것은 아니었고, 다만 기독 정신의 사회주의적인 면을 실현하려는 경향이었다. 따라서 초기 최소한 1920년에서 1926년까지는 사회주의 운동이 좌우의 첨예한 분화를 거치지 않고 하나로 움직여 가던 시기였다.

---

38 실시일: 1921년 10월. 교사: 계왕순·한진만·정완섭·최정균, 교과목: 조선어·일본어·산술, 입학생: 90여 명의 노동자.

39 실시일: 노동자의 날(7월 19일: 유두일流頭日). 강의 제목: 〈노동자의 행운〉(최홍종), 〈노동문제〉(서정희).

40 소작인들은 지주들에게 7개항을 요구하였다. ① 소작권을 무고히 천근하는 폐해를 방지할 것, ② 소작료는 전 수확의 4할 이내로 할 것, ③ 지세 및 공과세는 지주가 부담할 것, ④ 두량은 평목을 사용하여 공평히 할 것, ⑤ 소작료 운반은 1리 이내로 할 것, ⑥ 사음의 중간착취를 폐지할 것, ⑦ 제언 방축 등 기타 수리 비용이 1원 이상에 지할 때는 지주가 부담할 것. 『광주시사』 2, 598쪽.

41 소비조합 창립 회원은 전도·전용기·김기석·문천구·서정희·김종삼·조공찬·최영우·김성대·최종윤·성은억·최병준·김인주·최장진·김기열·최영균 등이었다. 강영기 편, 『광주시사』 제2권, 광주광역시, 1993, 617쪽.

42 합숙소 건설을 위한 1만 원을 확보하였다. 『광주시사』 2, 617쪽.

43 노동공제회와 연결하여 설립된 조합은 이와 같다. 광주인쇄직공조합, 광주철공조합, 정미노동조합, 광주이발공조합, 광주완차부조합이 형성되었다. 이와 함께 각 청년회도 결성되었다. 전남청년회연합회, 전남해방운동자동맹, 광주청년회, 광주점원청년회, 광주형평청년회, 전남청년 등이었다. 『광주시사』 2, 622쪽.

1920년대 초기의 사회운동은 계급투쟁 운동이라기보다는 봉건사상과 봉건신분제에 억눌려 있던 일반 대중의 인간 의식 혹은 인권운동이었다. 그리하여 일본 당국에서도 이 시기의 운동을 실력양성운동과 향학열 발흥 시대라고 이름을 붙였을 정도이다.[44] 이와 같은 향학열은 YMCA 운동에서는 야학 운동과 농촌계몽 운동으로 나타났다.

그러다가 재일 유학생들의 사회주의적 사상 단체인 북성회와 국내의 사회주의 사상 단체인 신사상연구회가 1923년에 만들어지면서 아직까지는 좌우 미분화된 상태에서 『동아일보』의 노선을 공격하는 입장에서 나름대로의 입장이 밝혀지기 시작하였다. 『동아일보』는 1922년 2월 일본 유학생들이 서울에 와서 계급투쟁 전개를 선언하자 1922년 2월 11일 자 사설 「학생 제군에게 고하노라」, 2월 14일 자 사설 「교육 당국자에게 고하노라」, 2월 15일 자 사설 「불량 신사를 배척하라」는 제목으로 이들의 활동을 배격하였다.

이에 맞서 사회운동가들은 『동아일보』가 일제의 기관지인 『매일신보』, 『경성일보』와 다르지 않다고 보면서 불매운동을 전개하였다. 이들은 『동아일보』의 사주인 김성수·김연수 일가가 토지조사사업 기간과 산미증산계획 기간 중 거대로 토지를 집적하였음을 지적하면서 이들이 세운 경성방직회사의 운영에 대하여도 문제점을 제기함으로써, 점점 더 노동자와 부르주아지의 대립 양상으로 발전하여 갔다. 그러나 아직까지는 민족주의적 성향을, 그것도 강렬한 반일·민족 의식을 유지하면서 민족 해방 투쟁의 수단으로서 사회

---

44 서중석, 『한국현대민족운동연구: 해방 후 민족국가 건설운동과 통일전선』, 역사비평사, 1992, 89쪽. 이와 같은 주장은 조선총독부 경무국 보안과, 『고등경찰보』 제5호, 37쪽에서 사상 경향에 따라, 1919~1920년을 독립운동 시대, 1921~1923년을 실력 양성과 향학열 발흥 시대, 1924~1926년을 좌경화 시대, 1927~1929년을 민족·공산 합류 시대로 분류하였다.

주의를 지향할 정도였다.

　그러나 1924년에 노동총동맹이 설립되고 1925년에 조선공산당이 비밀리에 조직되면서부터 좌우의 사상적 대립은 점점 더 노골화되기 시작하였다. 초기 조선공산당마저도 일본제국주의의 완전한 타도, 조선의 완전한 독립을 외치면서 노동문제, 여성문제, 기본적 정치의 자유문제 등을 부르주아 민주주의의 과제로 제시하였다. 그러나 조선공산당의 실체가 발각됨으로써 제1차공산당운동은 해체되었다.

　그 후 순조의 죽음을 계기로 조선공산당은 대한독립당을 조직하여 천도교 구파 세력과 연합하여 전국 50여 개 도시에서 대대적인 6·10만세운동을 계획하였으나 사전에 발각되어 주동자들이 체포됨으로써 또 다시 실패에 그치고 말았다. 그렇지만 이들은 현 사회를 자본주의 계층과 무산자 계층의 대립으로 간주하면서 식민지에서는 민족해방이 곧 계급해방이고, 정치 해방이 곧 경제 해방이라는 것을 촉구하였다.

　지금까지 이른바 일제의 비호 아래 전개된 민족개량주의와 자치운동을 부르짖는 민족주의 세력과 사회주의자들의 대립이 진행되는 가운데 1926년 11월의 정우회 선언과 12월의 제2회조선공산당대회에서 민족단일당 설립을 결의함으로써 1927년 2월에 신간회를 결성하였다.[45] 결성 당시에 부르짖은 강령은 다음과 같다.

45　설립 당시의 발기인은 34명이었으며, 권동진·김명동·김준연·김택·문일평·박동완·이상재·이승훈·장길상·조만식·최원순·한용운·한위건·홍명희 등이었다. 신간회는 1928년 봄, 다음과 같은 운동 과제를 제시하였다. ① 농민교약에 적극 노력한다. ② 경작권을 확보하고 외래 이민을 방지한다. ③ 조선인 본위의 교양을 확보한다. ④ 언론·집회·결사·출판의 자유 확보를 위한 운동을 전개한다. ⑤ 협동조합운동을 지지하며 지도한다. ⑥ 염색옷의 착용, 단발의 장려로 박의 및 망건을 폐지한다. 서중석, 『한국현대민족운동연구: 해방 후 민족국가 건설운동과 통일전선』, 491~492쪽.

一. 우리들은 정치적 경제적 각성을 촉진한다

一. 우리들은 단결을 견고히 한다

一. 우리들은 기회주의를 일절 부인한다.[46]

이렇게 결성된 신간회는 곧바로 광주에도 지회를 조직하였으며, 광주의 지회장은 최흥종 목사가 맡았다. 신간회 회원들의 직업을 분석해 보면, 목사·전도사 등의 교역자는 전체 회원 39,914명 가운데 255명으로 0.64%이지만, 그 숫자는 결코 적지 않은 것이라고 말할 수 있다. 전라남도 지역에서도 14개의 지회가 또다시 결성되어 있었다.[47]

광주 지역의 신간회 조직은 어떠하였는가? 1927년 4월 창립총회를 개최하고 600여 명의 회원으로 출발하였으며, 간사는 정수태·최종섭·김수·문태홍·김용기·정석천 등이었다. 그렇지만 신간회 광주 지회는 처음부터 유명무실이었다. 그 이유는 신간회의 설립 취지에 따른 좌우 합작의 인물이 아닌 인물들이 간사를 맡았기 때문이었다.[48] 상황이 이렇게 전개되자 광주지회의 활력을 위하여 1927년 10월에 최흥종 목사를 지회장으로 선출하였다.[49]

---

46 신간회는 1927년 1월 20일 발기인 강령안을 발표하였는데, "一. 조선민족의 정치적·경제적 구경 해결을 도모하고, 一. 민족적 단결을 공고히 한다. 一. 타협주의를 거부한다."이지만, 당국의 허가를 얻기 위하여 이렇게 수정한 것으로 보인다. 水野直樹,「신간회 운동에 관한 약간의 문제」,『일제하 식민지시대의 민족운동』, 조동묵 외, 풀빛, 1981, 80쪽.

47 水野直樹,「신간회 운동에 관한 약간의 문제」,『일제하 식민지시대의 민족운동』, 99쪽.

48 정수태는 곡성 지주의 아들로 광주에서 실업가로서의 명망을 가지고 있었으며, 국민회의의 부회장 직까지 맡았던 사람이다. 따라서 그의 경력으로 인하여 서울 본회는 광주 지회를 인정하지 않았다. 水野直樹,「신간회 운동에 관한 약간의 문제」,『일제하 식민지시대의 민족운동』, 492쪽.

49 최흥종 목사는 시베리아 선교사로 1927년 1월 25일 출발하였다가 러시아 당국에 불법 입국자로 체포되어 해삼위 감옥에 40여 일간 구금되었다가 강제 퇴거 명령을 받고 4월 30일 서울에 도착하였다.(『기독신보』, 1927. 5. 10.) 따라서 최흥종 목사는 시간적 여유가 이었으

그렇지만 신간회는 1929년 2월 15일 중앙본부의 정기총회가 총독부의 불허 조치로 열리지 못하사, 복대표제(8개 지회에서 1명의 복대표 선정)로서 총회를 대신키로 하였다. 이렇게 하여 7월 1일 전남에서는 정수태(광주 지회장), 장병준(목포 지회장), 김영준(구례 지회 간사)이 참가하였다.

광주의 지회장이 정수태로 바뀐 이유는 무엇인가? 그것은 최흥종 목사가 1929년 6월 4일에서 7일 사이에 회집한 전남노회에서 제주도 모슬포교회 담임목사로 임명받았기 때문이었다. 이로써 보건대, 최흥종 목사는 신간회 좌우 합작의 대의명분에 협조하였으나, 목회자로서의 삶으로 방향을 다시 전환한 것이다.

최흥종 목사의 사회운동은 사회주의적 노선을 따른 행동주의가 아니라, 기독교 정신에 따른 인도주의적 입장과 민족주의가 합쳐진 활동이었다고 말할 수 있다. 물론 이와 같은 활동으로 인하여 일본 당국의 감시 대상이 된 것은 사실이었다.[50] 최흥종 목사가 사회주의적 노선을 어느 정도 반영한 운동에 참여했던 것은 당시 광주의 좌우를 중도 통합시킴으로서 무력적인 혹은 상호 배타적인 감정 대립을 막을 수 있는 유일한 중심인물이었기 때문이다.

5. 사회 봉사자로서의 최흥종 목사

1) 사회 정화 운동

아편은 한국에서 심각한 사회문제로 대두되어 있었으므로『그리스도신문』

므로 신간회 광주 지회장을 수락하였던 것이다.
50 최흥종 목사의 동생 최영욱 의사가 '서석의원'을 개원하여 영업 중, 일제는 소방연습이라는 명목으로 병원에 소방대를 출동시켜 물을 뿌리는 등 영업을 방해하였으며 또한 불시에 집 안으로 들어와 가택수사를 하였다. 최협 교수 대담, 1996. 5. 16.

은 1901년 4월 4일 자 「아편 금할 론」이라는 논설을 발표하여 아편의 해악성을 밝히기도 하였다. 그렇지만 아편은 '을사조약' 이후에도, 그리고 강제합병 이후에도 조선에서 사라지지 않았으며, 오히려 일제의 보호 아래 재배되었다. 따라서 3·1만세운동 이후 한국의 젊은이들의 영혼을 잠식하는 각종 퇴폐물이 범람한 가운데에서도 가장 극악스러운 행위가 마약의 암시적인 권장과 성행이었다.[51] 물론 겉으로 밝힌 이유는 의료용과 군사용이었다. 일제는 1919년 공식적인 재배령을 발표하여 3,000에이커(375만 평)의 재배지를 확보하고, 미화 18만 2,000달러를 집행하였다.[52] 이와 같은 마약 재배에 대하여 브라운A. J. Brown은 이렇게 기록하였다.

> 마약 밀매는 일본의 법에는 저촉되지만, 그것도 일본 사람에 의하여 정도의 차이는 있으나 공개적으로 수행되고 있다. … 수천 수만의 한국인들이 이들 행상인들에게서 몰핀 주사기를 쓰는 법을 배우고 있다. 한국의 병원치고 이 중독자들을 진료하지 않은 곳이 없다. 아편 문제가 이렇게 악화된 일은 없었다. 선교사들의 항의가 한둘 먹혀 들어간 곳이 있다. 하지만 한국인의 비도덕화는 계속되고 있다.[53]

---

51 아편은 서양이 동양을 잠식하는 수단 가운데 악랄하기 그지없는 것이었다. 영국과 화란의 동인도회사는 아편 밀매로 막대한 이익을 챙겼다. 구츨라프K. F. A. Gützlaff가 1832년 7월 조선에 올 때 탑승하였던 배는 아편 장사 회사 '자딘 매디슨 상회Jardine, Matheson & Co.'의 아편 운반선이었다. 구츨라프는 이 선박에 3일 1,000달러의 수당으로 탑승하여 통역 및 안내역을 맡았다. 민경배, 『한국기독교 사회운동사: 1885-1945』, 대한기독교출판사, 1987, 38~39쪽.
52 민경배, 『한국기독교 사회운동사: 1885-1945』, 193쪽.
53 민경배, 『한국기독교 사회운동사: 1885-1945』, 193쪽.

이와 같은 마약의 사용은 총독부 보고에 의해서도 쉽사리 알 수 있다. 일제의 아편 생산량은 1919년에는 2,308.2정보에서 2,022.94관, 1920년부터 1929년까지는 생산량이 감소하여 400~500관에 머물렀다. 그러다가 1930년부터 갑작스럽게 증가하여 재배면적으로 볼 때, 1930년에 1,255정보, 1931년에 5,104정보, 1932년에 6,835정보에 이른다. 이와 같은 증가는 일본이 만주에 괴뢰국을 세우고 대동아공영권 확보를 위한 전쟁을 준비하는 과정에서 취해진 조치의 일환이라고 볼 수 있다.

시간이 지남에 따라 마약이 조선 사람들의 영혼을 죽이는 암적 존재가 되자, 교회는 이에 가만히 있을 수 없었다. 1921년 최흥종 목사는 일본산 마약을 퇴치하기 위하여 모루히네 방독회를 광주YMCA 청년들을 중심으로 조직하였다. 이 활동의 내용이 무엇인가에 대하여는 자세하게 밝힌 것이 없지만 대한여자절제회보다 앞서서 마약퇴치운동을 벌였다는 사실은 고무적인 일이라고 말할 수 있다.

2) 나환자근절협회

최흥종 목사는 1927년 1월 25일 제2차 시베리아 선교사로 광주를 떠났으나 당시 러시아의 종교 탄압 정책에 따라 '케·페·우'에 수금되어 40여 일간 고생하다가 강제퇴거 조치를 당하여 4월 30일 서울에 도착하였다. 곧바로 광주로 내려와 최흥종 목사는 신간회 광주 지회장을 역임하고, 광주에서 사립학교 보호 운동에 참여하였다. 1928년 최흥종 목사는 광주교육보급회 이사를 역임하고 동시에 사립보통학교유지방침연구회 위원으로 활동하였다.

그러다가 최흥종 목사는 1929년 6월 4일에서 7일까지 담양군 객사리교회에서 소집된 전남노회에서 "최흥종 목사는 제주도 모슬포 교회로…"라고 결정함으로써 지금까지의 활동을 중단하였다. 최흥종 목사는 모슬포교회로

부임하여 사역하였으나, 제주도가 전남노회에 소속됨으로써 경제적 침체기에 접어든 제주도 교회와 교인들에게는 여러 가지 행정상 어려움을 가져다주었다. 이에 따라 최흥종 목사는 제주도 전역의 교회를 전남노회로부터 독립하여 제주노회를 구성하였다. 1930년 12월 17일 자 『기독신보』는 이렇게 전한다.

> 제주노회
> 본년 6월 전남노회의 결의와 9월 총회의 승인으로써 조선예수교장로회 제주노회 제1회가 조직장 최흥종 씨의 사회 아래 조직 및 결의한 개요는 다음과 같다. … 4. 임원 선거 회장: 최흥종.[54]

이렇게 제주도에서 목회 사역에 전념하다가 최흥종 목사는 드디어 건강 문제에 직면하게 되었다. 벌써 50세를 넘긴 최흥종 목사는 소화기 계통의 질병에 시달리게 되었으며, 이 질병은 육지에서 제주도로 건너간 거의 모든 목회자들이 다 같이 겪었다. 1931년 7월 22일 자 『기독신보』는 이렇게 보도했다.

> 제주노회(제2회 촬요)
> 1. 교역자 이동
> 이기풍 목사는 성내교회를 사면하고 순천노회(벌교교회)로 이명 거.
> 최흥종 목사는 수토불복증으로 모슬포교회 시무 사면하고 일 년간 휴양키로….[55]

---

54 『기독신보』, 1930. 12. 17.
55 『기독신보』, 1931. 7. 22.

최흥종 목사는 건강상 제주도 사역을 지속할 수 없어서 육지에서 1년간 휴양하기로 결정하였으나, 이것은 명목상의 이유에 불과하고 실제적인 이유는 나환자를 위한 성금 모금 활동이었다.

여기에서 몇 가지 해결하고 넘어가야 할 문제가 있다. 첫째는 왜 최흥종 목사가 제주도 모슬포교회의 담임목사직을 자청하여 갔을까? 둘째는 최흥종 목사는 왜 1920년대부터 1927년대까지 선교사들과 절친하게 지낸 기록이 없는가? 셋째는 최흥종 목사가 과연 독립운동을 하기 위하여 시베리아에 선교사로 갔는가?

첫째 질문에 대하여는 이렇게 생각할 수 있다. 즉, 최흥종 목사가 1929년 제주도 모슬포교회 담임목사로 광주를 벗어난 것은 두 가지 측면에서 볼 수 있다. 하나는 미국에서 공부를 마치고 귀국한 동생 최영욱 의사가 개업한 서석의원을 일제가 반일적인 가족이라는 명목으로 괴롭게 하였기 때문에, 최흥종 목사는 자신의 민족주의적인 행동이 가족에게 피해를 주지 않으려는 배려에 의한 것으로 볼 수 있다. 또 하나는 사회활동을 전개하던 사람들 가운데 일부는 공산주의 노선을 추구함으로써 하나님과 민족과 땅 사랑을 통한 좌우 연결이 실패함에 따른 좌절이었기 때문이라고 말할 수 있다.

둘째 질문에 대하여는 이렇게 말할 수 있다. 이 기간 동안의 최흥종 목사의 활동을 보면, 그가 사회주의적 성향을 지닌 지도자가 아니었으며, 더 나아가서 기독교 목사로서의 신분에 대한 책임감을 더욱 강하게 느끼고 있었던 것으로 말할 수 있다. 이 기간 동안의 최흥종 목사의 활동은 이렇게 정리할 수 있다.

1920~1922년 10월: 광주 북문밖교회 담임목사

1922년 10월부터 1923년 10월: 시베리아 선교사

1923년 10월부터 1924년 10월: 광주 북문밖교회 목사

　　1924년 10월부터 1925년 10월: 광주 남문밖교회 목사

　　1927년 1~4월: 러시아 선교사

등을 역임하였다.

　그럼에도 불구하고 선교사들은 최흥종 목사를 사회적 성향으로 기운 목사로 간주하면서 절친하게 대해 주지 않았다. 그것은 선교사들의 편지 혹은 보고서에서 최흥종 목사에 대한 기록을 읽을 수 없는 것으로 잘 알 수 있다. 즉, 선교사들은 한국인 지도자들을 자신들의 친구라는 이름으로 소개하였는데, 광주에서는 이기풍 목사[56]와 남궁혁 목사[57]를 소개하고 최흥종 목사를 제외시킨 것은 이와 같은 이유에서 기인한다고 말할 수 있다.

　셋째 질문에 대해서는 이렇게 말할 수 있다. 즉 광주YMCA 계열에서 주장하는 대로 독립지사로서 시베리아에 선교사를 지원하였다라고 단정할 수 없다. 물론 이 당시의 독립지사들이 가족이나 친지에게 자신의 활동을 전혀 알리지 않음으로써 신분상의 불이익을 안겨 주지 않으려 한 것은 사실이다. 그렇다고 해서 최흥종 목사가 독립지사적인 활동을 했는가? 이 부분은 다만 추측에 불과할 뿐이다.

　어찌 되었거나 최흥종 목사는 제주도 모슬포교회의 담임목사직을 사임하고 나환자 구제 사업에 또다시 개입하게 된다. 그런데 이번에는 선교사들의 요청에 의해서가 아니라, 나환자들의 요청에 의하여 활동하게 된다.

56　J. S. Nisbet, "Meet My Friend — Rev. Yi Ki Poong," *The Korea Mission Field* 8, 1928, pp.228-229.

57　Robert Knox, "Meet My Friend — Namkung Hyuk," *The Korea Mission Field* 8, 1928, pp.210-211.

미국 남장로교회 한국 선교회는 1931년 12월 선교비 예산의 10% 감소라는 최후의 통보를 받았다. 이것은 곧바로 선교활동의 막대한 지장을 주었으며, 특히 여천군 신풍리에 새로운 보금자리를 마련한 정착촌 환자들에게는 참으로 큰 아픔이었다. 1909년 광주에서 시작한 나환자 보호시설은 최흥종 목사가 제공한 1,000여 평의 땅에 45인 수용시설로 출발하였으나, 1924년에는 560여 명에 이를 정도로 규모가 커졌다. 이렇게 환자가 많아지자, 광주 기독병원 원장인 윌슨Robert M. Wilson 의사는 입원 환자를 제한하고 매월 치료비 7원씩 7개월 분을 선납하는 자를 수용하기로 하였다.[58]

광주의 나환자진료소는 정착촌과 더불어 기독교 복음의 열매가 풍성하게 맺히는 선교의 장이었으나 너무나도 많은 나환자들이 호남 지역에서 광주로 모여들었으므로 광주 시민들로부터 정착촌 자체가 거부당하게 되었다. 그리하여 윌슨 의사는 1924년에 이렇게 호소한다.

> 광주문둥병원 상황(2회)
> 무료로 입원하기를 원하는 문둥병자를 이 병원으로 가라고 권고치 마심을 바라는 것은 이러한 병자들이 조선 전국에서 이곳으로 모여들어 광주 안에는 큰 폐해가 되므로 우리는 도리어 심한 평판을 받습니다.[59]

광주 지역에 많은 나환자들이 운집함으로써 기독병원과 나환자진료소는 광주 시민으로부터 좋지 않은 평판과 함께 거부당하게 되었다. 이와 같은 상

---

58 이 당시의 병원 규모는 다음과 같다. 환자 총수: 565명, 주일학교반: 53명, 주일학교 선생: 53명, 세례인 총수: 285명, 학습인: 160명, 장로: 1명, 집사: 1명이다.
59 「광주문둥병원 상황」, 『기독신보』, 1924. 12. 5.

황에서 순천 지방에서도 나환자진료소 개설을 염원하였다.

> 광주문둥병원 상황(3회)
> …순천 지방에서도 문둥병원 설치하기를 원하며 선교사 측에서는 재정이 순환되는 대로 속히 이 일을 착수하려는데 이 지방은 문둥병자가 많이 있는 곳입니다.[60]

1924년부터 광주의 나환자 정착촌을 순천으로 옮겨 가려는 준비가 진행되고 있었다. 한편으로 광주에서는 나병구제회를 설립하였다. 이 회는 김정기金正基에게 전국 교회를 순회하면서 모금케 하였으나, 그 구제 액수는 극히 미약하였다.[61] 그리하여 광주나환자진료소 원장인 엉거James Kelly Unger(원가리)[62] 목사는 미국에서 성행하였던 돼지 저금통 운동을 전개하였다. '금도야지'라고 명명한 이 운동은 금돼지를 쇠로 된 밥(돈)을 먹여 살이 찐 다음에 잡으면 된다고 하였다. 지금까지 한국의 나환자들을 위하여 미국에서 도움을 준 액수가 1923년에 50,000원인 반면에 한국 사람이 도와준 액수는 겨우 40원에 불과하다는 사실을 지적하면서 한국인들의 적극적인 참여를 부탁하였다.[63]

엉거 목사가 지적한 미국 교회 후원금 50,000원과 조선총독부의 후원금

---

60 「광주문둥병원 상황」, 『기독신보』, 1924. 12. 12.
61 「나병구제회의 호결과」, 『기독신보』, 1924. 5. 21.
62 엉거 의사는 1920년에 광주 선교부에 부임하여 나환자 진료소의 전속 의사로 사역하다가, 1925년 여천군 신풍리 애양원 건설의 주역이 되었다. 그는 일제에 의하여 1940년 강제로 귀국하였다가 해방과 함께 1945년 8월에 다시 부임하여 1952년 선교사역을 마칠 때까지 애양원 의사로 활동하였다.
63 「가석한 나병자의 군」, 『기독신보』, 1924. 12. 19.

17,200원, 그리고 한국인 헌금 40원을 합하면 67,240원인데, 환자 1명이 한 달간 7원의 입원 치료비가 소요되었으므로, 800여 명 환자의 1년간 치료비에 해당되는 액수였다.[64]

이렇게 나환자의 무료 진료가 힘들어지게 되자 광주에서 조직된 나병구제회는 이름을 나병공제회로 개칭하고서 전국을 향하여 구원의 손길을 다시 벌렸으나 큰 호응을 얻지 못하였음을 이렇게 표현하였다.

> 광주군 조선나환자공제회에서는 그동안 전조선 각 단체와 개인에게 많은 동정이 있기를 바랐던바 3월 26일까지에 20처 교회와 기타 3인에게서 드러온 동정금이 합 84원 80전이라더라.[65]

이 액수의 헌금액은 나환자 한 사람의 1년 분 치료비를 감당할 수 있는 적은 액수였다. 이렇게 구원의 손길이 끊겨 가는 상황에서 미국의 경제적 공황은 선교사들의 선교비 축소를 가져와 더욱 더 각박한 현실을 맞이하게 되었다. 그리하여 최흥종 목사에게 구원을 손길을 벌림으로써 지속적인 치료를 받을 수 있는 길을 모색하려 한 나환자공제회는 1932년에 최흥종 목사에게 호소하였으며, 그의 허락을 얻자 기쁨을 이렇게 표현하였다.

> 나병자들의 슬픈 寃情
>
> 전남 여수 나병원 문밖에는 전국 각처에서 입원을 희망하고 모여든 환자가 날

---

[64] 윌슨 의사가 1925년 2월 18일 자 『기독공보』에 「조선의 문둥병」이라는 제목으로 기고한 글에 의하면 "1912년까지는 한 달 치료비가 4원이었다."라고 기록하였다.
[65] 「나환자 동정금」, 『기독공보』, 1928. 4. 4.

로 늘어 감은 심히 유감된 바라. 정원 외에는 더 수용할 수 없는 사정에서 …
저 가련한 자들을 서로 서로 구조하자는 생각이 불 일듯하여 병원 문밖에 토
지를 건설케 하고 조선나환자공제회라는 실로 애처로운 회가 병원 수용 환자
중에서 현금 조직하여 나온 지가 4~5년이 되었도다. … 참담한 그들의 사정을
제주도 모슬포교회에 시무하시는 전前 서시베리아 선교사 최흥종 목사에게
고백하였더니 … 그들을 위하여 출마하시게 된 목사님의 허락은 나환자 2만
여 명의 입으로 하나님께 감사하였도다. 최 목사님의 초연하신 허락은 사회 내
정치 사업은 무관심할 뿐만 아니라 … 다음과 같은 총회의 허락을 바라더라

총회 진정의 건
1. 전 조선 나환자를 위하여 구제부를 조직하여 주실 일
2. 최흥종 목사를 전 조선 지교회에 동정 금품 및 물품 요구에 대하여 허락하
   여 주실 일
3. 공제회 보고를 위한 언권을 허락할 일
4. 위급 환자 50여 명을 위하여 1개월 식량을 당석 연보로 부조하여 주실 일

여수군 율촌면 신풍리 조선나환자공제회 회장 이종수[66]

조선나환자공제회는 이 「애원서」를 조선예수교장로회 총회에 발송하고
또한 한국에는 나환자 진료소가 세 곳, 그리고 한 곳에 집단 수용소가 있다
고 사정을 알렸다.[67] 이 세 곳의 진료소에서 치료할 수 있는 인원은 전체 나

---

66 「나환자들의 슬픈 원정」, 『기독신보』, 1931. 9. 2.
67 나환자 진료소는 부산(경남 동래군 서면 기장리), 대구(경북 달성군 달성면 내당동), 광주

환자의 10%에 불과한 2,000여 명에 불과하였다. 그리고 경제적인 침체와 함께 나환자들의 수용 비용이 증진되고, 더 나아가서 장기간의 입원 진료를 위한 선납제로 인하여 조선인 나환자가 거리를 유리 배회하는 모습이 곳곳에서 눈에 띄었다.

조선예수교장로회 총회도 나환자들의 치료를 위하여 총회 안에 나환자위원회를 설치하여 구제 헌금을 하게 하였다. 총회에서 집계한 구제 액수는 연도별로 보면 다음과 같다.[68]

연도	1930년	1931년	1932년	1933년	1934년
헌금 총액	454.53원	391.48원	628.24원	447.2원	512.05원

(전남 광주군 효천면 봉선리: 후에 여천군 신풍리로 옮겼다), 여기에 소록도 수용소(전남 고흥군 금산면 소록도)가 있었다.

68 제19회 총회(1930년 9월 12일~18일, 평양 서문밖교회)의 수입 총액은 454원 53전이며, 이 금액을 부산·대구·순천에 3처 나병자 수에 비례하여 분배하였으며, 순천노회로서 청원한바 여수 신풍 나병환자 공제회의 구제 건은 금 50원을 여수 나병원장 윌손 씨에게 보내어 도와주기로 하였다(조원곤 편, 『조선예수교장로회 총회록』 제5권, 41쪽). 그리고 제20회 총회(1931년 9월 12일~17일, 금강산 수양관)는 작년 총 수입금 156원 32전과 금년 수입금 235원 16전, 합계 391원 48전으로 각 병원에 나누어 주고, 전남 여수 신풍 나병원 공제회장의 애원서 2통은 총회 서기로 낭독게 하였다(조원곤 편, 『조선예수교장로회 총회록』 제5권, 49쪽). 그리고 제21회 총회(1932년 9월 9일~16일, 평양 창동예배당)는 총 수입금 628원 24전으로, 사용처는 나병자 공제회 50원, 대구나병원 81원 67전, 여수나병원 148원 20전, 부산나병원 116원 15전씩 나누어 주었으며, 제22회 총회(1933년 9월 8일~15일, 평북 선천읍교회당)는 총 수입금 작년도 분 240원 22전과 금년도 분 447원 24전으로 여수 98원 17전, 부산 74원 38전, 대구 52원 67전씩 나누어 주었으며, 제23회(1934년 9월 7일~14일, 평양 서문밖교회)는 총 수입금 512원 5전으로 139원 41전씩 3개처 나병원에 골고루 분배하였으며, 제24회(1935년 9월 6일, 평양 서문밖교회)는, 여수·부산·대구 3개처 병원은 경상비 보조가 매년 감소되므로 재정상 곤란은 있으나 1,039.79원으로 골고루 나누어 주었으며, 제25회(1936년 9월)는 580원 17전으로 3개처 병원에 150원씩 골고루 분배하였다.

이 액수도 각 교회의 어려운 형편을 감안한다면 큰 보탬이 되었지만, 지속적인 치료비를 충당하기에는 너무나도 부족하였다. 이렇게 하여 나환자공제회는 근원적인 나환자 치료 대책을 세우고, 한편으로는 최흥종 목사가 나환자를 위한 모금 운동에 적극적으로 헌신하면서 전국 교회를 순회하게 하고, 다른 한편으로는 총회 및 전국 각지에「애원서」를 발송하여 적극적으로 협력하게 하였다.

그렇지만, 이 활동도 경제적인 긴축 상태에서는 크게 도움이 되지 못하였다. 그리하여 나환자들에게 큰 도움이 되지 못함을 안 최흥종 목사는 곧바로 발길을 서울로 향하였다.[69] 종로에 새롭게 건축한 YMCA 중앙회관에 사무실을 개설하고 모금 운동을 전개하는 한편, 나환자의 근본적인 해결을 위하여 나환자근절협회를 조직하였다. 그러나 모금 액수는 서울 지역에 있는 환자 30여 명을 신풍리 애양원으로 이동시킬 수 있는 1,278원 10전에 지나지 않았다.『신동아』는 최흥종 목사의 지금까지의 경력을 소개한 다음 나환자근절협회의 조직 및 계획, 그리고 활동을 이렇게 보도하였다.

나환자의 근절책은 크게 4가지인데, 격리 · 치료 · 구제 · 예방이다. 이를 실천

---

[69] 최흥종 목사가 서울로 간 시기가 나환자근절협회를 해체하고 광주로 돌아온 다음인지, 혹은 전국 교회와 유지들로부터 모금이 시원치 않자 나환자근절협회를 만들기 위하여 서울로 올라간 시점인지는 확실하지 않다. 그러나 공통적인 내용은 이러하다. "많은 나환자들이 수용 시설의 부족과 치료비 부족으로 거리를 방황하는 나환자 해결책을 수차에 걸쳐 총독부에 헌의하였음에도 불구하고 아무런 반응이 없자, 분연히 궐기하여 나환자 150여 명(서울 도착 시에는 400명으로 불었다)을 몰고 광주에서 서울까지 구라행진을 하였다. 나환자들은 총독부 앞에 연좌 결진하였다. 이에 총독도 어쩔 수 없이 최흥종 목사와 독대하여 당시 소록도 내에 있던 현 소록도 갱생원(자혜원)의 규모를 확대하고 시설을 확충하여 유리 구걸하는 나환자를 전원 입원 치료하겠다는 확답을 얻고 연좌 결진을 풀었다." 이상의 내용은 한국의 슈바이처로 알려진 신정식 선생의 글에서 발췌한 내용이기 때문에 가장 정확한 설명이라고 말할 수 있다. 신정식 편,『김교신과 "문둥아"』, 녹십자, 1989, 199쪽.

하기 위하여 치료 기관을 갑·을·병·정으로 구별하여 갑은 대구와 여수 치료소, 을은 소록도와 부산 치료소, 정은 각 지역에 위치한 위탁 치료소, 병은 경환자 및 유사 환자의 자가 및 집단 거주지를 말한다. 이 사업을 향후 10년간 운영하는 데 드는 비용은 5백만 원이며 매년 50만 원씩 소요된다. 이 4곳에 수용 건물과 부속 설비를 각각 세우고, 선교회와 조선인 기부금으로 그 총액을 충당하려고 계획하였다.[70]

최흥종 목사의 계획에 동의하여 조선나환자근절협회에 가입한 사람은 김병로·이인·김성수·송진우·안재홍·유억겸·조만식·윤치호·신흥우·현동완·김을한·서정희·명제세·원익상·신공숙·유광열·유각경·국기열·홍병선·이선근·오긍선·김철·장영규·노종갑·김삼현·최상채·김홍열·민병기·고재욱·현덕신·김양수·김정기·김용환·최영균·김희성·박영만·신태윤·이은상 등 70여 명이었다.[71] 발기 당시의 꿈은 원대하였다.

이렇게 발기한 협회는 광주 지역 사람들이 많았지만, 전국적으로 확대되어 이선근·김을한·국기열이 특히 협력적이었다. 초대 회장은 윤치호, 그리고 총무는 최흥종 목사가 맡았다. 원대한 꿈을 가지고 시작한 조선나환자근절협회는 당시의 경제적인 침체를 벗어나지 못하고 말았다. 그리하여 최흥종 목사는 1932년 6월 23일 서울 지역의 나환자 30여 명을 데리고 신풍리 애양원으로 떠나고 말았다.

그러면 이상 계획은 일장춘몽이었던가? 애쓰고 애쓰다가 시원한 결과를 못 본 최 씨는 무정한 사회를 원망하면서 6월 23일 경성에서 거리로 방황하

---

70 「나환자의 은인: 최흥종 목사」, 『신동아』 8, 1932, 40~41쪽.
71 박선홍, 『광주 1백년』 제3권, 138~139쪽.

던 30여 명 환자를 데리고 여수로 내려가고 말았다. 그와 동시에 나환자근절협회는 해산하게 되었으며, 최 씨는 만사가 여의치 않게 됨을 탄식하면서 서울을 떠난 것이다.[72]

최흥종 목사는 여기에서 그치지 않고, 나환자들과 일생을 같이하면서 지낼 것을 다짐하였다. "그러나 씨는 아주 낙망한 것은 아니다. 여수로 가서는 소규모로나마 나병 환자 구제를 위하여 일생을 바치기로 결심하였다고 설명하였다. 설명뿐 아니라 그는 일생을 그들을 위하여 노력한 분이다."[73] 최흥종 목사는 약속한 대로 실행하였다.

3) 걸인과 빈민 구제 활동

나환자를 위한 최흥종 목사의 사역은 다시 시작되었으나 기대했던 결과를 얻지 못하고 말았다. 그렇다고 그가 약속을 어긴 것은 아니고, 방향을 바꾸었을 뿐이다. 최흥종 목사는 광주의 빈민들과 걸인들을 돌보기 시작하였다. 이 사역은 광주기독병원 간호부장이며 동시에 이일李―(Stephen Neel Bible School) 성경학교의 책임자로 있는 세핑Elizabeth Johanna Shepping(서서평)[74]과

---

72 「나환자의 은인: 최흥종 목사」, 『신동아』 8, 1932, 40~41쪽.
73 「나환자의 은인: 최흥종 목사」, 『신동아』 8, 1932, 40~41쪽.
74 셰핑 선교사는 1880년 9월 5일 독일에서 태어났으나, 아버지가 일찍 세상을 떠나고 어머니는 세 살 된 딸을 외할머니에게 맡기고 미국으로 이민 갔다. 11세 때 할머니가 죽고 어머니를 찾아 미국으로 왔다. 뉴욕에서 고등학교와 간호학교를 졸업하여 간호사로 근무하면서 성서학원Biblical College을 31세에 졸업하였다. 그리하여 1912년 미국 남장로교 한국 선교사를 자원하여 2월 20일 한국으로 출항하였다. 서울에 도착한 셰핑은 세브란스 병원에서 근무하다가 군산 구암리 병원을 거쳐 광주 제중원에 부임하였다. 1919년 3·1운동으로 수감 중인 최흥종 장로를 면회하여 책과 사실을 차입하여 주었다. 1922년에는 광주에 이일성경학교Stephen Neel Bible School를 설립하여 초대 교장으로서 가난한 여성을 위한 성경 교육에 앞장섰으며, 1923년 기독교대한절제회 창립 회원 가운데 하나로 한국인 손메례 씨와 함께 금주, 금연, 아편 금지, 공창 폐지 운동을 주도하였다. 또한 1923년에는 대한간호

함께 동역하였다.

　조선총독부는 1930년에도 '토막 및 불량주택 조사土幕及不良住宅調査'를 해 온 것을 알 수 있으나, 1942년 3월호와 1944년 6월호에 실린 '토막 및 불량주택 조사'에 따르면 토막이란 "지면을 파내려 가서 토벽으로 하고 간단한 지붕을 덮은 원시적 주택"을 말하며, 불량주택이란 "위생상 유해 또는 보안상 위험하다고 인정되는 오두막과 같은 조악한 주택"을 말하였다.

　통계적으로 보면, 1939년에 토막민이 2,779호에 11,709명이며, 불량주택 거주자는 23,957호에 104,250명으로, 합계 26,736호에 115,959명, 전체 인구의 0.5%를 차지하였다. 이러한 토막 및 불량주택 거주자를 지역적으로 조사한 통계에 따르면 1940년도 광주 시내에는 토막 거주자가 10호에 22명, 그리고 불량주택 거주자가 198호에 739명이었다.[75]

　토막민에 대한 당국의 대처는 한결같았다. 즉 도시 미관을 해치고 또한 복잡한 사회문제를 야기시킴으로써 이들을 한 곳에 집단적으로 수용할 방침을 마련하였다. 이와 같은 현상은 서울을 비롯하여 전국의 주요 도시에서 동일하게 계획되어 있었다. 광주의 토막민은 부동교 다리 밑과 사직공원 뒤에 움막을 짓고 기거함으로써 신사에 참배하러 오는 일본인들에게 미관상 좋지 않게 보였다.

　일찍이 나환자근절협회 사건으로 최흥종 목사와 대면하였던 우가키宇垣 총독이 초도 순시차 1932년 광주를 방문하기로 하였다. 때를 맞추어 전라남

　사협회를 창설하여 초대 회장을 역임하였으며, 1923년에는 부인조력회를 창설하여 여성들의 헌금인 성미운동을 최초로 창안하였다. 셰핑에게는 언제나 광주 부동교 다리 밑에 거처하는 부랑인들에 대한 배려가 있었다. 그리하여 최흥종 목사와는 의기가 투합하여 함께 일하였던 것이다.

[75] 강만길, 『일제시대 빈민생활사 연구』, 창작사, 1987, 253쪽.

도 도지사는 이들 걸인들과 부랑인들의 움막을 철거함과 동시에 부동교 다리 밑에 있는 토막민들을 강제 해산시켰다. 이렇게 하여 사정이 딱하게 된 사람들이 세핑 선교사를 찾아가 호소함과 동시에 최흥종 목사에게도 호소하였다.

그리하여 최흥종 목사는 초도 순시를 위하여 전라남도 도청에 있는 총독을 면회하여 경양방죽 제방 밑에 이들을 위한 움막을 지을 수 있도록 허락을 받아 냈을 뿐만 아니라 건축 비용까지 받아 내게 되었다.[76] 최흥종 목사의 걸인 생활은 해방을 전후하여 이현필 선생에게 많은 영향력을 주었다.

6. 신사참배와 최흥종 목사

1) 「사망 통지서」 발송

1935년 최흥종 목사는 오래전부터 알고 지냈던 서울의 오긍선 의사를 찾아가서[77] 오늘날의 정관절제 수술을 하였다. 최흥종 목사는 광주로 내려와서 곧바로 YMCA 총무를 불러서 「사망 통지서」를 수신인들에게 직접 전달하도록 명령하였다.

---

76 백춘성, 『천국에서 만납시다』, 대한간호협회 출판부, 1880, 176쪽.
77 오긍선 의사는 군산의 오문환 장로의 아들로서, 군산에 파송하였던 의사 선교사 알렉산더 A. J. Alexander의 어학 선생을 맡았다. 그러나 불행하게도 2개월 만에 부친의 사망으로 선교사 직을 사임하고 귀국하면서 선교사업의 중지에 대한 보상으로 한국인 의사를 양성하기로 작정하고 오긍선 씨를 데리고 갔다. 그리하여 오긍선 씨는 한국으로서는 최초로 미국에서 피부과 전문의사가 되어 한국으로 다시 왔으며, 1905년부터 1907년까지 목포의 진료소를 책임맡기도 했었다. 오긍선 의사는 서울 세브란스 병원의 피부과 전문의와 부원장 직을 역임하다가, 에비슨Oliver R. Avison의 은퇴로 인하여 원장 직을 맡았으며, 한국전쟁 기간 중 납북당하였다.

이때로부터 최흥종 목사는 호를 오방五放이라고 하였다. 그리고 최흥종 목사가 친자식처럼 사랑하였던 광주YMCA 간사 이영생 선생에게 오방의 의미를 이렇게 전하였다.

> 다섯 가지의 얽매임으로부터 해방된다는 것으로, … 즉 혈육의 정에 얽매이지 않고, 사회적으로 구속을 받지 않으며, 경제적으로 속박받지 않고, 정치적으로 자기를 앞세우지 않으며, 종파를 초월하여 정한 곳이 없이 하나님 안에서만 자유를 누릴 수 있다는 다섯 가지의 생활신조를 말함이라고 하였다.[78]

가정·사회·경제·정치에 매이지 않고, 더 나아가서 기성 교회의 제도에 매이지 않고 하나님과 나 자신만의 관계에 충실함으로써 어지러웠던 시대에 등불이 되려는 순수한 마음에서 출발하였다. 이렇게 하여 최흥종 목사는 신앙인으로서의 양심을 팔아 버리는 기성 교회와 지도자들에게 "너희들은 죽었다", "너희들이 믿는 하나님은 죽었다"라고 외쳤다. 최흥종 목사는 자신의 신체적인 죽음으로써 예언자적인 목소리를 발하였다.

최흥종 목사에게서 버린다는 놓임을 받는다는 해방放(liberation)의 의미와 더불어 하나님의 사랑[愛神]을 이웃[愛隣]과 국가[愛土]에 전하는 방법론적인 통로의 의미를 가졌다. 따라서 최흥종 목사는 하나님을 사랑하기 때문에 신사에 참배할 수 없었으므로 신사참배를 요구하는 자들을 향하여 나는 죽었다라고 생명을 버릴[放] 수밖에 없었으나, 그것은 신사에 절하지 않는 남은 자의 생명을 이웃과 국가를 위하여 보전하는 길이었다.

---

78   문순태, 『영원한 자유인』, 광주YMCA, 1976, 117쪽.

2) 교역자의 반성과 평신도의 각성을 촉함

최흥종 목사는 아직 제명되지는 않았지만, 오갈 데 없을 뿐만 아니라, 누구 하나 마음 터놓고 속 시원히 이야기할 상대도 많지 않았다. 최흥종 목사는 한국의 교회를 향하여 박관준 장로처럼 엘리야의 갈멜산 도전장을 보내지 않을 수 없었다. 그러니까 신사참배를 가결하기 7개월 빠른 1937년 2월 「교역자의 반성과 평신도의 각성을 촉함」이라는 글을 발표하였다.

이 시기에 교회의 친일적 전향을 꾸짖던 박영창·안이숙의 선지자의 목소리가 북쪽에서 울려 퍼졌다면, 광주의 최흥종 목사는 기성 교회보다는 평신도들에게 각성을 촉구하였다. 그는 현재를 꾸짖기보다는 다가올 미래를 대비하여 준비하고 있었다. 그리하여 양의 옷을 입은 이리와 같은 목회자들에게 고개 숙이지 말고 평신도들이 스스로 각성하여 앞날을 준비하도록 당부하였다.

최흥종 목사는 1952년 빌링겐 대회Willingen synod 이후 새롭게 등장한 하나님의 선교missio dei[79] 개념보다 20여 년 앞서서 평신도 신학을 부르짖는 선구자였다.[80] 모이는 교회에서 흩어지는 교회를 부르짖었다. 교회의 희망을 일신상의 영화를 위하여 그리스도의 신부로서의 정절을 팔아 버린 거짓 목사보다는 순결한 평신도에게서 찾았던 것이다.

---

79 '하나님의 선교mission dei'라는 개념은 칼 바르트가 1932년 Brandenburg Missionary Conference에서 선교란 복음증거와 섬김을 통한 인류의 문명화로 보는 견해를 배격하고, 하나님 자신이 성 삼위일체로 하나님 자신을 보내는 것으로 이해하여, 교회는 선교에서 하나님에게서 순전하게 순종할 따름이라고 하였다. Norman E. Thomas, *Classic Texts in Mission & World Christianity*, New York: Orbis Books, 1995, pp.103-106.
80 Georg F. 휘체돔, 박근원 역, 『하나님의 선교』, 대한기독교출판사, 1980, 80~121쪽.

3) 광주의전 설립

대동아전쟁은 태평양전쟁으로 확대되어 승승장구 승전보를 울리던 일본은 점점 밀리기 시작하였다. 그리하여 관동군은 제주도로 사령부를 옮기고, 전쟁의 환자 치료를 위한 의사의 양성이 시급한 과제로 대두되었다. 그리하여 일제는 서울·대구·평양에 이어 광주에도 의전을 세워 의사를 배출하도록 전라남도 지사에게 명령하였다.

이에 다급해진 도지사 야기八木는 오방정으로 최흥종 목사를 찾았다. 여기에서 최흥종 목사는 두 가지를 스스로 해결해야 했다. 첫째는 최흥종 목사 자신은 이미 죽은 몸으로 세상사에 관여치 않기로 작정하였으므로 다시 광주 시내에 몸을 보인다는 것은 스스로를 속이는 모순되는 일이었다. 둘째는 의전을 졸업한 의사들이 결국 군의관으로 차출될 것이 확실한 상황에서 과연 일본군에게 협조할 것인가? 하는 문제였다. 셋째는 자금 조달의 문제였다.

최흥종 목사는 암담한 현재를 보지 않고 먼 미래를 내다보았다. 현재와 같이 불투명한 사회는 그렇게 오래가지 못하리라는 확신 아래에서 주변의 눈총을 아랑곳하지 않고 현준호를 찾았던 것이다. 그리하여 폐교로 문을 닫은 수피아여학교 교사를 임시로 빌어 사용하기로 하였으며, 학생 100여 명을 모집하여 교수는 최흥종 목사의 동생인 최영욱·최상채 등의 시내의 개업의가 참여하였다. 이렇게 하여 광주의학 전문학교는 1944년 5월 20일 문을 열었다.

최흥종 목사는 전주 출신으로 뛰어난 재능을 보인 손창식 학생을 아낀 나머지, 현준호에게 부탁하여 일본으로 유학시켰던 것이다. 손창식은 학업을 마친 후 상해로 건너가 군수산업에 뛰어 들었으며, 막대한 재산을 모았던 인물이었다. 손창식은 거뜬히 100만 원을 기부하였으며, 이 자금으로 광주의

전의 필요 자재를 구입할 수 있었다.[81]

7. 해방과 지속적인 사회봉사 활동

1) 건국준비위원회 전남 지부 위원장

8월 16일 국기열의 집에 당시 『매일신문』의 기자인 최인식 등 10여 명이 모여 다음날인 8월 17일에 창평상회에서 건국준비위원회 결성식을 갖기로 하고, 초대 위원장은 최흥종 목사를 추대하기로 결정하였다. 이에 최인식은 최흥종 목사를 오방정으로 찾았다. 최흥종 목사는 해방의 소식을 들었으며, 그 다음 날 집회에 참석하였다.[82] 이 자리에서 최흥종 목사는 위원장으로 선출되었으며, 더불어 58명의 건국준비위원도 선출되었다. 광주건국준비위원회의 사업은 곧바로 실시되었다.

2) 삼애학원과 신림교회 설립

그렇다면 최흥종 목사는 정치도 참여하지 않았으며, 어디에 마음을 쓰고 있었는가? 그것은 젊은이들의 정신교육이었다. 김용기 장로가 경기도 고양군 구기리에 제2의 이상촌을 건설하여 개간에 열심하던 무렵인 1948년 3월에

---

81 당시 신문사 기자의 월급이 30원이고, 쌀 한 가마니가 6원이었던 점을 감안한다면 실로 엄청난 돈이었다.
82 예기치 못한 수백 명의 시민이 참여함으로써, 집회는 창평상회가 좁아서 광주극장으로 옮겨서 이루어졌다. 조직은 다음과 같다. 위원장: 최흥종, 부위원장: 김시중·강해석, 총무부장: 국기열, 치안부장: 이덕우, 재무부장: 고광표, 선전부장: 최인식, 학무부장: 신순언, 산업부장: 한길상, 조직부장: 김범수, 청년부장: 주봉식 등이었다. 안종철, 「전남지역 인민위원회의 성격에 관하여」, 『역사비평』 12호, 1991 봄, 170~171쪽.

최흥종 목사는 광주국민고등학교를 설립하였는데, 이 학교의 정신을 반영하여 삼애학원으로 불렸다. 삼애정신은 어디에서 왔는가? 곧바로 덴마크의 그룬트비히Grundwich의 정신으로, 하나님을 사랑하고[愛神], 이웃을 사랑하고[愛隣], 땅을 사랑하는[愛土] 정신이다.

그런데 삼애학원을 맨 처음 개원한 장소는 학교 건물도 아니고, 일반 가정도 아니고, 무등산 기슭 오방정 위쪽에 있는 증심사證心寺라는 사찰의 객사였다. 선생은 최흥종·허백련·이은상[83]·홍석은·김천배 등이었으며, 신입생은 이종모李鐘模·조종曺鍾·문석희文錫熙(최흥종 목사의 다섯째 사위) 등 15명이었다.

교육의 내용은 농사 실습이 아니라 정신교육이었다. 이곳에서 학생들을 맞이하여 덴마크의 농업혁명, 국민 계몽적인 정신 등을 강조하면서 함께 기거하였다.

이 사이에 최흥종 목사는 또다시 목회자로서의 고유한 모습을 드러낸다. 즉 오방정에 거처하는 동안에 증심사 주변에 살고 있는 지역민들과 더불어 교회를 시작하였다. 이 교회가 신림교회이다.

최흥종 목사는 오방정에 머무는 동안 교회를 세우고 3년여 목회 활동을 하다가, 원효사 인근의 민가로 이주하면서 무등원을 설립하였다. 따라서 최흥종 목사는 정치적인 권유를 멀리하고 무등산 속에 버림받은 사람들에게 복음을 전하는 목회자로 활동하였다.

---

83 이은상이 삼애학원 선생으로 참여하게 된 배경은 이렇다. 즉 1948년 1월에는 『호남신문』이 창간되고 사장은 이은상이었는데, 최흥종 목사는 초대 회장으로 초대됨으로써 두 분의 교분이 시작되었던 것이다. 물론 최흥종 목사는 곧바로 사임하였다.

3) 송동원과 무등원 사업에 협력

광주기독병원의 결핵 병동은 동병상련 정신으로 서로 돕고 지냈는데, 환자들 가운데에서는 거제도 수용소에서 자유의 품에 안긴 북한 군인들이 많이 있었다.[84] 그런데 1955년 겨울에 이르러 퇴원을 앞둔 북한군 포로 출신의 환자가 자살을 기도하였다. 이 사건을 계기로 퇴원 환자의 지속적인 요양과 재발 방지를 위하여 요양소sanatorium를 건립하기로 작정하였다. 이에 환자들은 요우회療友會를 조직하고, 병원 내에 구내매점을 운영함으로써 수익금으로 무의탁 환자와 빈곤한 환자의 치료비를 조달하였다.[85]

이처럼 딱한 소식을 전해들은 사람은 최흥종 목사였다. 최흥종 목사는 여러 사람을 통하여 이들을 도울 수 있는 길을 모색하다가, 서울YMCA 총무인 현동완에게 협조를 부탁하였다. 이와 동시에 최흥종 목사는 백십자여명회라는 결핵 치유를 위한 호소문을 전국에 발송하였다.

> 白十字黎明會
>
> 人類愛의 지극한 激動에서 民族 保健의 懇切한 要求에서 우리는 폐결핵의 예방과 치료와 根治를 시급히 호소하는 바입니다.
>
> 爲政當局과 有志諸賢은 물론, 同感의 憂慮와 退治의 方途를 念念構想이 非止一再임을 인식하오나, 세월은 電光石火로 흐르고 악마같은 결핵균은 男女靑壯年의 생명을 侵擇 유린하여 民族의 生長律을 방해 위축하고 국가의 保健體

---

84 거제도 북한군 포로수용소에 있던 환자들이 광주기독병원으로 입원한 이유는 이렇다. 즉 미국 남장로교 선교사인 커밍Bruce Cumming(김아열) 목사는 미군 군목으로 거제도 수용소에서 근무하였다. 그리고 그의 부인은 광주기독병원 간호부장이었다. 따라서 이들은 광주기독병원에서 치료받았던 것이다.
85 양한묵 목사 대담, 1996. 8. 23. 양한묵 목사는 이 당시 광주 서림교회 담임목사인 우형필 목사가 많은 헌금을 보내주었다고 말한다.

를 蟲溢 食肉적하며, 폐병환자 증식 소치로 인하여 전문병원이 만원이 되어 收容기 處하여 攝生의 危懼가 莫比尤甚이요, 침식의 恐파가 難堪 暫默이라 衛生錯亂이 不息이면 안녕질서를 難保로다.

捨是呼 同病常憐 동지 幾個人이 熟考再三에 提議干高名大學하여 呼유 干有志 諸君子하오니 此를 관철함에는 內外各界에 있는 온갖 有志와 助力을 要하며 有志者篤志家 公私各層과 官民合作을 期하는 바입니다. 人道의 正義로는 모든 힘을 사용할 수 있는지라, 자에 黎明會 취지를 천명하나이다.[86]

최흥종 목사의 호소문을 접한 현동완은 당시 국회의장인 이기붕 씨에게 호소하였으며, 상상도 할 수 없는 큰 액수의 지원금이 전달되었다. 이 부분을 양한묵 목사는 이렇게 기억한다.

이기붕 씨가 큰 액수의 돈을 희사하여 현재의 광주 지산동 신양파크 호텔 아래에 6,000여 평의 땅을 전세로 얻었다. 그리고 일차로 60여 명의 환자를 퇴원시키고, 이기붕 씨를 기념하여 그의 호 만송晚松을 넣은 송등원松燈院이라고 이름하였다.[87]

이렇게 하여 결핵환자의 지속적인 치료가 이루어졌으며, 카딩턴Herbert A. Codington 의사도 매우 흡족해하면서, "요양소의 일들은 대다수 퇴원 환자들에 의하여 이루어진다."[88]고 하였다. 그렇지만 송등원에 있는 퇴원 환자들의

---

86 문순태, 『영원한 자유인』, 134쪽.
87 양한묵 목사 대담, 1996. 8. 23.
88 Herbert A. Codington, "Dear Friends," 5 October, 1956.

지속적인 요양을 위하여 충분한 양의 식량이 공급되어야 하는데, 이 또한 큰 걱정이었다. 다행히 카딩턴은 한미재단으로부터 식량과 구호물자를 지원받았다.

그러나 송등원에 배속된 환자들 가운데 상당수는 여전히 결핵 양성 환자였다. 이에 광주시는 이들의 집단 수용은 도시에 결핵환자를 더욱 더 많이 확산시킬 위험이 있다고 판단하여 송등원의 해체를 요구하였다. 따라서 카딩턴과 최흥종 목사는 양성 환자들을 조봉동, 골매, 그리고 무등산(소망실) 등 세 곳에 분산 수용하고, 이들의 식사 및 생활을 동광원 여자 수녀들에게 위임하였다. 그리고 결핵 음성 판명자들은 무등산 깊숙이 원효사元曉寺 아래의 공터에 집을 짓고 예배당까지 건설하여 이름을 무등원으로 개칭하였다.

이렇듯이 최흥종 목사는 광주기독병원의 카딩턴 원장, 동광원의 이현필 선생과 함께 광주의 결핵 퇴치 사업에 참여하였다. 카딩턴 원장은 이현필 선생이 이끄는 고아원 동광원[89]의 전속 의사로 광주시 사회과 및 보건과에 등

---

[89] 이 당시 동광원의 살림을 맡았던 사람은 정인세 선생이었다. 그는 1909년 서울 마포에서 출생하여 선린상고를 졸업한 만능 체육인이었다. 그는 서울YMCA 유도부에서 김후옥·이인덕과 함께 가장 뛰어난 기량을 보였다. 그러다가 친구인 김후옥이 고향 광주에 내려옴에 따라 함께 1932년에 광주로 와서 광주YMCA 체육부 간사로 재직하였다. 이 기간 동안에 그는 덴마크 체조 보급에 앞장섰으며, 신사참배 거부로 1년간 수감 생활을 겪기도 하였다. 출감 후 평양신학교를 마치고, 일제 말의 암흑기를 강원도 산골에서 지냈다. 해방과 함께 광주로 와서 광주YMCA 회장을 맡은 최흥종 목사를 도와 1946년까지 총무로 지내다가, 1948년부터는 광주YMCA 회장 직을 맡았다. 이 사이에 여수·순천 지역에서 제14연대 반란 사건으로 세상은 어지러워지고 고아들이 많이 발생하였다. 이에 이현필 선생은 제자인 김준호 씨에게 이 지역의 고아들을 모아서 돌볼 것을 명하였다. 이것이 계기가 되어 동광원이 창설되었다. 이에 최흥종 목사를 위시한 광주의 유지들을 적극적으로 동광원을 협력하였다. 따라서 정인세 씨, 폐결핵으로 거동이 불편한 김준호 씨 대신에 고아들을 돌보는 고아원 원장 직을 억지로 맡다가, YMCA 회장직을 사임하고 고아들을 전적으로 돌보기 시작하였다. 이러한 사이에 한국전쟁이 발발하고 집 잃고 길 잃은 사람들이 역 대합실에서 잠을 지새우는 것이 상례였다. 이에 이현필 선생은 정인세 씨에게 필담으로, "곧 나가셔서 광주역전에서 헤매는 사람들을 데려다가 따뜻하게 대접하여 하룻밤씩 재워 보내는 운동을 하

록함으로써 지속적인 허가를 얻어 낼 수 있도록 협력하였으며, 이현필 선생은 휘하의 여자 수도자들에게 동광원과 무등원에서 고아들과 환우들의 식사 및 살림을 맡아서 헌신하도록 명령하였던 것이다.

4) 음성 나환자 정착촌: 호혜원 설립

갈 곳 없는 음성 나환자들은 최흥종 목사의 온정의 손길을 기대하였다. 이러한 딱한 사정을 보다 못한 최흥종 목사는 전라남도 보건과, 그리고 친지들을 찾아다녔으며, 그 결과 나주군 남평면 산포리에 10여 명의 음성 퇴원 환자들을 정착시키기에 이르렀다. 이 부분을 최흥종 목사는 이렇게 회고한다.

> 내가 지금 직접 관계하고 있는 호혜원도 그러한 예의 하나의 좋은 본보기인가 합니다. 광주에서 약 20여 리 격하여 있는 산간 무인 지대에서 … 경쾌 환자들이 합세하여 정착하더니 그들 지도자들이 자주 나를 찾아와 육성의 길을 문의하는 것이었고 그들의 열성에 나도 감동되어 현지를 답사하여 보았더니 이상촌으로서의 입지적 조건도 매우 좋은 바 있어 당국의 인가와 보조 있기를 힘써 주는 바 있었으며….[90]

이상과 같은 최흥종 목사의 지원에 힘을 얻은 음성 나환자들은, 또한 최흥종 목사의 지도에 따라 전국 각계 지도자를 찾아다니면서 지속적인 운영의

시오. 이 운동은 동광원 운동이 아닙니다. 귀일원입니다." 이렇게 하여 한국전쟁 기간 중 귀일원이 설립되었으며, 1964년 동광원이 폐쇄된 다음부터 귀일원은 정신지체 장애인을 수용하는 기관이 되었다. 엄두섭, 『맨발의 성자』, 은성, 1990, 110~120쪽; 박선홍, 『광주 1백년』 제2권, 99~104쪽.

[90] 최흥종, 「구라사업 50년사 개요」, 『호남일보』, 1960. 3. 20.

길을 모색하였다. 그리하여 이들은 "국회의원 정준 의원, 함태영 목사, 김재준 목사, 조향록 목사, 진문원 씨 등을 이사로 추대하고, 정준 의원을 초대 단장으로 초대함으로써 정식 사단법인으로 발족하였다."[91]

5) 유언장 배포와 광주 시민장市民葬

최흥종 목사는 무등원 예배 처소에 기거하면서 『성경』은 헬라어 원어로 읽고 『도덕경』은 순 한문으로 된 원본을 읽었다.[92] 최흥종 목사는 유언장을 발송한 이래로 금식을 선포하고 식사를 일절 중지하였다. 최흥종 목사를 따르는 광주YMCA의 이영생·이문환·조아라·최득은 등은 지게꾼을 앞세우고 무등산을 올라가 최흥종 목사를 아들 최득은의 안집으로 모셨다.[93]

그리고 이 사이에 유언장의 내용과 일치되게 전국 교회의 교직자들에게 보내는 경고문을 발송하였다. 이 일로 인하여 목회자들로부터, 특히 전라도 지역의 목회자들로부터 심한 반발을 샀다. 그리하여 1966년 2월 28일을 기하여 절필하였다. 그러면서도 제자들을 불러 한국 교회를 염려하는 말을 잊지 않았다.

최흥종 목사는 금식을 시작한 날로부터 100일째 되는 1966년 5월 14일 오후 2시 10분에 하늘나라로 갔으며, 5월 18일 광주 시민장市民葬을 광주공원에서 거행하였다.[94] 시민들은 최흥종 목사를 보내는 슬픔을 나누기 위하여

---

91 최흥종, 「구라사업 50년사 개요」, 『호남일보』, 1960. 3. 20.
92 최흥종 목사는 무등산으로 들어가기 전에 최석실崔石室 노인에게서 『도덕경』을 배운 일이 있었다. 허백련 화백과 지낼 때에도 『도덕경』을 읽었지만, 한문의 깊은 뜻까지 알 수 없어서 최석실 노인에게서 꼬박 석 달 동안 한 글자 한 글자 빠뜨리지 않고 『도덕경』을 읽은 일이 있었다.
93 힘이 없는 최흥종 목사는 누워 지내는 동안에도 책을 천장에 매달아 놓고 읽었다.
94 한국인으로서는 시민장의 예우를 받은 첫 번째 인물이지만, 1934년 셰핑 여선교사에 이어

모여들었으며, 학생들, 부랑자들, 나환자들이 자리를 가득 메웠다. 홍성태 목사의 기도에 이어, 장의위원장 허백련 선생의 조사가 울렸다.[95]

8. 결론

호남 지역에서 1892년부터 1984년까지 190명의 선교사가 활동하였으나 이들에 대한 학문적·비판적 연구가 지금까지 없었다. 그리하여 본 연구자는 이들에 대한 연구를 시도하였으며, 그 방법론은 종합적 사관이었다.

이 방법을 통하여 선교사들과 한국인 목회자들의 선교 정책과 선교활동을 분석한 결과, 대다수의 선교사들과 한국인 목회자들은 1890년 미국 북장로교회 선교사들이 세운 네비우스 방법론과 1893년 미국 남북 장로교회 선교사들이 합동으로 세운 합동공의회 선교 방법론에 의존하여 선교에 임하였음을 알 수 있다. 한마디로, 교회 설립과 개인 구원 확신, 종말론적인 기대, 청교도적인 윤리, 제반 사회문제에 대한 '엄정중립 불간섭'을 고수하였다.

이와 같은 입장에서 이 연구는 단순한 교회사가 아니라, 호남 지역에서의 교회의 위치를 최흥종 목사라는 한 인물을 통하여 살펴보는 통전적이며 종

두 번째 시민장이었다. 최흥종 목사는 조용한 장례를 원했지만, 광주 시민은 이에 동의하지 않았다. 명예장의위원장은 이갑성 씨, 위원장은 허백련 화백, 부위원장은 최상채·백영흠·양명순 씨였다.

[95] "어허! 인생이 무상하외다그려. 어느새 오방 선생이 유명을 달리하다니. 실로 꿈만 같소이다. 민족과 국가의 장래가 암담할 때나 사회정의와 인류도덕이 땅에 떨어졌을 때나 항상 선생이 계시기에 마음 든든하옵더니 이젠 마음을 의지할 사람도 없게 되었소이다그려. … 하느님의 말씀을 믿고 인류 구제를 하시던 그 박애정신은 어디에 심어 두고 가셨습니까? …" 허백련,「오방선생을 애도함」,『전남일보』, 1966. 5. 18.

합적인 교회사이다. 그리고 이 연구는 최흥종 목사를 통하여 교회가 한국 사회에서 가져야 하는 위치를 '복음적'이라는 단어와 '사회봉사'라는 단어로 연결시켜 살펴보았다. 이 과정에서 선교사들이 사회봉사적 측면을 거부하고 오로지 순수한 복음만을 강조함으로써 교회와 사회를 이원화시킨 반면에, 최흥종 목사는 교회와 사회를 일원화시켰던 차이점이 무엇인가를 살펴보았다.

최흥종 목사는 조선조 말기(1880년)에 태어나서 1905년에 순검과 1907년에 농공은행 은행원을 거치는 등 어거스틴처럼 출세 지향적 삶을 추구하다가, 1909년 포사이트Wiley H. Forsythe 선교사가 임종에 가까운 여자 나환자에게 베푸는 '선한 사마리아인' 같은 행위에 감동을 받고 기독교를 알고 예수 그리스도를 깨달았으며, 그것도 사회봉사적 삶을 기독교인의 정형으로 파악하였다. 그에게서 기독교인과 교회는 소속된 사회의 일원으로서 예수님의 복음과 삶으로써 사회를 섬기는 봉사자가 될 때에 가장 올바른 정형을 이루는 것이었다. 그리하여 그는 출세 지향적 삶을 포기하고 헌신적인 사회봉사적 삶을 추구하였으며, 이러한 삶이 그에게서는 곧바로 목회였다.

다시 말하여, 최흥종 목사의 출발점은 복음이라는 확실한 깨달음이었다. 그리고 이 출발점인 복음은 항상 사회적 봉사라는 행동으로 연결되어 있었다. 따라서 그는 삶과 이 복음적 깨달음을 일치시키는 신행일치信行一致의 표본이었다. 이 신행일치의 삶을 철저하게 실천해 나가는 성서적 가르침은 "하나님의 뜻대로 행하는 사람이 곧 내 형제요 자매요 어머니이다."(마가복음 3:31-35)라는 말씀이다. 이러한 점에서 오방 최흥종 목사의 삶을 지배하는 가장 중요한 단어는 "사랑"이며, 그것도 명사형이 아니라 동사형 "사랑하다"라고 말할 수 있다. 최흥종 목사가 깨달은 사랑의 복음은 ① 하나님께 대한 사랑[愛神]으로부터, ② 동포[愛隣], 그리고 ③ 교회와 자신이 속한 국가[愛土]라고 하였다.

최흥종 목사는 하나님께 대한 사랑을 충忠·절節·의義로 표현하였다. 따라서 최흥종 목사는 일제의 신사에 절할 수 없었다. 일제가 종교교육부를 총회 내에 설치하여 기존의 교회를 통제하고, 노회와 총회를 통하여 신사참배를 결정하고, 교인들에게 적당하게 타협하며 살 것을 가르치는 목회자들을 대신하여, 1935년에 "나는 죽었다"라는 「사망 통지서」를 친지 및 가족에게 발송함으로써 하나님께 사죄하였다. 이러한 의미에서 최흥종 목사는 이 시대의 아픔을 짊어지고 가는 어린양, 도살장으로 끌려가는 고난받는 종이었다.

그렇지만, 하나님께 충·절·의를 저버린 목회자들이 교계에 군림하면서 평신도들을 그릇된 길로 끌고 가는 모습을 보고서 최흥종 목사는 분노를 참을 수 없었다. 그리하여 1937년 2월 「교역자의 반성과 평신도의 각성을 촉함」이라는 글을 발표하였다. 최흥종 목사는 평신도가 거짓 선지자를 따라가면 거짓 선지자와 함께 공멸한다(예레미야 14:15-16)는 것을 너무나도 잘 알기 때문에 신사에 절하는 목회자들을 향하여 양의랑류羊衣狼類라고 지적하면서 평신도들이 각성하여 이와 같은 목회자들을 따르지 말 것을 경고하였던 것이다. 이것은 주기철 목사가 신사참배 강요에 맞서서 "그리스도의 신부는 이부종사二夫從事할 수 없다."고 외쳤던 것과 같은 정절의 표현이었던 것이다.

최흥종 목사는 동포에 대한 애린愛隣의 사랑을 경敬·존尊·혜惠·자慈 등으로 표현하였다. 최흥종 목사는 이 사랑을 따라 ① 나환자, ② 빈민과 걸인, ③ 결핵환자들에 대한 사랑으로 나타냈다.

최흥종 목사는 1909년 4월 포사이트 의사가 임종에 가까운 여자 나환자를 부축하며 걷는 모습에서 예수님을 보았으며, 그의 일생 동안 그 모습이 "오 성인이여!"라는 감격으로 남아 있었다. 따라서 최흥종 목사는 1909년에서 1914년까지 광주 봉선동 나환자진료소에서 한국인 책임자 및 치료사로

봉사하였다. 또한 1925년에서 1927년까지 광주진료소를 여수군 율촌면 신풍리 애양원으로 이전하는 작업에 협조하였으며, 1932년에는 나환자근절협회를 만들어 한국의 나환자를 근본적으로 치료하려고 하였다. 해방과 함께 1945년 9월에 한국나예방협회를 조직하여 돌보고, 1958년에는 음성 나환자의 자활 갱생을 위한 호혜원을 설립하여 죽는 날까지 후원하였다.

최흥종 목사는 1919년부터 광주로 옮겨와 광주 제중원 간호부장으로 재직하기 시작한 세핑 여선교사와 함께 광주천 다리 밑과 사직공원 뒤켠에 움막을 짓고 생활하던 걸인들과 빈민들의 생활 보호와 거주 보호를 위하여 전라남도 도지사 및 행정 당국에 적극적으로 건의하였다. 그리하여 1932년에는 경양방죽 제방 밑에 이들을 위한 움막 설치를 허락받았으며, 최흥종 목사 본인도 1935년 3월 「사망 통지서」를 발송한 이후에는 이들과 함께 잠시 기거하였다. 그리고 1933년 계유년에는 계유구락부를 만들어 37명의 회원이 납부하는 회비를 거두어 걸인들의 구제에 사용하였다.

해방 이후에는 1952년부터 광주기독병원 원장인 카딩톤Herbert A. Codington(고허번)과 더불어 결핵환자들의 자활 갱생을 위하여 기독교 각 단체에 호소함으로써 송동원(나중에 무등원으로 개명함) 설립에 적극적으로 협력하였으며, 1955년부터는 이들과 더불어 함께 기거하면서 영적인 지도자로 이끌었다.

최흥종 목사에게는 한국의 산하에 대한 농촌 사랑과 함께 농업을 이끌어 갈 젊은이들의 정신교육으로 나타났다. 최흥종 목사는 이 사랑을 동포애同胞愛로 표현하였다. 그리하여 이 민족을 일깨우기 위해 ① 젊은이들을 교육하고, ② 여성을 일깨우고, ③ 해외에 흩어진 동포들에 대한 선교사를 자청하고 ④ 농촌을 일깨우는 교육에 임하였다.

최흥종 목사는 한국의 젊은이들을 가르치기 위하여 미국의 여러 선교 단체 및 기독교 단체에게 한국에 "더 많은 학교, 더 많은 전문학교, 그리고 성경 교육기관"을 설치할 수 있도록 재정적 협조를 당부하였다. 그리하여 3·1만세운동 이후 절망의 나락으로 빠져들어 가는 젊은이들에게 희망을 심어 주고 인생의 의미를 발견하게 하고 자신에게 맡겨진 과제를 찾아서 일생 동안 보람되게 살도록 이끌려 하였다. 최흥종 목사는 1920년대의 혼란과 좌절은 또 다른 시대를 향한 과도기의 현상에 불과하기 때문에, 어둡고 암담한 눈을 높이 떠서 "사상을 고상히 하고 주의를 철저히 할 것"을 당부하였던 것이다. 그리하여 젊은이들이 마약에 물들지 않도록 모루히네 방독회를 조직하였으며, 금주와 금연 운동, 공창 폐지 운동 등 사회 정화 사업에 적극적으로 협력함으로써 젊은이들의 정신적 각성을 촉구하였다.

그리고 1920년부터는 목포가 낳은 여류 문호 박화성 씨를 교사로 청빙하여 광주 북문밖교회 내에 여성을 위한 야학을 설치함으로써, 여성의 깨우침과 지적인 향상을 촉구하였다. 그 뿐만 아니라, 제수인 김필례 씨가 주도하는 흥학관에서 야학반을 운영할 때에도 적극적으로 협력하였다. 더 나아가서, 1945년 해방과 함께 전국이 또다시 동요하면서 좌우 대결 구도로 치닫고 있을 때, 젊은이들의 교육에 전념하였다. 의제 허백련 화백과 함께 삼애학원을 만들고 젊은이들의 정신을 교육하였다. 깨어서 이 시대를 이끌어 갈 인재가 되도록 실력을 양성시켜 주었다. 도산 안창호 선생이 말한 것처럼, 인재가 없다고 한탄할 것이 아니라 스스로 인재가 되어 이 시대를 이끌어 갈 꿈을 갖도록 당부하였다.

당시 정세는 1910년 일제의 강점과 함께 한국 국토에 대한 토지조사로 인한 토지 상실과 몰려든 일본의 대지주 이민들의 유입으로 소작농으로 전락한 한국의 농민들이, 나라를 떠나 만주로, 연해주로 대거 이주하지 않을 수 없었다. 최흥종 목사는 이처럼 흩어진 동포들을 보살피기 위한 서시베리아 선교사를 자청하여 1922년 11월에서 1923년까지 9월까지 봉사하였으며, 1927년 1월에 또다시 서시베리아 선교사로 떠났으나 변화된 시베리아의 정치적 상황으로 인하여 감옥에 수감되는 등 4개월 만에 강제로 귀국하였다.

그뿐만 아니라, 한국 농촌의 부흥과 각성을 위하여 광주YMCA 주관으로 진행된 전라남도 지역의 신용협동조합 조직을 촉구함으로써 이들의 자립을 시도하였다. 뿐만 아니라, 새로운 농사법 도입을 위하여 쌀 전문 농업 선교사 에비슨Gordon W. Avison(어비손)과 그의 큰사위 강순명과 함께 전라남도 순회 강연회와 지도에 적극적으로 협력하였다. 이들의 활동을 협력하기 위하여 최흥종 목사는 1928년에는 광주YMCA 주관으로 농촌사업연구회를 설립하였던 것이다.

이웃에 대한 사랑은 희생적인 사랑을 말하였다. 다시 이 사랑은 자신의 손해를 돌보지 않는 뼈를 깎는 아픔을 동반하였다. 이 사랑을 실천하기 위하여 최흥종 목사는 다섯 가지를 버릴 수밖에 없었다. 오방五放, 즉 다섯 가지로부터의 자유로움은 가사로부터, 사회로부터, 경제로부터, 정치로부터, 그리고 종교로부터 자유로움을 의미하듯이, 그는 가족에게 많은 희생을 강요하였다. 그렇지만, 이 강요는 억지로 빼앗는 것이 아니라 따라오기를 바라는 모범이었다. 이렇게 가족을 비롯한 모든 사람들이 자신을 따라오면 그것은 곧바로 새로운 삶을 얻게 되는 것이며, 이것이 진정한 종교였다.

그렇기 때문에 최흥종 목사에게 종교는 기독교인과 교회가 몸담고 있는 사회에 대한 희생적인 섬김이며, 이것이 없으면 신앙도 종교도 아니었다. 이러한 각도에서 최흥종 목사는 기독교 신앙을 ① 반反가족생활을 강요하는 이현필 유형의 신앙관도 거부하고, ② 동양사상과 혼합된 기독교 이해도 거부하였으며, ③ 희생과 봉사의 삶을 발판 삼아 정치적 입신의 기회로 삼는 것도 거부하였다.

최흥종 목사에게는 기독교가 성 프란시스코St. Francisco 유형의 빈곤과 성결을 통한 자기완성을 향한 수행의 종교가 아니었다. 최흥종 목사는 이현필 선생과 그를 따르는 동광원 식구들이 가족적인 삶을 거부하는 독신주의를 반대하였다. 기독교는 산 위에 있는 초막 속의 종교가 아니라, 산 아래에서 고통받는 인민과 함께하는 대중의 종교, 생활의 종교였던 것이다. 그렇기 때문에 은둔 수도형의 기독교는 거부할 수밖에 없었다.

동시에 유영모 유형의 동양 종교와 혼합된 기독교 사회주의적 이념도 아니었다. 유영모 선생과 그를 따르는 YMCA의 연경반 모임체들이 추구하는 톨스토이Leo Tolstoy형의 사색적인 기독교도는 아니었다. 이들은 우치무라 간조內村鑑三를 따르면서도 그의 실천적인 사회봉사는 따르지 않았다. 우치무라의 노동자의 권익을 위한 투쟁 등을 당시 일제 치하에서 마땅히 일으켜야 했음에도 불구하고, 조용하게 자기 수양적이며 기존 교회에 대한 거부적인 태도는 결코 찬성할 수 없었다. 그리하여 가깝게 지내면서도, 이들의 사색적인 기독교 사상을 열매 없는 무화과나무로 보았던 것이다.

동시에 최흥종 목사는 기독교를 통한 정치적 입신양명의 기회를 잡으려는 사람들도 거부하였다. 교회의 지도자들은 신앙인으로서 순수한 삶의 모습을 보여주는 선생이며, 그의 모범적 삶을 염원하는 일반인들이 기독교로 개종하여 들어오게 되기를 바랄 뿐이다. 최흥종 목사는 자신의 소명을 확실히 하였던 사람이다. 이러한 각도에서 최흥종 목사는 목사로서의 사명에 대한 충실을 사랑으로 보았다. 그렇기 때문에, 김구 선생의 간곡한 부탁에도 불구하고 정치에 참여하지 않음으로써 제1대, 그리고 제2대 국회와 이승만 대통령 시절에 정치에 참여하였던 수많은 기독교계 지도자들을 향하여 안타까운 마음을 금할 수 없었다.

최흥종 목사가 이처럼 동사적인 사랑을 실행함으로써 사회의 현실적인 제반 문제에 관여하고, 사회적 변화를 주도하는 중심인물로 부각되는 것이 당시 선교사들에게는 몹시도 마음에 거슬리는 모습으로 보였다. 그리하여 1927년에 뉴랜드 목사는 "선교사 그리고 오늘날의 한국에서의 선교사의 메시지"라는 제목의 글을 통하여 '사회복음'인가 '순수복음'인가라는 논제를 제기하면서, 결코 사회복음으로 기울어질 수 없다고 선언하였다. 이와 같은 논지를 더욱 확고히 한 사람은 마펫 목사로서 그는 1934년에 "조선 교회에 기함"이라는 설교를 통하여 "40년 전에 자신이 전한 복음을 변하지 말고 그대로 지킬 것"을 당부하면서 "만일 이것을 변하면 하나님의 저주가 있을 것이다."라고 경고하였다.

그렇다면 최흥종 목사의 복음과 사회의 일치를 강조하는 신행일치적 삶은 복음적인 삶이 아니란 말인가? 그의 삶이 선교사들이 전한 순수복음에서 떠났단 말인가? 결코 그렇지 않다. 이 논문에서는 선교사들 내부에서 일어났던 논쟁은 다루지 않았지만, 최흥종 목사에게 감화를 주었던 선교사들은, 다시 말하여 오웬, 포사이트, 세핑, 그리고 카딩톤 등은 복음과 함께 사회의 하층민들의 아픔을 친히 몸으로 감싸 줌으로써 동료 선교사 사회에서 백안시 당하곤 하였던 인물들이다. 이처럼 신행일치적 삶으로 한국 교회와 한국 사회를 섬겼던 선교사들도 그렇다면 사회 복음주의자이며, 다른 복음을 전한 자들인가? 결코 그렇지 않다.

최흥종 목사와 그에게 감화를 주었던 앞의 네 사람의 선교사들에게는 기독교가 종교religion가 아니라 신앙faith이었다. 그리하여 최흥종 목사는 하나님 사랑과 이웃 사랑과 나라 사랑을 하나로 보고, 이것을 교회를 포함한 한국이라는 사회에서 구체적으로 실천하였던 것이다. 그리고 실천의 방법은 버림과 자유로움放이었다. 그는 다섯 가지를 버림으로써 자유함을 누렸으나 이 자유로움은 그리스도에게 철저히 예속되기 위한 것이었다. 따라서 다섯 가지로부터의 자유로움은 그리스도에게 매이기 위한 벗어남이었다. 그에게는 풀고 매는 것이 동시적으로 공존하는 진정한 자유가 있었다고 말할 수 있다.

선교사들은 한국 교회와 교인들이 한국 사회의 제반 문제를 교회 내에서 논의하고 개입하게 되면 복음이 왜곡되고 교회의 선교가 지장을 받을 것으로 보았지만, 이것은 논리적으로 그리고 자체적으로 모순이었다. 왜냐하면 선교사들이 한국인 교인들을 교육하고 양육함으로써 복음 안에서 하나님과 국가와 이웃에 대한 섬김을 실천하려는 불같은 열정이 일어나기 때문이다. 그러므로 선교사들이 양육한 한국인 교인들이 양육받은 대로 국가와 이웃에게 하나님 사랑을 실천하지 못하게 하는 것은 모순일 뿐이다. 마펫 선교사가 말한 대로 "40년 전에 전한 그 복음 그대로"를 끝까지 고집하는 것은 기독교 복음을 편협하게 만드는 것이며 한두 사람의 복음 이해를 절대화시키는 오류이라고 말할 수 있다.

또한 한국 교회가 3·1만세운동에 주도적으로 참여함으로써 외래 종교로서의 배척을 벗어 버리고 한국 사회에서 제자리를 찾았으며, 1920대에서 해방 때까지 한국 사회의 제반 문제에 깊숙이 관여하여 해결함으로써 많은 개종자를 끌어들인 것은 복음적 사회운동이 선교의 가장 힘 있는 수단이라는 것을 알 수 있다. 즉 1895년 선교사 무어Samuel Moore의 주선으로 백정 박 씨가 장티푸스에서 회복되고 곧바로 이어서 고종에게 상소하여 조선의 신분제도가 폐지됨으로써 하층민들에게 인권이 주어지자 1895년까지 통계에 잡히지도 않던 교인의 숫자가 1896~1897년에 6,800명, 그리고 1897~1898년에 이르러 7,500명으로 증가한다. 그리고 1910년에서 1919년까지 140,000선을 유지하던 숫자가 3·1만세운동 이후 한국 교회가 사회의 제반 영역에 참여하여 지도자적 역할을 감당함으로써 1920년에서 1930년까지 190,000선을 유지하게 된다.

이렇게 볼 때에 최흥종 목사가 보여 준 복음적-사회봉사적-목회자로서의 삶은 교회 발전과 선교에 아주 적합한 모범이라고 말할 수 있다. 비록 그가 복음적-사회봉사적-목회자로서 살아감으로써 교권적 목회 세계에서는 배척을 당하고, 동시에 주류적인 선교사들과도 교분을 나누지 못하였지만, 그의 신앙적 자세는 지역사회로부터 큰 환영을 받았음을 감안할 때, 개신교의 사회봉사적 참여가 시급한 선교의 과제라고 말할 수 있다.

『한국기독교와 역사』 11, 1999, 41~92쪽.

2부

신앙

한규무

오방 최흥종의 신앙 노선과 선교 활동

1. 머리말

오방五放 최흥종崔興琮(1880~1966)은 호남 지역 기독교사에서 반드시 거론되는 중요한 인물이다. 그는 국채보상운동과 3·1운동, 신간회운동 등 민족운동을 비롯하여 병자·고아·빈민들을 위한 구제활동·교육활동·농촌사업·노동운동 등에도 많은 관심을 보였으며, 해방 직후 건국준비위원회 전남위원장을 맡는 등 건국운동에도 참여했다. 특히 그는 구라사업救癩事業에 평생을 헌신했으며, 여기에 목회자와 시베리아 선교사로서의 종교활동까지 더한다면 그의 관심과 활동의 영역은 거의 모든 분야에 걸쳐 있었다고 해도 과언이 아니다.

최흥종에 대한 연구로는 이미 몇 편의 주목할 만한 논저가 있어 참고된다.[1] 이들 연구를 통해 그의 생애와 활동에 대한 많은 부분이 밝혀졌다. 그럼에도 잘못 알려지거나 새로 드러나야 할 부분도 적지 않은 것 같다. 이에 이 글에서는 그의 '신앙노선'과 '선교활동'에 초점을 맞춰 살펴보려 한다.

---

[1] 그에 대해서는 소설가 문순태가 최흥종의 측근이었던 이영생의 증언을 토대로 하여 『영원한 자유인 — 오방 최흥종 목사의 생애』(광주YMCA, 1976: 이하 『영원』)란 전기를 썼으며, 이를 다듬어 다시 『성자의 지팡이』(다지리, 2000: 이하 『성자』)를 펴냈다. 이어 오방기념사업회에서는 그에 대한 여러 글들을 모아 『화광동진의 삶』(광주YMCA, 2000: 이하 『화광』)을 내놓았다. 여기서 특히 문제가 되는 것은 전기류인 『영원』과 『성자』다. 역사적 요소와 문학적 요소가 섞여 있는 이 책은, 최흥종에 대한 대부분의 글에서 인용되고 있을 뿐 아니라 많은 이들이 그 내용을 사실로 믿고 있기 때문이다. 논문을 살펴보면, 김수진의 「사회구원을 외쳤던 최흥종 목사」(『호남선교 100년과 그 사역자들』, 고려글방, 1992)는 최흥종에 대한 최초의 연구라는 점에서 의미가 있으나 사실 관계에서 오류가 나타난다. 이어 차종순은 「호남교회사에 있어서 복음적 사회운동에 대한 한 연구—오방 최흥종 목사의 생애와 사상을 중심으로」(계명대 박사학위논문, 1998)를 다듬어 「호남교회사의 복음적 사회운동에 대한 한 연구」(『호남교회사연구』 2호, 1998)를, 이어 이를 축약한 「호남교회사에서 복음적 사회운동에 대한 한 연구—오방 최흥종 목사의 생애와 사상을 중심으로」(『한국기독교와 역사』 제11호, 1999)에서 그를 역사신학적 입장에서 살펴보았다. 이 논문은 다양한 증언과 기록을 활용하여 최흥종 연구에 새로운 전기를 마련해 준 역작이지만, 『영원』・『성자』에 나오는 내용들이 많이 인용되고 있다. 그는 또 『양림교회100년사』 1(양림교회, 2003)의 "최흥종 장로/목사"란 항목에서 그의 생애와 활동을 다음과 같이 정리했다(226~227쪽).

교회의 직분	직업	경험	치유적 대안
개종과 방황	순검	정치적 착취	1. 노동공제회/신간회 전남지회장 2. 건준 위원장/미군정청 자문위원회 위원장
세례교인	농공은행 직원	경제적 착취	1. 농사법 개량 2. 신용협동조합
집사/장로/목사	선교사 어학선생 / 나병원책임자 / 목회자(담임목사・선교사・노회장)	체제지향적-사업중심적 선교 및 목회사역의 한계성	1. 아편금지 / 금주・금연・공창폐지운동 2. 나환자근절협회/걸인과 부랑자 숙식 제공 3. 무등원과 호혜원 설립

기간	출발점	사회적 사역	교회적 사역	귀환점
1919~1923	북문밖교회 목회자	3·1만세운동/노동공제회	광주YMCA 설립/야학실시/청년교육호소/유치원 설립/여성야학 개설	제1차 시베리아 선교사
1924~1929	북문밖교회·남문밖교회 목회자	신간회/마약퇴치운동/금주·금연운동/공창폐지운동	제2차 시베리아 선교사	제주도 모슬포교회 목회자
1932~1935	모슬포교회 목회자	나환자근절협회/걸인구제활동/계유구락부 설립/국립소록도나병원 설립 추진	예배당 건축 추진	광주중앙교회 목회자
1935~1945	중앙교회 목회자	「사망 통지서」 발송/광주의전 설립	신사참배 반대/교역자의 반성과 평신도의 각성 촉구	은둔 목회자
1945~1966	무임목사/신립교회·무등원교회 목회자	건준위원장/미군정 청고문회 회장/나환자예방협회/무등원/호혜원	광주YMCA 재건/삼애학원 설립/축산전문학교 설립	신립교회 및 무등원교회 목회자

이 같은 구분은 그의 생애를 이해하는 데 매우 유용하다. 필자도 말미에서 그의 선교활동을 복음·교육·의료·사회 등 4개 분야로 나누어 정리할 것이다. 한편 이덕주는 『기독교사상』에 연재한 글(「한국기독교 문화유적을 찾아서」)을 엮어 『광주 선교와 남도 영성 이야기: 한국 기독교 문화유산을 찾아서 ⑥』(진흥, 2008)을 펴냈는데, 이 중 '무등산 자락의 성자 흔적 ─ 최흥종과 광주나병원'에서 그에 대해 다루고 있다. 여기서도 『영원』·『성자』의 내용이 상당 부분 그대로 나온다. 『영원』·『성자』는 증언에 근거하여 지어진 것이기 때문에 상당 부분이 사실일 것이다. 그러나 전기류 성격을 띠다 보니 상식적으로는 이해하기 어려운 과장·미화도 없지 않은 것 같다. 이에 대해 한규무는 「'신화'의 장막에 가려진 기독교민족운동가 최흥종」(『한국근현대인물강의』, 국학자료원, 2007)에서 그의 '전기'에 대해 몇 가지 의문을 제기했지만, '날조'나 '창작'이라기보다는 '윤색'과 '과장'에 가깝다는 견해를 밝혔을 뿐 진위에 대한 명확한 결론을 내놓지는 못했다. 이후 한규무는 「오방 최흥종의 생애와 민족운동」(『한국독립운동사연구』 제39호, 2011. 8)에서 역사학적인 접근 방법으로 그를 조명했으나, 기독교인보다는 민족운동가로서의 그의 생애를 살펴보았다.

2. 교회 출석과 신앙생활

최흥종은 1880년[2] 5월 2일 광주에서 탐진최씨 최학신과 부인 국 씨의 차남으로 태어났다. 초명은 '영종泳琮'이었으며, 5세 때 모친을 잃고 계모인 공씨 밑에서 자랐다. 서당에서 한문을 배웠고, 광주장터에서 '주먹'으로 유명했다고 하며, 1895~1900년 사이에 강명환과 결혼했다.[3]

그는 1904년 12월 25일 벨Eugine Bell 선교사 사택에서 열린 광주에서의 최초 예배[4]에 참석했다고 한다.[5] 그가 어떤 동기에서 교회에 출석하게 되었는지는 확실치 않다.[6] 다음은 『조선예수교장로회사기』 상권의 기록이다.

> (1904년) 光州郡 楊林里敎會가 成立하다. 初에 宣敎師 裵裕祉・吳基元이 助事 邊昌淵과 敎友 金允洙를 同伴하야 木浦로브터 本里에 到着하야 舍宅을 定하고 熱心傳道흔 結果로 崔興琮・裵景洙等이 信從하야 自己舍廊에서 禮拜하다가 信徒가 漸次增加됨으로 北門內에 瓦家로 禮拜堂을 建築하고 後에 金允洙・崔興琮 二人을 長老로 將立하야 堂會가 組織되얏고 其後 南宮爀・李得珠・洪

---

2 호적에는 '개국 489년'이라 되어 있다. 가족・친지의 증언에 따르면 1880년이라 한다. 차종순, 「호남교회사의 복음적 사회운동에 대한 한 연구」, 52쪽.
3 차종순, 「호남교회사의 복음적 사회운동에 대한 한 연구」, 52~53쪽.
4 Mrs. Margaret W. Bell, "Opening Work at Kwangju," *The Missionary*, 1905. 6, pp.301-302; 차종순, 『양림교회 100년사』 1, 양림교회, 2003, 145~146쪽에서 재인용.
5 차종순은 최영종・배경수・최재익 등이 이 예배에 참석했다고 했으나 근거를 적시하지는 않았다. 차종순, 「호남교회사의 복음적 사회운동에 대한 한 연구」, 147쪽.
6 김천배는 "김윤수를 자신의 출세의 길잡이로 생각하였기 때문", 차종순은 "양림동 선교부 건축현장에서 주먹을 휘두르려다가 김윤수 집사의 위세에 눌러 교회에 다니게 되었던 것"이라 추정했다. 차종순, 「호남교회사의 복음적 사회운동에 대한 한 연구」, 53쪽. 두 주장 모두 김윤수가 최흥종의 입교에 영향을 끼쳤다고 본 점에서 일치한다.

祐鍾이 *繼續視務*하니라.⁷

　이 기록을 그대로 따른다면 최흥종은 벨 선교사의 사택에서 예배를 드리던 시기, 즉 1906년 5월경⁸ 이전에 기독교인이 되었다고 짐작된다. 그런데 후일 최흥종은 3·1운동으로 체포되고 신문조서(1919년 6월 25일)에서 "13년 전[1906년-필자] 장로파를 신앙하고 4년 전[1915년-필자]에 전도사가 되었는가"란 질문에 "그렇다."고 대답했다.⁹ 신문 과정에서 연도의 착오는 드물지 않으나, 그대로 따른다면 그가 "장로파를 신앙"한 시기는 1906년이 된다.

　최흥종의 이력은 분명치 않으나, 생활은 여유가 있었던 것 같다.¹⁰ 그는 1905년 광주군 경무청의 순검巡檢이 되었다. 여기에는 총순總巡을 지낸 같은 교회 김윤수¹¹의 영향이 있었다고 알려져 있다. 그런데 이때 그가 붙잡힌 의

7　차재명 편, 『조선예수교장로회사기』 상, 기독교창문사, 1928, 121쪽.
8　양림리 벨 선교사 사택이 예배 공간으로 비좁게 되자 북문 안에 부지를 사서 건물을 지어 1906년 6월경 완공했다. 차종순, 『양림교회 100년사』 1, 156쪽.
9　「최흥종 신문조서(경성지방법원, 1919년 6월 25일)」, 『한민족독립운동사자료집』 17, 국사편찬위원회, 1994.
10　"광주의 부유층의 자녀로 태어나", "광주라는 지역 사회에서 상당한 재산을 가진 부유층으로서 자만심"(차종순, 「호남교회사의 복음적 사회운동에 대한 한 연구」, 76~77쪽) 등의 대목으로 미루어 그렇게 짐작된다. 그는 1909년 나환자 보호 시설에 1천여 평을 기증했다(차종순, 「호남교회사의 복음적 사회운동에 대한 한 연구」, 136쪽).
11　차종순에 따르면, "김윤수 집사는 1900년 목포교회에서 세례를 받았는데, 경영하던 양조장을 폐업하고 동시에 목포부 총순이라는 직책마저 포기하였다."고 한다(차종순, 「호남교회사의 복음적 사회운동에 대한 한 연구」, 54쪽 각주 48). 그런데 당시 『관보』에는 '木浦府 總巡 金允洙'는 나오지 않고 '務安港 總巡 金允洙'가 나오는데, 그는 1897년 9월 17일 임명되었다가 1899년 6월 15일 사직[依願免本官]했다(「敍任及辭令」, 『관보』 744, 1897. 9. 17; 『관보』 1288, 1899. 6. 15). 무안과 목포가 인접 지역이고, 총순을 사직한 시기가 1899년과 1900년으로 거의 비슷하므로 동일 인물이라 생각된다. 만약 그렇다면, 1899~1900년 총순을 그만둔 김윤수의 영향을 받아 최흥종이 1905년 순검이 되었다는 논리가 다소 어색해진다.

병들을 몰래 풀어 줬다는 일화가 광주에서는 유명하다.[12]

최흥종이 의병들에게 호의석 태도를 갖고 후원한 것을 인정한다면, 당시 그의 항일 의식을 짐작할 수 있다. 그는 계속 순검을 하기는 힘들었고 결국 1907년 사직하는데, 그리고 그 계기가 국채보상운동이었다고 한다.[13] 그의 상관이 광주국채보상운동기성회의 간판을 떼어 오라고 그에게 명령하자 고민 끝에 사직했다는 것이다. 그 진위는 알 수 없으나, 최흥종은 국채보상운동 단체인 대동의상회大同義償會를 발기했으며 40원을 의연했다.[14] 그리고 같은 해 봄 세례를 받으면서 '흥종興琮'으로 개명했다.[15]

순검을 사직한 그는 광주농공은행에서 잠시 직장생활(1907. 7. 8.~1908. 3.)을 하다 이마저 사직하고 1908년 3월 남장로교 의료선교사 윌슨Robert M. Wilson의 어학 선생 겸 광주진료소 조수로 취직했다.[16] 남장로교 의료 선교의 조력자가 된 것이다. 1908년 말 또는 1909년 초 북문안교회 집사가 되었으며,[17] 1909년 4월에는 남장로교 의료선교사 포사이드Wiley H. Forsythe를 만나 한센병에 걸인 여인을 돌봐주는 모습에 감화를 받아 더욱 독실한 신앙인이 되었다고 한다.[18] 같은 해 그는 1,000여 평의 토지를 한센병 환자 수용 시설

---

12 문순태, 『영원한 자유인』, 89~94쪽, 101쪽; 김천배, 「물이 '포도주' 되어」, 오방기념사업회, 『화광동진의 삶』, 160쪽. 이 내용이 맞다면 최흥종은 의병활동에 직접 참여하지는 않았다 해도 사실상 그것을 후원한 것이나 다름없다. 그런데 만약 그랬다면 다른 자료에서도 관련 내용이 찾아져야 하나, 현재로서는 지인들의 증언에서만 이 내용이 나온다.

13 문순태, 『영원한 자유인』, 98~104쪽.

14 「報償發起人及趣旨一束 (續)」, 『황성신문』, 1907. 3. 9; 「國債報償義務金集送人員及額數」, 『황성신문』, 1907. 4. 18.

15 차종순, 「호남교회사의 복음적 사회운동에 대한 한 연구」, 53쪽, 64쪽.

16 차종순, 「호남교회사의 복음적 사회운동에 대한 한 연구」, 66~67쪽.

17 차종순, 「호남교회사의 복음적 사회운동에 대한 한 연구」, 68쪽.

18 "그 당시 교회 집사직으로 있으면서 제법 믿는다고 하던 나였는데 사랑이라는 眞美를 못 깨닫고 포 의사의 그와 같은 愛的 행동을 보고서야 비로소 깨달은 것입니다." 최흥종, 「구라사

을 위해 기증했다.[19]

3. 신학 공부와 해외선교

일제의 병탄 이후 최흥종은 광주 제중원의 '사무인'으로 재직하며 1911년 광주나병원 및 1912년 나환자교회인 봉선리교회의 설립에 기여했다.[20] 같은 해 그는 김윤수와 함께 북문안교회의 장로가 되었다.[21] 광주에서는 최초의 장로 장립이었다.

그런데 그는 1913년 북간도 선교사를 지원했으나 노회(8월)와 총회(9월)의 허락을 받지 못해 좌절되었다. 이에 대해 노회록과 총회록에는 다음과 같이 나온다.

> 광주읍당회 장로 최흥종 씨가 북간도로 전도하러 가기로 청원하매 강운림 William M. Clark 씨가 노회에서 권면하여 가지 않게 하기로 동의 가결하다.[22]
>
> 전라로회 장로 최흥종 씨의 몸연보로 북간도 전도할 헌의는 본디방 전도위원

업 50년사 개요」, 『호남일보』 1960. 3. 17; 차종순, 「호남교회사의 복음적 사회운동에 대한 한 연구」, 68쪽.
19 차종순, 「호남교회사의 복음적 사회운동에 대한 연구」, 136쪽.
20 이덕주, 『광주 선교와 남도 영성 이야기』, 117쪽; 한국교회사학회 편, 『조선예수교장로회사기』 하, 한국교회사학회, 1968, 171쪽.
21 Dr. R. M. Wilson, "Brief Notes of Annual Meetings in Korea," *Thw Missionary Servey*, 1912. 12, p.122; 차종순, 『양림교회 100년사』 1, 207쪽.
22 제3회 전라노회록; 차종순, 「호남교회사의 복음적 사회운동에 대한 한 연구」, 82쪽 각주 109에서 재인용.

의게 보닉오며…,²³

여기서 '몸연보'란 '무급無給'을 자원한 것으로 이해되며, 노회에서 부결한 사안을 다시 총회에 헌의한 점은 그만큼 선교 의지가 강렬했음을 시사한다. 같은 해 그는 「광주교회 수은光州教會 受恩」이란 글을 교계 신문에 실을 정도로²⁴ 신앙생활에 열심이었으며 광주교회의 핵심이었다. 그런 그가 왜 북간도 선교사를 자원했는지는 정확치 않으나, "독립운동을 위해서"였다고도 하고 "순수한 선교 열정"에서였다고도 한다.²⁵ 북간도는 1900년대부터 '기독교 민족운동가'들이 이주해 활동하던 지역이며, 1909년 이후 캐나다장로회 선교 구역이 되었다.²⁶ 1910년 일제의 병탄 이후 크게 발전하여 1911년 이동휘를 중심으로 '3국전도회' 조직되었고, 1913년 김내범 목사를 첫 목회자로 청빙했다.²⁷

노회와 총회는 아직 그가 선교사로서의 자격을 갖추지 못했다고 판단했던 것 같다. 그는 독실한 신앙심을 가진 장로였지만 신학을 공부하지는 않았기 때문이다. 그래서인지 그는 1914년 장로교 평양신학교에 입학했다.²⁸ 그러나 직장은 여전히 광주 제중원이었으며,²⁹ 광주와 평양을 왕래했다.

---

23 「예수교장로회죠선총회 데2회회록」, 1913. 9. 10, 15쪽.
24 최흥종, 「광쥬교회슈은光州教會 受恩」, 『예수교회보』, 1913. 1. 28, 2. 4.
25 차종순, 「호남교회사의 복음적 사회운동에 대한 한 연구」, 82쪽.
26 김승태, 『한말·일제강점기 선교사 연구』, 한국기독교역사연구소, 2006, 103쪽.
27 한국기독교사연구회, 『한국기독교의 역사』 II, 기독교문사, 1990, 119~120쪽.
28 차종순, 「호남교회사의 복음적 사회운동에 대한 한 연구」, 82~83쪽; 한국교회사학회 편, 『조선예수교장로회사기』 하, 연세대학교 출판부, 1968, 166쪽.
29 "병원(광주나병원―필자)을 쥬관하는 의사는 알 엠 윌손씨요 죠선 형데로 이 병원에 단니며 치료를 식히는 이는 최장로 홍종씨라." 홍병선, 「光州癩病院參觀記」, 『기독신보』, 1916. 1. 26.

그는 1919년 3월 5일 서울에서의 만세 시위에 참여했다가 체포되어 옥고를 치렀다.[30] 당시 '야소교 전도사'[31]였던 그는 김필수·김철과 함께 3월 2일 서울로 올라와 국기열의 주선으로 김범수를 만나 광주에서의 만세 시위에 대해 협의했다.[32] 그는 3월 5일 남대문 역전에서의 시위에 가담하여 인력거 위에 올라가『신조선신문新朝鮮新聞』이란 유인물을 나누어 주며 '민족자결주의'에 대해 연설했다. 이어 대한문 앞으로 자리를 옮겨 역시 인력거 위에 올라가 '조선 독립'이라 쓰여진 '적포赤布'를 흔들며 남대문에서 대한문까지 시위대의 선두에 섰다. 그는 재판에서 보안법 위반으로 징역 1년을 언도받았다.[33] 그는 재판 과정에서 밝힌 다음과 같이 밝힌 바 있다.

> 문: 장래에도 독립운동을 할 것인가.
> 답: 나는 독립이 될 것으로 믿고 있으며, 어쨌든 나로부터 독립사상은 사라지지 않을 것이다.[34]
> 문: 예심에서는 독립사상은 그만둘 수 없으므로 장래에도 한다고 했는데 지금

---

30 흔히 그가 3월 1일 이전에 서울에 올라가 광주 출신 유학생들을 만나 광주에서의 거사를 협의하고 김철과 함께 인력거를 타고 3월 1일 남대문을 지나다 그곳에서 벌어진 만세 시위에 우발적으로 참여했다가 붙잡혔다고 알려져 있다. 예컨대『광주시사』2(광주직할시사편찬위원회 편, 광주직할시, 1993)의 '3·1운동' 부분에서도 이 내용을 거의 그대로 옮겨 놓았으며, 이는 광주의 3·1운동에 대한 여러 논저에서도 마찬가지이다.
31 「최흥종 신문조서(경성지방법원, 1919년 6월 25일)」,『한민족독립운동사자료집』17, 국사편찬위원회, 1994.
32 김진호·박이준·박철규,『국내 3·1운동 II—남부: 한국독립운동의 역사 (20)』, 독립기념관 한국독립운동사연구소, 2009, 186~186쪽.
33 「경성지방법원 예심종결문(1919년 8월 30일)」,「경성지방법원 판결문(1919년 11월 6일)」,「경성복심법원 판결문(1920년 2월 27일)」,「최흥종 신문조서(경성지방법원, 1919년 6월 25일)」,『한민족독립운동사자료집』17.
34 「최흥종 신문조서(경성지방법원, 1919년 6월 25일)」.

도 같은 생각인가.

답: 정의·인도에 의하여 조선 독립은 가능하다고 생각하여 했던 것이나 장래에는 전도에만 전념하여 종사하고 정치에는 관계하지 않겠다.[35]

3·1운동에 참여했다 투옥된 최흥종은 1920년 6월 출옥했다. 다음달인 7월 광주기독교청년회(광주YMCA)가 조직되었지만[36] 그는 한동안 여기서 직책을 맡지 않았다. 출옥한 지 얼마 되지 않은 인물이 임원을 맡는다는 것이 단체에 부담을 줄 것을 우려했기 때문이라 여겨진다.

그는 그는 다시 평양신학교에서 학업을 계속했고,[37] 북문밖교회 담임목사를 맡으며 같은 교회에 유치원을 설립했다.[38] 그러나 그는 "전도에만 전념하여 종사"하지 않았다. 1920년 9월 조선노동공제회 광주지회장으로서 전국회의에 참석하면서 노동운동을 시작한 것이다.[39] 광주 최초의 노동운동 단체 제1대 회장에 그가 취임했다는 점은 시사하는 바 크다. 그 때문인지 그는 1921년 1월 당국으로부터 '갑종 요시찰인물'로 지목되었다.[40] 같은 해 6월 그는 서정희 등과 함께 광주 지회 '개선 임원 선정위원'으로 위촉되었으며,[41]

---

35 「공판시말서(경성지방법원, 1919년 10월 18일)」, 『한민족독립운동사자료집』 18, 국사편찬위원회, 1994.
36 광주YMCA는 1922년 7월 29일 창립 2주년 기념식을 가진 것으로 미루어 이렇게 추정한다.
37 한국교회사학회 편, 『조선예수교장로회사기』 하, 300쪽.
38 「錦山幼稚園 夏期技樂大會」, 『중외일보』, 1928. 7. 21.
39 「勞働共濟光州支會」, 『동아일보』, 1920. 8. 29; 「勞働共濟會의 支會長會議」, 『동아일보』, 1920. 9. 2.
40 「요시찰인의 동정에 관한 건: 不逞團關係雜件―在西比利亞 (13)」, 『全南警高』 제2966호, 1922. 3. 18.
41 「勞働共濟光州支會」, 『동아일보』, 1921. 6. 8.

7월에는 노동공제회 광주 지회에서 최흥종이 '노동자의 행운'이란 제목으로 강연했다.[42] 9월에는 광주 최초의 청년 단체인 광주청년회에서 의사원으로 선임되었다.[43] 1921년 평양신학교를 졸업한 그는 광주 북문밖교회 목사로 부임했다.[44] 광주의 북문내교회 교인이 700명 이상으로 늘어나자 다시 북문밖교회를 분립시키고 최흥종을 담임으로 청빙한 것이다.[45] 같은 해 광주 YMCA 회원들과 함께 일본산 마약인 '모루히네[몰핀]방독회'를 조직했다.[46] 그리고 1921년 총회의 승낙을 얻어 이듬해 3월 시베리아 선교를 위해 블라디보스토크로 출발했다.[47] 함께 선교사로 임명된 김현찬은 이미 출발했지만, 일경은 최흥종을 '요주의인물'로 주시하여 지연된 것이다.[48] 이 무렵 일제 보고서에는 그가 "점차 사상이 온건해져서 하등 용의점이 없다."고 나온다.[49] 1922년 9월 그는 총회 참석차 일시 귀국했는데, 언론에서는 그를 "전남 청년계의 추앙 인물인 최흥종 목사"라고 소개했다.[50] 그는 "시국 형편에 의하여 거주 제한"을 받는 등[51] 러시아 당국의 탄압 때문에 1923년 6월 귀국해야 했

---

42 『광주시사』 2, 648쪽.
43 「光州靑年組織更新」, 『동아일보』, 1921. 9. 9.
44 한국교회사학회 편, 『조선예수교장로회사기』 하, 301~302쪽.
45 "全南光州城內基督敎會는 昨年以來로 大히 振興되야 七百人 以上의 新入敎人이 有함으로 在來의 敎會堂으로는 到底히 集키 困難함으로 今般南北敎會로 分하야 北門外敎會는 崔興琮牧師가 治理의 任에 當하얏다더라.", 「光州基督敎의 振興」, 『동아일보』, 1921. 2. 24.
46 차종순, 「호남교회사의 복음적 사회운동에 대한 한 연구」, 121쪽; 『광주시사』 2, 651쪽.
47 장로교의 시베리아 선교에 대해서는 한국기독교사연구회, 『한국기독교의 역사』 II, 117~118쪽 참조.
48 「양목사송별회 성황」, 『동아일보』, 1922. 3. 23.
49 「요시찰인의 동정에 관한 건: 不逞團關係雜件—在西比利亞 (13)」, 『全南警高』 제2966호, 1922. 3. 18.
50 「최목사 귀국」, 『동아일보』, 1922. 10. 1.
51 『조선예수교장로회총회 데13회 회록』, 1924, 89쪽.

다. 이후 그는 광주·전주·영광·담양·군산·목포·여수·마산·부산 등지를 순회하며 시베리아 선교 보고회를 열었다.[52]

광주 북문안교회 담임목사가 된 그는 1923년 9월 광주소작인회연합회 대표로서 소작권 이동 방지 등 7개항에 대해 동척 당국과 교섭했다.[53] 1924년 3월에는 전라노농연맹 발기회에 '광주지한면소작인회' 대표로 참석했다.[54] 노동운동에 이어 농민운동에도 관심을 보이게 된 것이다. 그리고 같은 해 그는 광주YMCA 회장에 취임했다.[55] 광주YMCA는 광주청년회와 더불어 이 지역 청년운동·사회운동의 양대 산맥이었다.[56] 6월에는 광주YMCA 주최 6단체 후원을 4개 교회에서 열릴 예정(7. 20.~8. 20.)인 "무산 아동을 위한" 단기학교의 총장으로 선임되었다.[57] 시베리아 선교사로 떠날 무렵과는 달리 귀국하여 다시 사회운동에 적극 나서게 된 것이다. 1925년 1월에는 기자와의 면담에서 "면화 공동 판매 개선이 시급한 문제"이며 "부정간책不正奸策을 철저징치徹底懲治"를 주장했다.[58] 이 밖에 광산회 총무(1923), 광주수해구제회

---

52 「崔氏露領常況講演」, 『동아일보』, 1923. 7. 6; 「露領事情講演日割」, 『동아일보』, 1923. 7. 13.
53 『한국공산주의운동사』, 한국역사정보통합시스템 참조.
54 「사회주의불온언동사건(1924년 3월 24일)」, 한국역사정보통합시스템.
55 1920년 7월 9일 창립된 광주YMCA의 역대 회장은 제1대 최병준(1920), 제2대 황상호(1922), 제3·5·8대 최흥종(1924·1932·1945), 제4대 유상원(1931), 제6대 최영욱(1935), 제7대 주형옥(1939)이라 한다. 광주YMCA 역사편찬위원회, 『광주YMCA 90년사』, 광주YMCA, 2010, 52~53쪽, 586~587쪽.
56 이애숙, 「1920년대 광주지방의 청년·학생운동과 지역사회」, 한국역사연구회·전남사학회 편, 『광주학생운동연구』, 아세아문화사, 2000, 58쪽. 1925년 6월 광주의 청년회 현황은 광주청년회 235명, 광주기독청년회(YMCA) 193명, 광주여자청년회 53명, 양림면려청년회 40명, 북문외면려청년회 30명, 남문외면려청년회 20명, 여자기독청년회(YWCA) 20명 등이었다(「光州에 團體狀況」, 『시대일보』, 1925. 6. 30). 장로교 청년 조직인 면려청년회 회원 대부분이 광주YMCA 회원이었을 것으로 짐작된다.
57 「無産兒童을 敎育」, 『동아일보』, 1924. 6. 16.
58 「棉作組合改革(光州 崔興琮氏 談)」, 『동아일보』, 1925. 1. 1.

위원(1925), 광주여보고 창립 기성위원(1926), 광주협회 위원(1926) 등을 역임했다.[59] 그렇다면 그는 어떤 이유에서 한동안 자제했던 사회운동을 재개한 것일까. 정확히 알 수는 없지만, 그의 신앙관과 관련되지 않았을까 여겨지기도 한다. 다음은 1923년에 그가 기고한 글의 일부이다. 다소 장황하지만 인용해 본다.

□ 神學上 世代別

時代別	無罪時代	良心時代	權勢時代	許諾時代	法律時代	恩惠時代	永遠時代
그當時 政治別	神政治	族長政治	酋長政治	長老政治	士師政治	渾合政治	基督政治

□ 科學上 世代別

時代別	元時時代	遊牧時代	掠奪時代	買賣時代	春秋時代	文明時代	享樂時代
그當時 政治別	神政治	族長政治	酋長政治	君長政治	王國政治	憲法政治	社會政治

許諾世代에서 法律世代로 건너가는 過渡期(徵兆)에는 埃及에 十災殃이 잇엿다. 埃及은 當時에 世界의 强國이라 軍閥財閥 諸般權力主義者Despotie에 代表이라. 其 밧은바 災殃의 範圍는 매우 宏大하다. 衛生으로붓터 經濟에 이를 經濟로붓처 殺弑에 이르러 埃及의 長子를 滅亡하고 畢竟은 軍閥을 紅海에 埋葬하고 小弱民族이 自由를 得하야 民族自決이 發生한 것이니 其時 徵兆는 늘 繼續하여 올 것이다. 따라셔 勞働問題의 發生한 것이다. 쏠조아의 壓迫橫暴가

---

59 『광주시사』 2, 651쪽.

極甚하야 六十萬名 勞動者는 極端으로 부르지젓다. 그러나 今日갓치 思想發展이 되지 못한 時代요 더구나 鎖國時代이엿슴으로 엇더한 輿論이나 國際會 International Convention나 他方面에 對한 希望이 毫無하엿다. 그러나 超自然的으로 不可思議에 神秘의 幕이 열니엿다. 强迫下에 在한 小弱民族의 攝理者는 여호와 하나님이시오 統率者는 모세이엿다. 아— 머리를 들고 눈을 쓰고 注目할지어다. 貧弱한 이스라엘 民族의게 雲棟火柱의 大曙光이 퍼질엿다. 紅海를 陸地갓치 건너셔 曠野로 나왓다. 이것은 다만 亞細亞와 亞弗利加州에 關係이나 世界的으로 將來 過渡期에도 可謂 權力□義를 불근 바다에 埋葬할 것슬 預表한 것이다.

… 普通으로 누구나 二十世紀의 文明이라 말한다. … 우리의 참으로 注目할 점은 우리의 目前에 當到한 바 現代人類들의 過渡期 過渡期 하는 이 過渡期에 現狀을 神學上 末世徵兆와 對照하야 볼 必要가 잇다. 恩惠世代에 空前絶後한 衝突·戰爭·殺戮·災難이 잇슬 것을 聖經에 明記한 것이다. 「나라이 니러나 나라를 치며 百姓이 니러나 百姓을 치며 凶年과 地動이 잇겟다」하엿스며 主義上 衝突이 甚하야 國與國 民與民의 衝突은 勿論이요 甚至於 父子兄弟姑婦가 互相衝突하야 倫理壞傷하난 地境까지 갈 것을 말하엿고 僞善者가 多起하야 全人類를 迷惑하난 同時에 信者라도 誘惑에 入할 것이요 「末世에 背道하난 者가 多하리라」하엿다. 그쑨 아니라 富者의 滅亡과 人類의 「三分之一」이 殺戮이 잇겟다 하엿스며 無神論者가 多起하야 唯一의 眞神을 否認하고 거침없시 참람한 行動을 할 것을 말하엿다. 人類의 愛情이 冷却하야 서로 毆打하며 서로 背反하며 互相敵示하리라 하엿다. 試觀하라 今日의 現狀이 엇더한가? 발서 엇던 한 幕이 열니엿다. 그리 次次 열닐 幕이 쏘 잇다.[60]

---

[60] 최흥종, 「過渡期의 現狀」, 『청년』, 1923. 9, 5~7쪽.

"埃及의 長子를 滅亡하고 畢竟은 軍閥을 紅海에 埋葬하고 小弱民族이 自由를 得하야 民族自決이 發生한 것이니 其時 徵兆는 늘 繼續하여 올 것이다."라든가 "將來 過渡期에도 可謂 權力□義를 붉은 바다에 埋葬할 것슬 預表한 것이다."와 같은 대목은 일제의 몰락을 암시한 것은 아닐까. 즉 일본을 이집트, 조선을 이스라엘에 비유하여 장차 하나님의 섭리에 따라 조선이 일본으로부터 독립할 것을 소망한 것이다. 이는 독실한 기독교인인 그가 민족문제를 신앙인의 관점에서 어떻게 이해했는가. 그리고 "쌀조아의 壓迫橫暴가 極甚하야 六十萬名 勞動者는 極端으로 부르지젓다."는 대목은, 그가 왜 기독교인으로서 노동운동·농민운동에 참여했는가를 보여 준다고 하겠다.

그런데 최흥종은 1927년 1월 다시 시베리아 선교사가 되어 출국했으나, 러시아 당국의 탄압으로 일시 투옥되었다가 석방되어 "赤露退去命令으로" 같은 해 4월 귀국했다.[61] 이후 장로교의 시베리아 선교는 1929년 중단되었다.[62] 비록 기간이 길지는 못했지만 그는 시베리아 선교사에 뚜렷한 족적을 남겼다.

4. 사회 선교와 구라 사업

최흥종은 1927년 10월 14일 열린 신간회 광주 지회 설립준비위원회에서 취지 설명을 하고 임시의장으로 선출되었고,[63] 29일 열린 창립총회에서 제1대

---

61 「赤露退去命令으로 崔興琮牧師 歸國」, 『기독신보』, 1927. 5. 11; 최흥종, 「구라사업50년사 개요」; 차종순, 「호남교회사의 복음적 사회운동에 대한 한 연구」, 109쪽, 135쪽.
62 한국기독교사연구회, 『한국기독교의 역사』 II, 118쪽.
63 「신간광주회 준비」, 『동아일보』, 1927. 10. 17.

회장에 취임했다. 부회장은 정수태, 간사는 국채진·김응규·김철·김태오·김홍선·문대곤·범윤두·전도·전용기·정해업·최부식·최장전·최종섭·최한영·한용수 등이었다. 수백 명이 참석했으나 내빈들의 축사는 일경의 제지로 금지되었다.[64] 이들 중 상당수가 3·1운동에 참여했으며, 김철·김태오·정해업·최종섭 등이 광주YMCA 회원이었다.

신간회의 '좌우 연합적' 성격으로 볼 때 최흥종은 양측으로부터 모두 신망을 얻고 있었기에 지회장으로 추대된 것이라 여겨진다. 그는 앞서 살핀 바와 같이 민족주의 계열의 근거지인 광주YMCA의 지도자였으며 일찍이 조선노동공제회 광주 지회장을 역임했고 광주소작인연합회·전라노동연맹회에서도 활동하는 등 사회주의 계열과도 관련을 맺고 있었다. 이 밖에도 그는 광산회 총무(1923), 광주수해구제회 위원(1925), 광주여보고 창립기성위원(1926), 광주협회 위원(1926)과 서선수해구제회西鮮水害救濟會 집행위원장 등을 역임했다.[65]

이 밖에 최흥종은 1927년 재만동포옹호동맹 위원,[66] 1928년 광주교육보급회 이사, 사립보통학교유지방침연구회 위원,[67] 광주보통학교유지회 위원,[68] 광주철도기성회 상임위원[69] 등으로 활동했다. 이미 북문밖교회에 유치원을 설립하고(1920) "무산 아동을 위한 교육" 차원에서 설립된 단기학교의 총장(1924)과 광주여고보 창립 기성위원(1926) 등을 역임한 그는 계속하여

---

64 「광주신간 창립」, 『동아일보』, 1927. 11. 1;「신간회광주지회 창립」, 『중외일보』, 1927. 11. 5.
65 『광주시사』 2, 651쪽;「光州西鮮水害救濟」, 『동아일보』, 1923. 8. 31.
66 「同盟組織 卽席서 同情金釀出」, 『중외일보』, 1927. 12. 24.
67 차종순, 「호남교회사의 복음적 사회운동에 대한 한 연구」, 133쪽;『광주시사』 2, 651쪽.
68 「光州普校紛糾로 有志會創立準備」, 『중외일보』, 1928. 6. 6.
69 「光鐵期成會」, 『중외일보』, 1928. 8. 17.

유치원·간이학교·보통학교·고등보통학교 등 '광주 교육 보급'을 위해 힘썼다. 또 1928년 1월에는 광주의 조선나환자공제회에서 나환자들의 집단 거주를 위해 도지사와 총독에게 진정했는데,[70] 평소 나환자 문제에 깊은 관심을 갖고 있던 최흥종이 그것을 주도했을 것으로 짐작된다.

그런데 1929년 3월 무렵부터 신간회 광주 지회장으로서 그의 활동이 보이지 않는다. 그 이유는 분명치 않으나, 당시 신간회의 주도권을 둘러싼 중앙·지방에서의 민족주의 계열과 사회주의 계열의 갈등과 무관치 않았을 것이다. 같은 해 6월 전남노회는 그를 제주도 모슬포교회의 담임목사로 파송하기로 결의했고,[71] 이에 따라 그는 7월 광주를 출발했다.[72] 이후 신간회 광주 지회는 내홍에 휩싸이며 중앙본부와도 마찰을 빚었다.

1929년 7월 제주도로 내려온 이후 최흥종은 목회에 전념했다. 그는 같은 해 9월 모슬포교회 당회를 주재했고 제1대 위임목사로 취임했다. 그는 2년 동안 목회하면서 당회를 강화하고 주일 성수를 강조했다. 또 1930년 11월 전남노회에서 분립하여 제주노회가 창립될 때 초대 노회장에 선출되었다.[73] 제주도에 부임한 지 2년 남짓한 그였지만 연령과 경륜 등이 감안된 것으로 짐작된다.

그런데 1930~1931년 무렵 여수의 조선나환자공제회 회장 이종수가 그를 찾아와 나환자에 대한 지원을 부탁했고, 최흥종은 이를 허락했다. 이때 그

---

70 「광주읍 조선나환자공제회에서는 많은 환자를 한곳에 모아서 자작자급으로 생활할 만한 지역을 하나 엇기 위하여 일전에 해도 지사에게와 총독에게 진정서를 드렷다더라」, 『기독신보』, 1928. 1. 28; 「朝鮮癩病患者共濟會의 關係當局에 陳情槪意」, 『중외일보』, 1928. 6. 27.
71 차종순, 「호남교회사의 복음적 사회운동에 대한 한 연구」, 133쪽.
72 「地方人事」, 『중외일보』, 1929. 7. 2.
73 「제주노회」, 『기독신보』, 1930. 12. 17; 박용규, 『제주기독교회사』, 생명의말씀사, 2008, 355쪽.

는 "從此로난 社會及政治事業은 無關心할 쑨 안이라 今日로 埋葬하겟다 하시며 우리 不祥한 患者로 하야금 내가 그들이 되겟다." 했다고 한다.[74]

일찍이 1909년 최흥종은 포사이드 선교사의 나환자 치료에 감명을 받고 구라救癩 활동을 벌인 바 있기 때문에 그들에 대한 관심이 남달랐을 것이다. 특히 '社會及政治事業'을 '今日로 埋葬'하겠다고 밝힌 것은 현실 문제와는 거리를 두고 구라 사업에만 전념하겠다는 뜻이었다.

1931년 7월 그는 '수토불복증'을 이유로 제주도 모슬포교회 담임목사를 사직했다.[75] 그리고 9월 조선나병환자구제회를 설립했는데, 이 구제회에서는 다시 조선나병환자구제연구회를 조직했다. 각계각층의 지도급 인사들이 연구회 실행위원으로 참여했으며,[76] 10월 김병로의 사회로 열린 제1회 실행위원회에서 위원장에 윤치호, 상무위원에 최흥종이 선임되었다.[77] 실행위원들을 보면 기독교·천도교·불교 등 여러 종교 인사들이 섞여 있으나 기독교인들이 상당수였고, 김성수·박승직·현준호 등 자산가들도 눈에 띈다. 이들은 대부분 민족주의 계열의 인사들이었으며, 당연히 일제의 감시가 뒤따랐다.[78] 당시 최흥종이 계획한 구라 사업의 윤곽은 다음과 같았다.[79]

---

74 林康兒,「癩患者의 슬푼 寃情」,『기독신보』, 1931. 9. 2.
75 「濟州老會 第二會撮要」,『기독신보』, 1931. 7. 22; 차종순,「호남교회사의 복음적 사회운동에 대한 한 연구」, 134쪽.
76 「사회유지의 발기로 나병구제연구회」,『동아일보』, 1931. 9. 26. 실행위원은 윤치호·신흥우·이종린·오긍선·한용운·최흥종·안재홍·김필수·명제세·현준호·조만식·김택원·김병로·유각경·김성수·최규동·박승직·송진우·이인·김응규 등이었다.
77 「나병구제회위원회 개최」,『동아일보』, 1931. 9. 30. 이때 백관수·현동완·이기태 등도 실행위원으로 선임되었다.
78 「조선나병환자구제연구회 집회취체상황보고(1931년 10월 20일)」,『사상에 관한 정보』, 한국역사정보통합시스템.
79 「나병환자의 은인 최흥종 목사」,『신동아』, 1932. 8, 41쪽.

朝鮮癩病患者根絕案 輪廓

隔離·治療·救濟·豫防이 具備함

一. 文化的-初期患者는 治療上 癩病院이나 重患者와는 特別區分할 것

二. 社會的-重患者 又는 乞食患者를 救濟的으로 收容治療할 것

三. 醫療的-諸般患者를 病理學的으로 治療할 것

四. 衛生的-民衆保健을 爲하야 豫防 及 公衆衛生에 努力할 것

甲. 治療機關 2個所

    1. 大丘治療院 1,500人 全治可能性 잇는 者

    2. 麗水治療院 1,500人 上同

乙. 救濟機關 2個所

    1. 小鹿島콜로니 1,000人 難治重患者

    2. 釜山콜로니 1,000인 上同

丙. 特別出張所

丁. 委託治療所-各郡公醫 又는 私設醫院

戊. 文化治療所-輕患者 又는 類似患者自家 혹은 山亭

20年計劃을 2期로 分함

第1期 10年. 總經費 500萬圓也

經常費 年額 50萬圓也

內譯 一金 15萬圓也 大丘治療所 / 一金 15萬圓也 麗水治療所 / 一金 10萬圓也 釜山콜로니 / 一金 10萬圓也 小鹿島콜로니

收入金 年額 50萬圓也

內譯 一金 30萬圓也 國費補助 / 一金 13萬圓也 宣敎會補助 / 一金 1萬4千圓也 民間補助 / 一金 5萬3千圓也 地方費補助

治療院建築費 10萬圓也

內譯 大丘 建物 600坪 3萬6千圓也/大丘 附屬設備 6千圓也/麗水 建物 4百坪 2萬4千圓也/麗水 附屬建物 3千圓也/釜山 建物 2百坪 1萬2千圓也/釜山 附屬設備 1千圓也/小鹿島 建物 150坪 9千圓也/小鹿島 附屬設備 1千圓也

以上 10萬圓 建築費는 宣敎會와 民間寄附金 合成

이 같은 원대한 포부에도 불구하고 구제회와 연구회가 뚜렷한 성과를 거두지는 못했던 것 같다. 최흥종은 2,700~2,800원을 모금하는 등[80] 고군분투했지만 여의치 못했고, 결국 1932년 6월 서울의 나환자 30여 명을 데리고 여수 애양원으로 내려갔다. 이에 대해서는 다음 기록이 참고된다.

崔氏는 혼자 애를 쓰며 쪼차다닌 結果 爲先 第1着事業으로 약 三十名의 患者를 麗水癩病舍에 收容시키기로 交涉하고 그 費用으로 所用될 二千八百圓의 寄附金募集許可를 지난 三月 二十四日에 얻게 되얏다. 以來 四五個月을 땀을 흘리며 쪼차다녓으나 寄附金은 一千二百七十八圓 八十錢밖에 더 모히지 아낫다. 그리고 그 일을 하는 事務費도 收入이 不足되여 時間과 精力을 全部犧牲한 崔氏는 다시 또 現金으로 一百五十餘圓을 처너흘 수밖에 없엇다. … 아! 그러면 以上計劃은 一場春夢이엇든가? 애쓰고 애쓰다가 시언한 結果를 못본 崔氏는 無情한 社會를 원망하면서 지난 六月 二十三日 京城에서 거리로 방황하든 三十名 患者를 더리고 麗水로 내려가고 말앗다. 그와 同時에 癩病患者根絶策

---

80 「癩患根絶會에 寄附募集許可」,『동아일보』, 1932. 4. 11.

研究會는 解散하게 되엿으며 崔氏는 萬事가 不如意하게 됨을 嘆息하면서 서울을 떠난 것이다.[81]

이때 최흥종은 크게 낙심했던 듯하며, 이 무렵인 1932년 6월경 스스로 '五放'이란 호를 붙였다.[82] '오방'의 내용과 의미에 대해서는 자료나 연구에 따라 조금씩 다르지만, 현실 문제에 구애받지 않고 초연하겠다는 뜻으로 이해된다.

그렇다고 해서 그가 두문불출하며 구라 사업까지 중단한 것은 아니었다. 1933년 4월 그는 총독부를 방문하고 경무국장과 위생국장을 면담하면서 나환자를 위한 6개 항을 진정했다. 다음은 이에 대한 기사이다.[83]

---

81 「나병환자의 은인 최흥종 목사」, 『신동아』, 1932. 8, 40~41쪽.
82 최흥종이 스스로 '오방'이란 호를 지은 것은 1935년이라 알려져 있다(차종순, 「호남교회사의 복음적 사회운동에 대한 한 연구」, 185쪽). 그러나 『東光』 1932년 8월호에 실린 「五放先生 崔興琮氏」에는 "나병환자 구제를 위해서 京鄕으로 출입하며 남달은 애를 태우는 木浦의 崔興琮 씨는 최근 아호를 '五放'이라 지엇는데 그 뜻을 무르면 如左하다고"(31쪽)라 나온다. 즉 스스로 '오방'이라 부른 것은 1932년 8월 이전인 셈이다. 아울러 차종순은 같은 해 최흥종이 '거세 수술'을 받고 「사망 통지서」를 작성, 발송했다고 하나(차종순, 「호남교회사의 복음적 사회운동에 대한 한 연구」, 183~185쪽), 이는 사실과 다르다. 후술할 바와 같이 그가 '거세 수술'을 받은 때는 1935년, 「사망 통지서」를 작성, 발송한 때는 1937년이었다.
83 「癩病者聯合大會 當局에 六條項陳情」, 『조선중앙일보』, 1933. 4. 11. 최흥종이 1933년 나환자 수백 명과 함께 서울로 올라가 총독부 앞에서 농성을 벌이다 총독을 면담했다고 널리 알려져 있으며 이를 '구라 행진'이라 부르나(『성자』, 243~254쪽) 사실 여부는 확인되지 않는다. 신문·잡지를 비롯한 당시 자료에도 나오지 않으며, 최흥종이 쓴 「救癩사업50년사 개요」, 『호남신문』, 1960. 3, 17~20쪽; 『화광동진의 삶』, 304쪽)에도 그런 내용이 없다. 최흥종은 1932년 30여 명 나환자들을 여수로 데리고 갈 때도 총독부 경무국장과 보안과장을 만나 여비를 받은 적이 있다. 또 1932년 우가키 총독이 광주를 방문했을 때 최흥종이 다시 그를 만났다고 한다. 차종순, 「호남교회사의 복음적 사회운동에 대한 한 연구」, 144쪽. 총독은 9월 8일 궁민구제회窮民救濟會의 최흥종·김재천·최원순 등을 면담하여 임정林町의 국유지에 철거민을 정착케 하는 문제로 협의했지만, 나환자에 대한 것은 아니었다(「林町의 국유지를 窮民의 안주지로」, 『동아일보』, 1932. 9. 10). 그 직후에 나환자 100여 명이 전남

출처	'오방'의 의미				
「오방선생 최흥종씨」 (『동광』, 1932. 8)	가정은 放漫	회사에서는 放逸	정치 방면으로는 放免	종교 생활로는 放浪	권문세가에서 볼 때는 放恣
「김교신일기」 (1937. 1. 18)	家庭에 대하여 오만자	사회에 대하여 放逸者	事業에 대하여 放縱者	國事에 대하여 放棄者	宗教에 대하여 방랑자
「주위 사람들」 (『성자』, 272쪽)	색욕	식욕	명예욕	물욕	생명욕
이영생 증언 (『성자』, 273쪽)	가사에 방만 (혈육의 정에 얽매이지 않고)	사회에 방일 (사회적으로 구속을 받지 않으며)	경제에 방종 (경제적으로 속박받지 않고)	정치에 방기 (정치적으로 자기를 앞세우지 않으며)	종교에 방랑 (종파를 초월하여 하나님 안에서만 자유)
「사망 통지서」 (『성자』, 278쪽)	가정에 대하여 오만	사회에 대하여 방일	사업에 대하여 방종	국가에 대하여 방기	종교에 대하여 방랑
이덕주 (『광주선교』, 125쪽)	家事로부터 放漫	사회로부터 放逸	경제로부터 放縱	정치로부터 放棄	종교로부터 放浪
최협 (『화광동진』, 249~250쪽)	家族에 放漫 (가족에 대하여는 방만함을 버리고)	社會에 放逸 (사회에 대하여는 안일한 자세를 버리고)	經濟에 放縱 (경제적으로는 물질에 예속되는 것을 버리고)	政治에 放棄 (정치에서는 무관심과 무책임함을 버리고)	宗教에 放浪 (종교에서는 신조 없이 옮겨다니는 것을 버린다)

긔보한 바와 가티 지전池田 경무국장의 발긔로 라병예방협회癩病豫防協會를 조직하야 각도에 산재한 문둥병 환자를 구제코저 하는 중 이병구호를 압두고 전남全南에 잇는 라병환자공제회癩病患者共濟會에 수용된 △백八십여 명과 대구大邱에 잇는 라병상조회에 수용된 환자 七백 명, 부산에 잇는 상조회에

도청 앞에서 시위를 벌였으며(「癩患者 百數十名, 再擧 全南道廳에 殺到」, 『조선중앙일보』, 1933. 10. 1), '요시찰인물'에 대한 경계가 강화되었다(「要視察人物 二十餘名 檢擧」, 『조선중앙일보』, 1933. 10. 11; 「南鮮視察次 宇垣總督 來光」, 『조선중앙일보』, 1933. 10. 19).

수용된 七백여 명들이 최근에 련합대회를 열고 다음과 가튼 결의를 하야 총독부 당국에 진정케 되엿는데 전남의 최흥종崔興琮 목사가 十일 총독부로 지전 경무국장 서귀西龜 위생과장을 방문하고 장시간 진정하얏다.

一. 無依託한 患者 先着收容의 件.
二. 患者收容募集을 △△△에 依託募集할 것.
三. 未收容△△ 患者 臨時救濟及治療△할 것.
四. 患者看護에는 患者를 使用할 것.
五. △康한 小兒는 特別教育△할 것.
六. 家庭生活患者와 獨身生活患者를 區別收容할 것[84]

이처럼 그는 여전히 구라 사업의 대표적 인물이었다. 또 1934년 10월 광주의 유지들로 조직된 계유구락부에서 '종교와 일상생활'이란 제목으로 강연하기도 했다.[85] 『조선일보』 1935년 1월 2일 자에 「수피아여교 崔興琮 씨 談」이란 기사가 신문에 실린 것으로 미루어 수피아여학교 운영에도 관여했던 것 같다.

5. 사망 선언과 교회 비판

최흥종은 1935년 9월 25일 서울로 올라가 세브란스병원 의사 오긍선으로

---

84 「癩病者聯合大會 當局에 六條項陳情」, 『조선중앙일보』, 1933. 4. 11.
85 「"秋季特別講演」, 『동아일보』, 1934. 10. 20.

부터 '거세 수술'을 받았다.[86] '오방'이란 호를 붙인 데 이어 모든 세속적 욕심과 단절하겠다는 의지의 새로운 표현이었다. 이 시기 그는 목포에 머물면서 오직 구라 사업에 매진했다. 1936년 2월에는 목포에서 도산 안창호와 함께 순천에 와서 신풍리의 나환자치료소를 안내하기도 했다.[87]

이어 1937년 1월에는 모든 외부 활동의 중단을 선언한 이른바 「사망 통지서」를 지인들에게 발송하여 주위를 놀라게 했다. 그 내용은 다음과 같다.

> 本人을 死亡者로 간주하시고 友人名簿에서 삭제하여 주시기를 복망하나이다. 家庭에 대하여 오만者, 사회에 대하여 放逸者, 事業에 대하여 방종者, 國事에 대하여 放棄者, 宗敎에 대하여 방랑者 소위 五放을 제창하면서도 名實이 不合한 假面劇이 왕왕 연출되어 良心上 似而非한 생활을 절실히 참회하고 무익한 罪人이 世事에 관여하는 것은 유익보다 폐해가 더 될 것을 각오하므로 十字架의 구주 예수만 신뢰하고 凡事에 예수의 교훈으로 생활할 것을 맹약하고 이제는 生死間에 예수 이외에 아무것도 없으므로 世事에 대하여 死亡者가 되어 스스로 매장한 것이외다. 가족적 行列에서나 윤리적 禮儀에서나 사회적 規範에서나 除外者요, 黜陟者요, 廢棄者로 人間事會에 無用의 일종 廢物이오니 自今以後로는 死亡者로 인정하시고 모든 關係와 通信을 단절하여 주심을 통고하나이다. 1937년 1월 일 五放 崔興琮 謹告.[88]

즉 '오방'이란 호를 붙인 뒤에도 "명실이 불합한 가면극이 왕왕 연출"되자

---

86 차종순, 「호남교회사의 복음적 사회운동에 대한 한 연구」, 183쪽.
87 「삼천리기밀실」, 『삼천리』, 1936. 6.
88 「김교신일기(1937년 1월 17일)」, 노평구 편, 『김교신전집』 6, 일심사, 1981, 15~16쪽.

"세사에 관계하는 것은 유익보다 폐해가 더 될 것"이라 생각되어 "세사에 대하여 사망자가 되어 스스로 매장"한다는 것이다. 이는 일체 외부 활동의 중단을 선언한 것이었다.[89] 이 같은 「사망 통지서」를 작성하게 된 이유에 대해 그는 다음과 같이 밝혔다.

敬啓者 死亡通告書에 대한 理由와 동기를 간단히 告하고자 하나이다. 理由에 잇어서는 바울使徒 말씀과 같이 육체의 情과 慾을 十字架에 못박고(갈라디아서 2:20; 5:24; 6:14) 餘生을 그리스도人의 생활을 하여 보려는 데 있습니다. 그러나 肉體의 纏綿[線?]이 너무나 견고히 얽혀 있어 아무리 解放을 부르짖어도 되지 않으므로 소위 五放을 제창하여 보았으나, 역시 시원치 않고 외식적인 繃帶에 여전히 속박되는 恨嘆을 벗지 못하고 嗚呼太息을 느끼다가 돌연 생각이 나서 신체에 一大革命을 행할 결심을 하고 먼저 생리적 變化를 惹起하려고 노력하였습니다. 人間이 罪過에 빠지는 것은 食慾, 色慾, 名譽慾, 利慾 곧 肉身의 情慾과 眼目의 情慾과 此生의 誇張에 纏綿되므로 食, 色, 名, 利 四非에서 해탈하여 보려는 운동을 한 것입니다. 그래서 1935년 9월 25일에 去勢를 단행하

---

89 그런데 이와는 조금 다른 내용의 「사망 통지서」가 인용되기도 한다. "1935년 3월 17일 이후, 나 오방 최흥종은 죽은 사람임을 알리는 바입니다. 인간 최흥종은 이미 죽은 사람이므로, 차후에 거리에서 나를 만나거든 아는 체를 하지 말아 주시기 바랍니다. 나 최흥종은 오늘부터 이 지상에서 영원히 떠나 하나님 품에서 진실로 하나님과 함께 자유롭게 살 것입니다. 여러분도 죄를 회개하고 하나님을 믿고 구원을 받기를 바랄 뿐입니다." 이 내용은 『성자』(277쪽) 및 차종순의 「호남교회사의 복음적 사회운동에 대한 한 연구」(186쪽), 이덕주의 『광주 선교와 남도 영성 이야기』(124~125쪽) 등 논저에 나오며, 차종순에 따르면 그 전거는 신정식 편, 『김교신과 "문둥아"』(녹십자, 1989), 227~229쪽이라 한다. 하지만 『김교신과 "문둥아"』 227~229쪽에는 「교역자의 반성과 평신도의 각성을 촉함」이 실려 있고, 「사망 통지서」는 197~199쪽에 실려 있으나 "1935년 3월 17일"이란 일자는 나오지 않는다. 『성자』를 보면 이 내용과 「김교신일기」의 내용이 함께 나오는데(277~278쪽), 이는 저자가 나중에 붙인 것이다. 같은 저자의 『영원』에는 「김교신일기」의 내용이 없다.

고 惑種事業 혹은 團體에 얽힌 줄이 늘 끊기지 못하고 늘 名利的인 劇團에 출 언하므로 似而非한 生活을 끝내 끊지 못하고 自悔自責이 이만저만이 아니건만 연결된 줄을 끊기에는 力不及하여 심히 번민하던 중 『聖書知識』誌 지난 5월호에 塚本氏의 死亡通知文을 읽고 다대한 충격을 받아 死亡通知에 대한 관심이 不絕하던 차에 聖朝 지난 10월호 첫 페이지에 실린 「假死亡」을 讀破 이후로 思念이 倍加하여 노력한 결과, 단체나 사업 등의 諸般事會의 連鎖關係를 전부 단절하였으므로, 死亡通知書를 발표한 것이오며 聖朝는 사랑하는 나의 영적 親友로 알므로 이유와 동기를 略陳하나이다. 1937년 1월 15일 崔興琮 拜.

이 내용을 보면, 그는 우치무라內村鑑三의 제자 스카모토塚本虎二가 『성서지식聖書知識』(1936년 5월)에 쓴 「사망통지문死亡通知文」과 『성서조선聖書朝鮮』(1936년 10월)에 실린 「가사망假死亡」을 읽고 자극을 받아 자신도 「사망통지서」를 쓰게 된 것으로 보인다. 그리고 "聖朝는 사랑하는 나의 영적 親友"란 대목에서 보듯이 이미 그는 '무교회주의'의 영향을 받고 있었다. 김교신도 1937년 1월 18일 일기에서 "거세의 가부는 별문제이고 이렇게까지라도 하여 주 예수께 복종하는 老聖徒의 정성에 감복함을 마지못하며, 최 목사와 같은 장로교회의 중진으로부터 如上의 후한 신임의 문자를 받음은 본지(주: 『성서조선』)의 분에 넘치는 영예로 깊이 감사하는 바"라 했다.

당시 기성 교단에 회의를 느끼며 무교회주의에 관심을 갖고 있던 그는 동시에 '도암道岩의 성자'라 불리던 이세종의 영향도 받았다. 이세종은 세속과 절연하고 "성경을 바탕으로 금욕생활·절대청빈·생명경외·탁발수행" 등 수도 생활을 실천했는데,[90] "육체의 情과 慾을 십자가에 못 박고," "食, 色, 名, 利

---

90 이덕주, 『광주 선교와 남도 영성 이야기』, 124쪽. "그가 수도하던 화학산 산당山堂에는 제자

四非에서 해탈" 등 대목이 이와 상통한다.

그런데 「사망 통지서」를 작성, 발송한 직후 다시 그는 「교역자의 반성과 평신도의 각성을 촉함」이란 글을 『성서조선』에 기고하여 한국 교회를 신랄하게 비판했다.[91] "敬啓者 死亡者가 무삼 말을 하오리까마는 世上을 向하야는 死亡者이나 주예수 안에는 산자처름 말하랴고 함으로 所懷를 披瀝하야 現下 朝鮮敎會情勢와 敎役者의 過誤를 指摘하야 指導層의 反省과 平信徒의 覺醒을 促進코자 하나이다."로 시작하는 이 글은, 1930년대에 나온 한국 교회 비판으로는 가장 신랄한 것이 아닐까 싶을 정도로 교역자들을 공격하고 있다. 그 대강을 정리해 보면 다음과 같다.

대상	내용
교역자	歷史的 考究와 神學制度와 禮拜模範과 勸懲條例와 政治며 憲法이며 規則이며 會規며 諸般法律의 制度가 넷날 유대敎나 로마敎 敎權萬能主義의 先輩들보다도 더 銳利라고 怜敏/牧者들은 大槪가 삭군임으로 雇傭의 行色을 種種發揮/各自의 名利를 爲하야 營利의 牧者들이 大量生産/敎役者들의 會合하는 곳마다 猜忌·紛爭·衝突·欺斂·中傷등 聖經眞理에 背馳되는 不道德無義誼한 行動/그 맷친 열매는 空果虛實이 많고 葉만 茂盛한 無花果樹/各自의 充腹과 端裝이며 利益과 名譽를 爲하야 多方面으로 活用/僞善假飾의 時代流風과 制度烙印에 化石처름 된 聖劇俳優들/羊衣狼流/紛爭·欺瞞·陰謀·詭譎·民衆離間/北南熱을 高調하며 詰難/平信徒를 煽動/信徒들의게 紅黑班紋을 染色/敎會끼리 信徒끼리 서로 疑訝와 怨尤를 품고 對立하게 하는 것/敎育事業에 名譽의 野心…統一을 妨害/總會를 英雄牧師 幾個人이 弄絡利用하야 作戱/溝渠와 墻壁을 隱然中 彼此築造/恠妙한 手段으로 事業熱/地方熱을 高調/南北離間策
평신도	羊의 大衆은 果然純眞/順從/純眞한 羊떼/羊群은 瘦瘠하고 微弱하며 靈糧缺乏에 貧血과 飢渴이 太甚함을 不覺

이현필·이상복·박복만·이대영·오복희·수레기 등이 있었고, 목회자로는 최흥종과 그의 사위 강순명, 그리고 백영흠·이만식· 최원갑 등이 성경 공부를 하기 위해 모였다. …이들의 신앙은 한국 토착적 수도 운동의 원류로서 그 의미가 크다."

91 최흥종, 「교역자의 반성과 평신도의 각성을 促함」, 『성서조선』, 1937. 4, 89~90쪽. 이 글의 작성 시기는 1937년 2월이다.

이 글은 교역자들은 '타락'했고 평신도들은 '순진'하다는 이분법적 시각을 띠고 있으며, 자신이 "現總會를 糾彈하고 大大的 反對하는 것은 事實"이라 전제한 뒤 자신을 "新總會에 魁首"란 시선을 의식한 듯 "그러나 總會自體를 反對할 必要는 업"다고 밝힌다. "長老敎總會問題는 分立이 目的이 아니오 內部肅淸에 잇"다는 것이다. 그럼에도 그는 "人本主義요 利己主義的 指導者들을 期待할 수 없는 今日에 平信徒의 覺醒과 奮起가 絶對必要하고 時急합니다."라 결론을 맺으며 교역자들에 대한 극도의 불신을 나타내고 있다.

이후 그는 무등산 증심사 계곡에 칩거하며 병자·빈민·걸인들을 위한 활동에만 전념했다.[92] 그러다 1945년 8·15 해방을 맞으며 다시 활동을 재개하게 되었다. 그는 8월 17일 광주극장에서 열린 전남건준 결성식에 축사를 하기 위해 참석했다가 "만장일치로 위원장에 선출"되었다.[93] 여전히 그가 좌우 양측으로부터 신망을 얻고 있었음을 보여 준다. 그러나 그가 위원장으로 재임한 기간은 불과 17일뿐이었고[94] 이후 건준과는 거리를 두었다고 한다.[95] 이어 9월에는 고려청년당 창립준비회 고문으로도 추대되었다.[96] 초대 전남도지사인 최영욱의 형이기도 한 그는 11월 제1회 도지사고문회 회장에 선임

---

92 예외적으로 그는 1944년 5월 광주의학전문학교 설립에 관여했다. 이는 전남 도지사의 요청에 따른 것으로, 최흥종은 동생 최영욱 등 의사들과 함께 현준호의 후원을 받아 폐쇄된 수피아여학교 교사에서 100명을 모집해 교육시켰다고 한다(차종순, 「호남교회사의 복음적 사회운동에 대한 한 연구」, 197쪽). 한편 그의 은둔이 신사참배 거부와 관련이 있다는 주장도 있다.
93 안종철, 『광주·전남 지방현대사 연구』, 한울아카데미, 1991, 73쪽; 김석학·임종명, 『전남의 주요사건 광복 30년』 1, 전남일보사, 1975, 29쪽.
94 차종순, 「호남교회사의 복음적 사회운동에 대한 한 연구」, 202쪽.
95 전남일보 광주전남현대사 기획위원회, 『광주전남현대사』 1, 실천문학사, 1991, 30쪽.
96 「고려청년당이 결성」, 『매일신보』, 1945. 9. 13.

되었고,[97] 1946년 2월에는 서울 명동성당에서 열린 비상국민회의에 전남 대표로 참석했다.[98] 1947년에는 광주에 내려온 김구가 무등산 오방정五放亭을 방문하여 그와 면담했다.[99] 1950년 1월에는 대한국민당 전남도당부 발대식에서 광주시당부 위원으로 명단에 올랐다.[100]

1945년 9월 그는 한국나예방협회를 조직했고, 1948년 3월에는 증심사 객사에 광주국민고등학교(삼애학교)를 설립했다. 같은 달 그는 호남신문사 초대 회장에 취임했으나 곧 사임했고, 병자·빈민·걸인들을 위한 복지 시설인 호혜원·송동원을 설립하기도 했다.[101]

이처럼 해방 정국에서 다양한 활동을 벌이던 그가 1950년 이후에는 다시 칩거에 들어가 외부와의 접촉을 끊고 나환자 및 결핵환자들과 함께 지내며 신앙생활에만 전념했다. 다음은 1961년경 그의 설교에 대한 증언이다.

> 다석 유영모 선생님이나 이현필 선생님보다도 더 앞서신 최흥종 목사님께서 1961년에 하신 첫 설교 말씀은 지금도 생생하다. 석가도 공자도 모두 구원받았다. 그때 나는 보수 중에 보수적인 신앙을 지니고 교회 생활을 했었고, 어설픈 전도사들의 가르침만 받아 왔었다. 석가는 마귀대장이고, 유교는 빨리 없어져야 하고, 부처는 때려 부숴야 한다는 교육을 받았다. 그런 내가 최흥종 목사님 설교 한 마디로 불교, 유교와 친하게 되었다. 최흥종 목사님이 '석가·공

---

97 임선화, 「미군정의 실시와 전남도지사고문회의 조직」, 『역사학연구』, 제38호, 2010. 2, 332쪽.
98 「비상국민회의 초청자」, 『자유신문』, 1946. 2. 1. 전남 대표는 강해석·김준연·이순탁·정광호·최흥종 등이었다.
99 차종순, 「호남교회사의 복음적 사회운동에 대한 한 연구」, 210쪽.
100 「대한국민당 전라남도당부 출범」, 『한성일보』, 1950. 1. 11.
101 차종순, 「호남교회사의 복음적 사회운동에 대한 한 연구」, 209~219쪽.

자는 구원받았다'고 하면 받은 것이다. 거기에는 나 혼자만 설교를 듣고 있지 않았다. 장로님은 물론이고 원근 각처에서 신앙생활을 하겠다고 모여든 이들도 있었다. 결핵이 무식한 사람만 걸리는 병이 아니다. 통계로 보면 공부 많이 한 사람들이 폐결핵에 더 걸린다. 그 환자들 중에 사회적인 지위나 학벌이 높은 이들이 많았고, 신학자들도 많았다. 그러나 그 최목사님 설교 말씀에 반감을 지니거나 질문 하나 던진 사람이 없었다는 것이다.[102]

이 내용대로라면 최흥종은 '종교다원주의자'인 셈이다. 또 그는 무등산에 칩거하며『도덕경』을 즐겨 읽었다고 한다.[103] 1964년 12월 30일, 그는「유언장」을 작성, 발송하고 1966년 2월 단식과 절필을 선언했다.

遺言/人生은 空手來空手去하는 것이 天理요 運命이다. … 以上 聖經 말씀을 깨닫고 보면 어찌 기쁜지 말로 다 할 수 없으므로 最後 時間을 기다리면서 1964年 12月 30日부터 遺言을 쓸 생각이 나서 臥書로 記錄하는 뜻은 遺子女들로 하여금 悔改하고 救主 예수를 眞實로 믿으라는 것이다(마태복음 16:14-25, 마가복음 8:34-37). 敎會를 다닌다고 혹 職分이 있다고 牧師나 傳道師나 長老나 執事라 하는 名稱으로 信者라 自稱할 수 없고, 예수와 聯合한 자랴야만(마가복음 7:22-23) 救援을 얻는 眞理이다. 내가 보기에는 모든 子女들이 經濟의 桎梏에 奴隷가 되고 妻子女 等의 愛着에 重點을 두므로 二重三重으로 傀儡的 捕虜가 되어 解放될 所望이 稀少하니 어찌 可憐哀惜치 않으랴. 勇敢히 悔改할지어다. 十字架를 지고 自己를 이기고 예수를 따를지어다.[104]

---

102 임락경,『촌놈 임락경의 그 시절 그 노래 그 사연』, 삼인, 2005, 241~242쪽.
103 차종순,「호남교회사의 복음적 사회운동에 대한 한 연구」, 194쪽.
104 차종순,「호남교회사의 복음적 사회운동에 대한 한 연구」, 136쪽.

그리고 같은 해 5월 14일 사망했다. 5월 18일 열린 그의 장례식은 광주 최초의 시민장으로 광주공원에서 치러졌다.[105]

6. 맺음말

이상에서 최흥종의 신앙 노선과 선교활동에 대해 살펴보았다. 그의 신앙 노선은 이채롭다. '오방', '거세 수술', '사망 통지서' 등이 상징하듯 그는 무욕·청빈을 실천하며 수도자 같은 생활을 하면서도 정치사회적 현실과 거리를 두지 않고 참여했다. 그리고 기성 교단과 교역자들을 신랄하게 비판하면서도 '분립'에는 반대했다는 점에서 이른바 '자치교회'·'자유교회'와는 차이가 있다.[106] 또 무교회주의의 영향을 받았지만 평생 교회를 떠나지 않았고,[107] 이세종·이현필 등 성경 공부와 제자 훈련에만 전념한 이들과 달리 사회사업은 중단하지 않았다. 그리고 언제부터인가 '종교다원주의'의 경향도 띠게 되었다.

그의 선교 활동은 복음선교·의료선교·교육선교·사회선교 등 모든 영역에 두루 걸쳐 있었고, 비록 좌절되었지만 북간도 선교를 염원했고, 시베리

---

105 차종순, 「호남교회사의 복음적 사회운동에 대한 한 연구」, 220~223쪽.
106 '자치교회·자유교회'의 사례로는 1918년 '조선기독교회'(김장호), 1923년 '자치교회'(이만집), 1928년 '마산예수교회'(박승명), 1933년 '예수교회'(이용도), 1935년 '조선기독교회'(변성옥), 1936년 '하느님의 교회'(변남성), 1935년 '기독교조선복음교회'(최태용) 등이 있다(한국기독교사연구회, 『한국기독교의 역사』 II, 192~208쪽).
107 기성교단과 거리를 둔 1937년 이후에도 무등산 원효사 경내에 '福音堂'을 짓고 결핵환자들을 상대로 성경을 가르치며 주일마다 예배를 드렸다(이덕주, 『광주 선교와 남도 영성 이야기』, 130쪽).

아·제주도 선교에도 큰 족적을 남겼다. 병자·빈민·걸인 등을 위한 헌신은 평생 지속했으며, 특히 구라 신교에서 그의 위치는 독보적인 것이었다. 그리고 해방 전후 민족운동·건국운동에서도 '좌우' 양측을 아우르며 신망을 얻은 지도자였다.

그에 대해서는 적지 않은 선행 연구들이 있지만 아직도 검토의 여지가 많다. 그의 활동 영역이 워낙 넓고 종류 또한 다양했기 때문이다. 우선 정확한 연보부터 작성하는 것이 시급하다. 이 같은 향후 과제를 푸는 것은 필자의 몫이기도 하다.

『한국 기독교와 역사』 48, 2018, 217~245쪽.

참고문헌

『예수교회보』,『기독신보』,『예수교회보』,『황성신문』,『동아일보』,『시대일보』,『중앙일보』,『조선중앙일보』,『자유신문』,『한성일보』,『호남일보』,『청년』,『신동아』,『성서조선』

광주YMCA 역사편찬위원회,『광주YMCA 90년사』, 광주YMCA, 2010.
김석학·임종명,『전남의 주요사건 광복 30년 1』, 전남일보사, 1975.
김수진,「사회구원을 외쳤던 최흥종 목사」,『호남선교 100년과 그 사역자들』, 고려글방, 1992.
김승태,『한말·일제강점기 선교사 연구』, 한국기독교역사연구소, 2006.
노평구 편,『김교신전집 6』, 일심사, 1981.
문순태,『성자의 지팡이』, 다지리, 2000.
문순태,『영원한 자유인―오방 최흥종 목사의 생애』, 광주YMCA, 1976.
박용규,『제주기독교회사』, 생명의말씀사, 2008.
신정식 편,『김교신과 "문둥아"』, 녹십자, 1989.
안종철,『광주·전남 지방현대사 연구』, 한울아카데미, 1991.
오방기념사업회,『화광동진의 삶』, 광주YMCA, 2000.
이덕주,『광주 선교와 남도 영성 이야기: 한국 기독교 문화유산을 찾아서 ⑥』, 진흥, 2008.
이애숙,「1920년대 광주지방의 청년·학생운동과 지역사회」, 한국역사연구회·전남사학회 편,『광주학생운동연구』, 아세아문화사, 2000.
임락경,『촌놈 임락경의 그 시절 그 노래 그 사연』, 삼인, 2005.
임선화,「미군정의 실시와 전남도지사고문회의 조직」,『역사학연구』제38호, 호남사학회, 2010. 2.

전남일보 광주전남현대사 기획위원회, 『광주전남현대사』 1, 실천문학사, 1991.
차재명 편, 『조선예수교장로회사기』 상, 기독교창문사, 1928.
차종순, 『양림교회 100년사』 1, 양림교회, 2003.
차종순, 「호남교회사에서 복음주의적 사회운동에 대한 연구—오방 최흥종 목사의 생애와 사상을 중심으로」, 『한국기독교와 역사』 제11호, 1999. 9.
차종순, 「호남교회사의 복음적 사회운동에 대한 한 연구」, 『호남교회사연구』 제2권, 1998.
「최흥종 신문조서」(경성지방법원, 1919년 6월 25일), 『한민족독립운동사자료집』 17, 국사편찬위원회, 1994.
한규무, 「신화의 장막에 가려진 기독교민족운동가 최흥종」, 유준기 편, 『한국근현대인물강의』, 국학자료원, 2007.
한규무, 「오방 최흥종의 생애와 민족운동」, 『한국독립운동사연구』 제39호, 2011. 8.
한국교회사학회 편, 『조선예수교장로회사기』 하, 한국교회사학회, 1968.
한국기독교사연구회, 『한국기독교의 역사』 II, 기독교문사, 1990.

김경재

우리 시대 그리스도인의
성찰과 사명

오방 정신에서 본 한국 개신교의 자기 성찰과 시대적 과제

1. 들어가는 말

필자에게 주어진 숙제는 '우리 시대 그리스도인의 성찰과 사명'이다. 여기에서 우리 시대라 함은 해방 이후 현재까지이지만 특히 1960년대 이후 2012년 말까지 약 50년 동안 한국 현대사의 시대적 기간을 말한다. '그리스도인의 성찰과 사명'이라 함은 한국 개신교의 발자취와 오늘의 현황을 자기 성찰의 관점에서 비판, 회개, 개혁의 가능성을 언급하자는 것이다. 그러나, 비판적 성찰과 과제 인식을 어떤 입장에서, 혹은 어떤 관점에서 할 것인가 질문한다면, 신학적 진보와 보수 입장을 떠나 오방 최흥종 목사의 기독교 신앙의 자세가 암호처럼 집약된 그의 아호 '오방'의 정신에서 말하려고 한다.

따라서 필자는 3토막의 내용을 이야기하려고 한다. 첫째 마당은 '오방'의 아호 속에 깃들어 있는 최흥종 목사의 기독교적 영성의 알짬이 무엇이냐 하는 것을 밝히는 것이다. 둘째, 지난 50년 동안 양적으로 급진적 성장을 이룩

했다는 한국 개신교가 왜 오늘날 사회로부터 지탄을 받고 신뢰를 잃고 걱정거리로 전락하게 되었는지 '오방정신'의 빛으로 검진하려고 한다. 셋째, 크게는 인류 문명이 크게 털갈이하는 문명 전환기이기도 하고, 동아시아 문명이 세계사의 중심 무대를 대서양 중심에서 태평양 중심으로 옮겨 오는 시기임을 염두에 두고 한국 개신교의 역사적 사명과 과제가 무엇인가 성찰하려는 것이다.

2. '오방五放'의 아호雅號 속에 깃들어 있는 최흥종의 기독교적 영성의 알짬

우리는 앞선 시간에 '오방의 민족운동과 사회운동'에 대하여 좋은 특강을 들었다. 그리고 여러 분야의 전문가들의 연구 결과가 논문과 단행본으로 출판되어 있으므로, 비전문가인 강연자가 다시 오방 최흥종 목사의 생애, 사상, 공헌을 재론하지 않으려 한다. 그럼에도 불구하고, 최흥종 목사(1880~1966)의 생애를 전후반기로 대별할 수 있는 1935년은 그가 광주 YMCA 회장직 사임,「사망 통지서」 발송, 거세 수술, 그리고 '오방'이라는 아호를 쓰기 시작한 해이기 때문에 '오방'은 단순히 '아호'임을 넘어서 특히 그의 신앙을 이해하는 '암호' 같은 것이라고 본다.

'오방'이라는 호는 동양 문화에서 흔히 이름 대신 부르는 '아호'로서의 일상적 의미보다 더 진지한 의미를 함축하고 있다. 1935년은 최흥종의 연령도 50대 중반을 지나는 때이며, 그동안 겪은 인생 경험, 사회정치 경험, 종교계 경험에서 산전수전을 겪은 후이며, 그야말로 그의 생에서 '삶의 전회'가 이루어진 사건의 표징이었다.

그러나, 아직 우리는 진정한 의미에서 '오방'이라는 호가 의미하는 올바르고도 심원한 이해를 충분히 했다고 장담하지 못한다. 아마 가장 원만한 해설로서 명노근 교수의 해설을 큰 반론 없이, 그리고 부담 없이 수용할 수 있을 것이다. 『성자의 지팡이』를 쓴 문순태 교수도 최흥종 목사가 자식처럼 사랑했다는 이영생 님의 '오방' 해설을 소개했는데, 그 내용도 명노근 님의 해설과 큰 차이 없이 같다.[1]

> 뜻한 바 있어서 거세 수술을 하고 난 뒤 스스로 '오방'이라는 호를 지어 부르면서 자기의 뜻을 펼치기 위해 혈육의 정에 얽매이지 않고[家事에 放漫], 사회적으로 구속을 받지 않으며[社會에 放逸], 경제적으로 속박받지 않고[經濟에 放棄], 정치적으로 자기를 내세우지 않으며[政治에 放棄], 종파를 초월하여 정한 곳 없이 하나님 안에서만 자유를 누릴 수 있다[宗教에 放浪]는 의미를 거기에 부여하고, 그것을 생활 신조 삼아 시종여일하게 살아온 자취에서만도 그분의 사람 됨됨이 어떠했던가를 우리는 쉽게 엿볼 수 있다.[2]

우리는 명노근·문순태 교수가 해석하는 '오방'이라는 아호의 의미 해설에 큰 이의를 제기하지 않는다. 무엇보다도 '오방'이라는 아호가 가정생활 무시와 혈연 부정, 사회생활에서의 무규범주의적 자유방임 혹은 아나키스트적 사상, 경제적 물질 가치의 죄악시, 역사 도피적인 정치 무관심주의, 복음의 정체성을 포기하는 종교 혼합주의를 의미하는 것이 아니라는 점을 분명하게 인지해야 한다. 오방 선생 자신이 자기 호에 대한 좀 더 자세한 설명을 한 적은 없지만, 그가 남긴 중요한 유고들, 예를 들면 「애적 전융성愛의 轉融

---

1 문순태, 『성자의 지팡이』, 다지리, 2000, 272~273쪽.
2 명노근, 「철저히 자기를 버리고」, 오방기념사업회, 『화광동진의 삶』, 광주YMCA, 2000, 171쪽.

性」³이나「산상보훈 천국론 개념山上寶訓 天國論 概念」⁴을 보면 '오방 영성'의 속살을 감지 할 수 있다. '오방'의 의미를 좀 더 천착穿鑿해 보면 다음과 같은 정신임을 깨닫게 될 것이다.

1) 가사家事에 방만放漫

'방만放漫'이라는 사전적 의미는 "하는 일이나 생각이 야무지지 못하고 엉성함"이라고 규정되어 있다. '가사家事'라는 단어는 "집안 살림에 관한 일, 혹은 한 집안의 내부의 일"을 의미한다. 그 단어 속에는 가족 혈연 관계, 가족에 대한 애착, 가문의 영광과 명예 증진, 가족 식구의 의식주 걱정, 그리고 가정을 시작하는 데 필수적인 부부간의 생리적 본능 욕구 등을 모두 내포한다. '방만'이라는 어휘가 긍정적 어감보다는 부정적 어감을 주는 것도 사실이다. 그 직계 자손들이 '가족이나 가정 살림에 무관심하고 무책임한 듯한 삶을 사신 목사 아버지에 대한 원망'을 오래 가진 것은 어찌 보면 당연한 일이다.

그러나 '가사에 방만'이 의미하는 바를 바르게 이해하려면, 예수 공생애 시작 무렵 혈연관계의 가족이 예수를 찾아왔을 때, 예수께서 하신 말씀을 생각하는 것이 가장 바른 이해의 첩경이라고 생각된다.

> 말하던 사람에게 대답하여 이르시되 누가 내 어머니이며 내 동생들이냐 하시고, 손을 내밀어 제자들을 가리켜 이르시되 나의 어머니와 동생들을 보라. 누구든지 하늘에 계신 내 아버지의 뜻대로 하는 자가 내 형제요 자매요 어머니이니라 하시니라.(마태복음 12:48-50)

---

3 오방기념사업회,『화광동진의 삶』, 294~295쪽.
4 오방기념사업회,『화광동진의 삶』, 296~297쪽.

최흥종이 극복하려는 것은 아름다운 형제 우애, 효심, 자식에 대한 애정, 가정의 중요성이 아니다. 혈육적 생존 및 확장 본능이 기초가 되어 사람의 영적 자유를 '혈연적 가족주의'에 집착하도록 유폐시키는 '자기애의 확대 욕망'으로부터 해방하여 자유로운 존재가 되려는 것이다. 한 걸음 더 나아가, 하나님의 보편적 사랑과 하나님에 뜻에 순명하기 위해서 혈연적 인간관계와 비혈연적 인간관계 사이의 차등을 철폐한 '동체대비심同體大悲心'과 '아가페적 사랑'의 필수불가결한 요청이었다.

문둥병자와 걸인들과 배우지 못한 바닥 사람들에 대한 관심과 배려가 값싼 동정이나 시혜가 아니고 "네 이웃을 네 몸처럼 사랑하라"는 신적 계명에 순명하기 위해서는 넘어서지 않으면 안 되었던 첫 번째 실존적 초월이 바로 '가사에 방만'이었다. '방만放漫'이란 뉘앙스는 무책임이거나 무관심이거나 함부로 대함이 아니라 '내 가족이라고, 내 새끼라고 먼저 야무지게 잇속을 챙기지 못하는 어리숙함'이라고 봄이 더 타당하다.

'가사에 방만'은 현대사회에서 말한다면 집단 이기주의에서의 해방을 말한다. 현대사회에서의 '가家'는 혈연 지연 집단 이기주의, 재벌 기업 중심주의, 개교회 이기주의, 정파주의 등등으로 확대재생산되고 있다.

2) 사회에 방일放逸

'방일放逸'이란 단어의 사전적 의미는 "행동이나 생활 태도 따위가 제멋대로 임"을 의미한다. 따라서 일상생활에서 '사회에 방일'이란 부정적 평가 개념이 스며들어 있는데, 사회공동체 구성원들이 보기엔 점잖고 교양적이고 표준적이라고 인정하는 행동이나 생활 태도에서 일탈하는 뉘앙스를 풍기기 때문이다. 1960년대 영미 사회에서 '반문화운동Counter Culture Movement'이 한창일 때, 청바지 입고 통기타를 둘러메고 젊은 세대들이 기성 문화의 허위

의식에 저항하는 것도 일종의 '사회에 방일'이다.

그러나, 오방 최흥종 목사에게서 '사회에 방일'이란 사회 집단에서 기대하는 명예심, 공명심, 존경심, 칭찬이나 비방 등에서 일체 초연超然하고 초탈超脫하겠다는 것을 스스로 다짐하고 공개적으로 선언하는 것이다. 최흥종 목사 같은 지식인이나 종교인들이 특별한 재산이나 권력은 없겠지만, 지식인들에게 끝까지 그림자처럼 따라 붙는 것은 '명예심'이다. 오늘날 지식사회나 종계의 모든 꼴불견한 추한 싸움들이 '명예심' 싸움에서 온다. 명예는 사회가 요청하는 표준적 규범 가치를 구현하고 모범 행동으로 드러내야 한다. 그러한 '규범 가치 체계'는 사람들로 하여금 가식적이거나 이중인격자를 만들기도 하고, 그의 자유로운 인간성을 구속하는 속박끈이 되기도 한다.

최흥종 목사는 '화광동진'의 삶을 살기 위해서는 '사회에 방일'하지 않을 수 없다. 점잖고 모범적이고, 고상하고 교양적이고, 품위를 유지하면서는 경양방죽 거지들과 나환자들과 함께 기거할 수 없다. 고급 일력거나 자가용을 품위에 맞게 타고 다니려면 비용도 많이 들고 '화광동진'의 삶을 살 수 없다. '오방'의 호에서 둘째 번 '사회에 방일'은 바울이 말하는바 '몸을 하나님이 기뻐하시는 산 제물로 드리는 영적 예배자'(로마서 12:1)가 살게 되는 생활 모습, 곧 "즐거워하는 자들과 함께 즐거워하고, 우는 자들과 함께 울라. 사로 마음을 같이하며 높은 데 마음을 두지 말고 도리어 낮은 데 처하며 스스로 지혜 있는 체하지 말라."(로마서 12:15-16)는 성경 말씀대로 살려고 했던 최흥종 목사가 그렇게 하지 않을 수 없었던 둘째 번 실존적 자기 초월이었던 것이다.

3) 경제에 방종放縱

'방종放縱'이란 단어의 사전적 이미는 "아무 거리낌 없이 함부로 행동함"이다. 다시 말하면 "함부로 행동하여 거리낌이 없음"을 의미한다. 사전적 뜻이 그러하기 때문에 '경제에 방종'이라는 어구는 돈 궁색함을 한 번도 경험해 보지 않는 대재벌이나 부자 아들이 경제생활에서 펑펑 낭비하며 방탕한 품행을 드러내는 것을 상상한다. 아니면, 정반대로 하루 벌어서 하루 먹고 간신히 살아가는 빈곤층 노동자들이 살림살이에 대한 장단기 계획은 세울 수 없기 때문에 버는 대로 기분 나는 대로 낭비하는 경제적 삶의 모습을 연상하게도 한다.

그러나, 최흥종이 말하는 '경제에 방종'은 물질적 형편에 속박받지 않고, 물질적 생산, 소비 활동을 세속적 일이라고 천시하지도 않고, 다만 경제적 물질 생활면에서는 '자족하기를 터득했다'는 선언으로 보는 것이 좋겠다. 바울의 편지를 인용하여 말한다면, 빌립보서 교인에게 보낸 편지 내용을 의미한다.

> 내가 궁핍하므로 말하는 것이 아니니라. 어떠한 형편에든지 나는 자족하기를 배웠노라. 나는 비천에 처할 줄도 알고 풍부에 처할 줄도 알아, 모든 일 곧 배부름과 배고픔과 풍부와 궁핍에도 처할 줄 아는 일체의 비결을 배웠노라. 내게 능력 주시는 자 안에서 내가 모든 것을 할 수 있느니라.(빌립보서 4:11-13)

4) 정치에 방기放棄

'오방五放'의 의미 해석에서 넷째와 다섯째, 곧 정치와 종교 관련에서의 '방放'의 의미 해석은 좀 더 조심해야 하고 심층적으로 해석해야 한다. 그렇지 않고 표층적으로 이해해 버리면 최흥종 목사의 삶 전체와 그의 신앙 전체를 부정하거나 욕되게 할 위험이 있기 때문이다.

'방기放棄'라는 단어의 사전적 의미는 "버려두고 돌보지 않음, 내버려 둠"

이라는 뜻이다.

이 단어 역시 적극적이고 긍정적인 의지나 관여 태도보다는 소극적이고 부정적인 이미지를 듣는 사람들에게 주는 것이 사실이다. '정치에 방기'라니, 그러면 최흥종이 1935년 사망 선고의 해 이후부터는, 요즘 용어로 완전한 탈정치, 비정치, 정치 무관심, 정치 염오를 선언하고 '정치'라는 땅 위에서의 세상일에는 더 이상 관심도 미련도 않두고 저 신령계 하늘나라만 생각하겠다는 영지주의적 타계주의자가 되겠다는 말인가?

'정치에 방기'를 말하는 최흥종 목사가 땅 위에서의 정치 행위로 말미암아 얻게 되는 인간 삶의 유한성, 상대성, 죄악성을 절감하고 '땅의 도시'를 넘어서는 '하늘의 나라, 영원한 나라'를 더 많이, 더 절실히 절감했다는 점을 부인할 필요는 없다. 1964년에 쓴 '유언장'에 다음 같은 구절을 생각해 보면 그 점을 알 수 있다.

> 나는 우리 구주 예수 그리스도의 십자가도十字架道를 신앙함으로 현재를 영원한 미래로 접속接續하는 진리를 확실히 철저히 깨닫고, 나는 최후 시각을 대기 중이므로 여차如此히 유언을 쓰노라. 나의 믿는 바는 사일死日이 곧 생일生日이다. 현재를 영원한 미래로 연결되는 참생일이란 말이다.[5]

위의 문장에서 주목해야 할 구절은 최흥종 신앙의 천국관과 영생관에서 "현재를 영원한 미래로 접속接續하는 진리를 확실히 철저히 깨닫고"라는 구절이다. 그의 천국적 영생의 삶은 지상적 현재의 삶을 폐기 처분하고, 죽은 다음 '영혼의 중간 시기'를 종말 심판 때까지 기다리다가, 144,000명 구원받

5　최흥종, 「유언장」, 오방기념사업회, 『화광동진의 삶』, 308쪽.

는 자의 숫자가 다 차면 부활한다는 '정통 신학의 영생관'이 아니다. 그의 영생관은 죽음 직후에, 홀연히 변화되는 은총의 힘으로, '현재'가 '영원'으로 '불연속적인 연속성' 안에서 승화되고 영화되면서 일종의 '존재 방식의 형태 변화'를 입을 것이라는 확신을 말하고 있다.

"현재를 영원한 미래로 접속接續하는 진리"라고 말하는 최흥종의 영생관에서 볼 때 '정치에 방기'는 결코 현세 부정이 될 수 없고, 현세에 결정적 영향을 끼치는 정치에 무관심, 정치 염오, 정치 부정, 정치 초월 같은 덜 익은 종교인들의 상투적 '정교 분리론'이 아닌 것이다.

그렇다면 '정치에 방기'를 하겠다는 뜻은 이 땅 위에서 정치적 행위와 그로 말미암은 정치적 이상 왕국 실현은 불가능하다는 철저한 깨달음과 정치 행위에 따르는 권력투쟁, 지배 욕망, 영웅주의, 교만심, 질투심을 가지고서는 안 된다는 확신이다. 최흥종의 '정치에 방기'를 바르게 이해하는 데는 빌라도 법정에서 예수와 빌라도와의 짧은 대화 속에 그 비밀이 숨겨 있다고 보아야 한다(마태복음 27:11-14, 마가복음 15:1-5, 누가복음 23:1-5, 요한복음 18:28-38).

대화의 핵심은 빌라도가 예수에게 묻기를 "네가 유대인의 왕이냐?"라는 것이다. 예수의 대답은 "네 말이 옳다. 내가 유대인의 왕이다."라고 대답한다. 그러자 대제사장들이 여러 가지로 고발하는 고소 내용을 가지고 빌라도가 추가 심문했으나 "예수께서 다시 아무 말씀으로도 대답하지 아니하시니 빌라도가 놀랍게 여겼다."는 것이다. 그리고 「요한복음」은 좀 더 추가하여 말하기를, 예수께서 대답하시되 "내 나라는 이 세상에 속한 것이 아니다." 빌라도가 이르기를 "그러면 네가 왕이 아니냐?". 예수께서 대답하시되 "네 말과 같이 내가 왕이니라. 내가 이를 위하여 태어났으며 이를 위하여 세상에 왔나니 곧 진리에 대하여 증언하려 함이로다. 무릇 진리에 속한 자는 내 음성을 듣느니라." 빌라도가 다시 묻기를 "진리가 무엇이냐?"

위의 복음서 내용을 바르게 이해함이 최흥종의 '정치에 방기'라는 말 뜻을 바르게 이해하는 열쇠가 된다. 예수는 빌라도의 법정에서 "네가 왕이냐?" 끈질기게 추궁당한다. 예수는 교활한 유대 종교 지도자들과 대적자들로부터 로마 황제에게 저항하는 '정치범'이라고 고발당한 법정에 서서 얼른 생각하면 "나는 왕이 아니다."라고 대답해 버리면 될 것을 바보처럼 "내가 왕이다."라고 변함없이 대답한다. 「요한복음」에만 추가하여 설명하기를 "내 나라는 여기에 속한 것이 아니다."라고 부연 설명한다. 그러자 빌라도는 햇갈려서 "그러면 네가 왕이 아니라는 말이냐?"라고 다짐하듯이 확실하게 대답하라고 윽박지른다. 예수 대답하기를 "네 말과 같이 내가 왕이다. 내가 이를 위해서 태어났고 세상에 왔다."고 대답했다.

위 복음서 증언은 '복음'을 탈정치화, 비정치화, 몰정치화하려는 모든 사이비 기독교 신앙에 "아니!"라고 비판적 쐐기를 박는다. 왜냐하면 예수는 "내가 왕이다. 이를 위해서 왔다."고 말하기 때문이다. 동시에 위 복음서 증언은 '하나님의 나라'를 세상적 정치 이념과 동일시하려는 '기독교 국가·문명론' 혹은 '세상 도시의 성시화聖市化' 시도에 비판적 쐐기를 박는다. 왜냐하면 예수는 "내 나라는 여기에 속한 것이 아니다."라고 말씀하시기 때문이다.

최흥종은 조선왕조 말기 국권 상실의 비극이 무엇임을 맛보고 '국체보상기성회 발기'에 앞장선 사람이다. 3·1독립만세운동에 참여해서 체포 구금되어 1년 이상 옥살이도 한 사람이다. 볼셰비키 혁명이 일어난 살벌한 땅에 사회주의 정치 현실을 검증하려 함인지 국내 많은 일을 놔두고 두차례나 시베리아를 밟았고, 러시아 당국에 체포되어 40일간 구금도 당했다. 1933년 일제의 신사참배 강요에 굴복하거나 변절하는 수많은 애국지사와 신앙 동지를 보고서 담양 과수원에 은거하였다. 이러한 일련의 최흥종의 삶의 궤적은 그가 하루아침에 '정치적 아나키스트'가 되어서 '정치에 방기'하기로 결단한 것이 아니라는 말이다.

그는 '복음'은 이 땅의 '정치 사업'으로 하여금 진정한 정치가 되도록 진리의 빛과 소금과 생명 효소 역할을 하는 것이라고 보았기 때문이다. 그는 모든 정치 행위와 땅 위의 정치인 속에 감추어져 있는 생명을 상하게 하는 날카로움[銳], 삶을 번거롭게 하는 법망[紛], 뽐냄과 으스댐의 광휘[光], 씨알들[塵] 위에 군림하려는 권위주의를 보았다. 그래서 예수의 삶과 복음은 생래적이고 혈육적인 그러한 본성을 뒤집어서 "挫其銳, 解其紛, 和其光, 同其塵" 하신 분으로 보았다. 그것이 성육신 신앙이요, 죄인의 친구요, 죄인을 위해 죽으심이라고 보았다. 최흥종 목사의 인간 속에서 '예수의 씨'를 본 백범은 1947년 정치를 넘어선 참정치를 하려는 최흥종을 알아보고 "和光同塵" 휘호를 존경하는 맘으로 주었다. 결론적으로 말하면, 최흥종의 '정치에 방기'는 정치 기피자, 정치 아나키스트가 아니고 '복음의 생명력'을 '화광동진' 형태를 취함으로써 무릇 정치로 하여금 생명을 살리는 정치, 곧 '생명, 평화, 정의'의 정치가 되도록 '누룩'이 된다는 뜻이다.

5) 종교에 방랑放浪

'오방'에서 마지막 다섯 번째 '종교에 방랑'도 오해하기 쉽거나, 우리들의 영성 성숙도가 아직 어린 상태에서는 이해하기 어려운 말이다. 그러나, 최흥종의 기독교 신앙인으로서의 참모습을 알기 위해서는 반드시 바르게 이해해야 할 과제인 것이다.

'방랑放浪'이라는 사전적 의미는 "정처없이 이곳저곳 떠돌아다님"이다. 이 어휘 역시 매우 부정적 선입견을 가져다 주기에 알맞은 단어이다. 더욱이 종교인이라면 자신이 귀의한 신앙이나 교리 체계에 확고부동한 태도를 가지고, 초지일관하는 신념을 보여야 마땅할 터인데 '종교에 방랑'이라니 오해하기 마련이다. 혹자는 1930년대 일세 말기에 수많은 종교인들과 지식인들의 지조 변절을 목도하고 '종교 그 자체'에 회의를 가진 것이란 오해가 가능하다. 혹자는 신비주의 신앙 체험자나 동양 종교 사상에 접하여 소위 '종교 다원론자'가 된 것 아닌가 하는 오해도 가능하다.

그러나, 그러한 오해는 '종교에 방랑'이라는 뜻에 전혀 상관이 없다. 여기에서 '방랑'이라는 단어는 '방랑자'가 어느 한 곳에 고정적으로 정착하지 않고 새로운 곳을 찾아 떠나는 자이듯이, 은유적으로 '종교에 방랑'이란 종교의 교리 체계, 교권 조직, 신경信經 등에 예속되지 않고 '영과 진리 안에서 자유와 은혜'를 누리며 추구한다는 말이다.

최흥종 목사의 신앙 경력엔 세 가지 특징이 있다. 첫째, 최흥종의 기독교 신앙 입문의 과정에서 기독교 교리나 경전을 지식적으로 받아 동의하여 된 것이 아니고, '그리스도인의 삶, 인격, 아가페적 사랑'에 부딪쳐 그리스도인이 된 사람이라는 점이다. 벨Eugene Bell, 윌슨Robert M. Wilson, 오웬William L. Owen, 포사이드Wiley H. Forsythe, 셰핑Elizabeth Schepping같이 '예수를 닮고' '예수 삶을 사는 이'를 통해서 기독교가 무엇임을 깨달은 사람이다. 둘째, 그는 평양신학교를 나와 장로교에서 목사 안수를 받고 교단적 조직에 가담하고 중책을 맡기도 했으나. 1920~1930년대를 풍미하였던 평양신학교의 '근본주의 신학 교리'를 강조하면서 선전하는 일이 없다는 점이다. 셋째, 그는 '기독자의 신앙'은 곧 '기독자의 삶'이라고 생각했기에 여생을 '신학 교육'에 종사하지 않고 구라 사업, 광주의학전문학교 설립, 농촌운동 삼애학원, 사회사업등에 생을 불태웠다는 점이다.

매우 놀랍게도 그의 남긴 유고 「애적 전융성」, 「산상보훈 천국론 개념」, 그리고 「유언장」 내용 중에는 당시에도 그렇고 지금도 교권주의자들이 비판하고 정죄할 래디컬한 발언들이 많은데, 그런 발언들 속에서 그의 '종교에 방랑' 의미를 해석할 단초를 얻을 수 있다.

> 남을 사랑하되 알 수 없는 경지에 들어가는 것이 곧 사랑이요, 남을 사랑하여 눈앞에 새로운 삶을 이룩하도록 하는 사람이 곧 종교다.[6]

> 지상의 교회는 천국의 교회가 아니므로 청결히 하여 좋은 선을 행함으로 가히 천국 국민이 된다. 깨끗한 정신생활과 개척 종교사업의 두 가지가 같지 않은 즉, 천국과 교회는 다시 관계가 없다고 가히 말하여 모든 권한의 시행이 천국이 아니다.[7]

> 교회를 다닌다고 혹 직분이 있다고 목사나 전도사나 장로나 집사라 하는 명칭으로 신자라고 자칭 할 수 없고, 예수와 연합한 자라야만(마태복음 7:22-23) 구원을 얻는 것이다.[8]

종합해 보면, 최흥종은 기독교 신앙의 자기 정체성을 혼잡하게 않고 순전하게 보존하고 지켜야 할 것이지만, 역사적 종교 단체로서의 '그리스도교'나 '교회'나 '교단 총회'가 곧 천국, 그리스도 주권, 복음, 하나님을 대행하는 '궁극적인 것'이 아니라고 확철한다. 최흥종은 알프레드 스미스 교수가 구별하려고 했던 것처럼 '축적된 전통으로서 종교religion as cumulative tradition'와 참

---

6 오방기념사업회,『화광동진의 삶』, 295쪽.
7 오방기념사업회,『화광동진의 삶』, 297쪽.
8 오방기념사업회,『화광동진의 삶』, 309쪽.

종교인의 마음 혹은 생명 속에 '살아 숨쉬는 신앙living faith'을 구별하려는 것이다.[9] 함석헌의 표현으로 말하면 "종교란 진리 보석을 보관하고 있는 궁궐 같은 것이 아니라 봄마다 새 순을 내는 거목 같은 것이다."

최흥종의 '종교에 방랑'이란 말은 그리스도교의 진리를 완결된 교리 체계나 교권 체계나 '축적된 전통'으로 보지 않고 거듭 거듭 '영과 진리 안에서' 새롭게 재해석하고 실천을 통한 "삶 한복판에서의 초월 경험"으로 체험해 가겠다는 말이다. 그의 하나님 체험과 복음 진리의 묘미는 그래서 늘 새로움과 경이로움과 감사함으로 넘치게 된다. 요즘 진보 신학계가 말하는 신학적 전문 담론으로서의 '종교 다원론'과는 통하는 점도 있고 다른 점도 있다. 노장철학 등 세계 종교철학사 속에서 출현한 진리 담론에 개방적이며 배우려는 자세에서는 통하고, 그리스도교 예수 복음 안에서만 '궁극적 완성과 성취'를 본다는 점에서는 다른 입장이다.

이상에서 우리는 '오방五放'이라는 그의 아호를 심층적으로 이해해 보려고 노력했다. 이제 '오방정신' 혹은 '오방의 영성'에서 본 오늘의 한국 기독교의 문제는 무엇이며 그 과제는 무엇인가 성찰해 볼 준비가 되었다.

3. 오늘의 한국 기독교에 대한 비판적 자기 성찰

『논어』에 "근본이 바로서면 길이 생긴다(本立而道生)."는 말이 있다. "의사 병 진단이 바로 내려지면 환자 낫기는 반 이상 이룬 셈이다."는 노인정에 모인

---

9 월프레드 C. 스미스, 길희성 옮김, 『종교의 목적과 의미』, 분도출판사, 1991, 17쪽.

늙은이들의 경험담도 있다. 문제는 중병에 든 환자가 자기는 건강하다고 고집을 부리거나, 병 진단을 잘못 내리면 치료도 어렵고 환자만 고생한다. 근본 문제를 바로잡으려 않고 지엽적 문제만 들먹이면 해결될 살길이 생기지 않고 결국 망하게 된다. 오늘의 한국 기독교 근본 문제를 '오방의 정신'에서 성찰하면 다음과 같이 치명적인 '5가지 대죄'로 압축된다.

1) '가사 방만' 정신에서 본 우리 시대 한국 기독교의 '공교회 사유화 대죄'

「사도신경」에는 "거룩한 공회를 믿습니다."라는 고백 구절이 들어 있다. '거룩한 공회'란 교회를 교회답게 하는 4가지 필수적인 자기 정체성, 곧 "교회는 하나요Una, 거룩하고Sancta, 보편적이며Catholica, 사도적이다Apostolica."는 것이다.

오방정신의 첫 번째인 '가사에 방만'이란 앞에서 살펴보았듯이 그가 그리스도인으로서 믿는 자답게, 더욱이 목사로서 목사답게 살기 위하여 '가사家事'로 상징되는 일체의 혈연적, 혈육적, 사사적私事的, 자아 확장의 죄에서 해방되어 정결하고 공공성에 투철한 그리스도인의 삶을 살겠다는 정신이다. 그런 정신을 확철할 때만 목사라는 성직자로서, 교회를 섬기는 그리스도의 종으로서 교회의 하나됨, 거룩함, 보편성, 사도성을 바르게 지켜 갈 수 있기 때문이었다.

그런데, 오늘의 한국 기독교 첫 번째 죄는 무엇인가? 그것은 한마디로 말하면 '공교회 사유화 대죄公敎會 私有化 大罪'인 것이다. 그것은 구체적으로 성직 세습, 성직 매매, 개교회 중심주의, 개교단 중심주의로 나타난다. 별의별 명분을 갖다 대면서 중대형 교회의 담임목사직을 혈연적 관계자에게 넘겨주는 사례가 비일비재하다. 중세기도 아닌데 '성직 매매simonism' 관행이 21세기 광명천지에 있을까 하는 순진한 교인들이나 사회 통념에 반하여 부끄

럽게도 은밀하고 직간접적으로 전임과 후임의 담임목사 교체 과정, 교회 안에서 봉사 직분자 임직 과정, 교단 조직체의 교난상 선임 과정에서 각종 명분과 감사헌금 형태로 실상이 은폐되면서 자행되고 있다. 기도하는 집을 '강도의 소굴'로 만든 죄'(마가복음 11:17)를 범하고 있다.

"교회는 본질적으로 하나요, 거룩하며, 보편적이고, 사도적임을 믿습니다."라는 오랜 교회론의 본질은 적어도 한국 개신교에서는 무너진 지 오래다. 개교회 중심주의와 개별 교회 중심주의가 신성로마제국 영토안에 서로 경쟁하면서 존립하던 지방 영주의 소왕국들처럼 '작은 종교 왕국'을 세워 놓고 그 안에서 왕 노릇 한다. 보편적 우주적 교회 의식도 없고, 진정한 민족 평화통일 염려나 인류 문명에 대한 비전도 없다. 한국 기독교의 대형 교회들은 '야누스적'인 양면 얼굴을 지닌다. 그 대형 교회들은 오늘의 한국 기독교 위세를 사회와 세계에 과시하는 실세이면서도, 매우 역설적이게도 초창기 한국 기독교 선구자들이 이뤄 놓은 '위대한 신앙 유산들'을 완전히 무너뜨리고 한국 기독교의 변질을 가속화시키는 '도둑의 소굴'이 되고 있다.

'동체대비심同體大悲心'이나 자기희생적인 순수한 '아가페 사랑'을 느낄 수 없다. 한국 사회는 우리 시대 한국 개신교를 '집단적 이기심에 사로잡힌 특정 종교 집단'으로 평가할 뿐이다.

2) '사회 방일' 정신에서 본 우리 시대 한국 기독교의 '거듭남 없는 명예욕 탐닉 대죄'

오방정신에서 '사회에 방일' 정신은 결국 일체의 사회적 관계에서 양반 체면, 자기 위장, 품위 유지, 명예직 연연, '노블레스 오블리주noblesse oblige' 수행 따위를 다 버리고 초연超然하고 초탈超脫한 삶의 태도를 말한다. 순수 씨알로서 살겠다는 진정한 출가자 삶의 태도에로 복귀를 말한다. 그렇게 된 사람의 자연스런 삶의 모습이 '화광동진和光同塵'의 삶이다.

'사회에 방일'이라는 오방의 영성에서 보면, 우리 시대 한국 기독교의 둘째 번 대죄는 '거듭남 없는 명예욕 탐닉 대죄'에 빠져 있다. 왜 그렇게 되었는가? 왜 경건의 모양새는 있는데 경건의 능력은 없는가? 우리 시대 한국 기독교 성직자라 칭하는 사람들에게서 '출가자出家者 정신'을 찾아보기 어렵고, 그리스도인이라 부르는 신도들 중에서 '거듭남[重生] 체험 정신'이 사라져 버렸기 때문이다.

"기독교란 어떤 종교인가?" 라고 묻는다면 간단하게 두 가지로 대답할 수 있다. 예수께서 말씀하신 대로 "사람이 거듭나지 않으면 하나님 나라를 볼 수도 없고 들어갈 수 없다."(요한복음 3:3-5)고 주장하는 종교이고, 그 '중생 체험'을 한 사람에게는 세계관의 가치 전도가 자연스럽게 일어나서 "큰 자가 섬기는 자 되고, 으뜸 되는 자가 꼴찌의 종이 되는 종교이다."라는 것이다. 최홍종이 만났던 광주 지역의 초기 선교사들이 그런 사람들이었다.

출가정신出家精神은 유독 삭발하고 세속 인연 끊고 불교에 귀의하려는 불자佛子에게만 해당되는 정신이 아니다. 무릇 모든 참종교 안에는 출가정신이 핵심이다. 종교학적으로는 '통과의례通過儀禮'라는 것이다. 그리스도교 용어로 말하면, 사도바울의 고백 " 내가 그리스도와 함께 십자가에 못박혔나니 그런즉 이제는 내가 사는 것이 아니요 오직 내 안에 그리스도께서 사시는 것이다."(갈라디아서 2:20)라는 구절에서 정형화 되고 있다.

그런데 근본 문제가 무엇인가? 우리 시대 기독교인들이 종교 생활을 한다는 신앙인으로서 '통과의례'가 없고 너무 쉽게 세례 의식이 남발되어 '짝퉁 기독교인'을 양산해 냈다는 점이다. 더욱 심각한 근본 문제는 적어도 목사나 장로직 신분으로 교회를 섬긴다는 지도자들에게 출가자 정신도 없고, 중생 경험도 없고, 경건을 위장하면서 끈질긴 명예욕과 자기애를 극복하지 못하고 '경건한 무신론자들'이 되어 간다는 점이다. 문화체육관광부에 종교 단체나 사단법인체라고 등록된 '대한예수교장로회 ○○'라는 명칭의 교단이 수십 개에 달하고, 소위 '한국기독교총연맹'에 가입되어 있는 단체들이 수십 개에 달하는데, 그 교파 분열과 교권 투쟁의 중심엔 '명예욕'이라는 블랙홀이 있고, 예수 복음을 정면으로 부인하는 '높은 자가 섬김받겠다'는 반기독교적인, 아니 실질적 적그리스도적인, 경건을 가장한 무신론자들이 득실거리기 때문이다.

3) '경제 방종' 정신에서 본 우리 시대 기독교의 '맘몬 숭배, 성장 신화 숭배 대죄'

오방정신에서 '경제에 방종'이란 한마디로 인간이란 정신과 육체의 통전 존재이지만, 육체가 요구하는 물질성, 오감 충족, 계량화 법칙에 끌려 다니지 말고, 정신성, 자기 초월성, 주체적 사유 능력이 주도하는 삶을 살자는 것이다. 물질·육체·경제·돈이 본질적으로 악이거나 죄라고 보는 마니교적 종교가 아닌 것이다. 한마디로 사람이 살아가는 데 '떡'이 필요함을 인정하지만 "사람이 떡으로만 살 것이 아니요 하나님의 입으로부터 나오는 모든 말씀으로 살 것"(마태복음 4:4)임을 철저히 믿고 그렇게 사는 것을 말한다. 최흥종은 나병환자 돌봄, 결핵환자 치료 병원 신설, 거지들의 의식주 문제 해결, 한민족의 빈곤 문제를 풀기 위해서 '경제' 문제, 다른 말로 '황금'(돈)이 얼마나 필수불가결한 요소인가를 뼈저리게 경험한 지도자이다.

경제 문제의 중요성을 부인하거나 너무 쉽게 대수롭지 않게 여기는 사람들은 진정한 종교인이 되지 못한다. 그런 사람은 물질과 돈과 맘몬의 위력을 견디지 못하여 아예 그것과의 투쟁을 포기하는 나약한 기권자인 것이다. 예수의 광야 시험의 제일 의제가 될 만큼 경제 위력은 막강하고, 위력적이고, 매혹적이며, 가히 하나님 말씀과 대결을 요청할 만큼 마성적인 것이다. 장공 김재준 목사의 '교역론' 강의에서 목사가 여자 문제, 돈 문제, 명예욕 문제에서 해방되면 목사 노릇 가능하고, 그 유혹에 패배하면 목사직을 수행 못 한다고 경고하셨던 말씀이 진실임을 실감한다.

우리 시대 한국 기독교의 대죄 중에서 후세에도 길이길이 지적될 문제가 "1960년대 이후 반세기 동안 한국 기독교는 치열하게 복음 전도하고, 치열하게 교회 성장시켰지만, 동시에 철저하게 맘몬 숭배자가 되고 무한 경쟁과 성장 신화의 충실한 추종자가 되어 버린 대죄를 범했다."고 훗날 교회사가는 틀림없이 기록할 것이다. 그렇지 않다고 변명하지 말아야 한다. 우리 교회는 깨끗하고 일부 타락한 교회만 그렇다고 자기 변호를 해서는 안 된다. 우리 시대 한국 기독교는 출애굽 시절 아론과 그 백성처럼 금송아지를 만들어 섬기고 춤추고 노래하며 '하나님의 거룩'을 더럽혔다. 그럴 수밖에 없는 것이, 한국 기독교만이 아니라 세계 지구촌 문명 전체가 '황금 숭배 문명시대'에로 퇴보 전락한 패역한 시대이기 때문이다.

우리 시대 기독교의 대죄가 '맘몬 숭배요 무한 경쟁 성장 신화 추종죄'라 함은 공공연한 것이 되었다. 근대철학의 기본 패러다임을 놓은 르네 데카르트의 '정신/물질 이원론'에 의하면 '물질'의 본질적 속성은 '연장실재延長實在(res extensa)'란 것이고, '정신'의 본질적 속성은 '사유실재思惟實在(res cogitans)'라고 규정했다. '연장실재'란 글자 그대로 크기와 길이와 양 측정이 가능한 실재란 말이다. '사유실재'란 계량 측정이 불가능한 생각·사상·가치·의미·진선미·영혼 같은 실재란 말이다. 그런데, '연장실재'는 사람의 오감에 자극을 주고 실증할 수 있는 것이기에 자연히 거기에 더 큰 일차적 관심과 신뢰를 부여한다.

우리 시대 기독교는 노골적인 맘몬 숭배, 물질 숭배, 크기와 속도의 숭배자가 되어 버린 셈이다. 교회당이 크고, 신도 숫자가 많고, 교회 예산이 크고, 교역자가 타고 다니는 자가용의 배기량이 크면 성공한 교회요, 복음적 교회의 표징이요, 금생과 내생에 구원 보장을 확실히 해 주는 영생 보험회사다. "잘살아 보세."와 "더 잘살게 해 주겠다."는 정치가의 약속이면 정의, 인권, 민주, 생명 가치, 진실 따위는 이차 삼차 순위로 밀어 두고 지지해 주고 지도자로 삼는 데 앞장서서 충성한 정권 친위 부대로 자처하고 위세까지 부린 모습이 우리 시대 한국 기독교의 자화상이다.

우리 시대 한국 기독교가 맘몬 숭배 종교라는 확실한 표징은 교계 신문이나 일반 신문에까지 '교회를 팝니다'라는 광고가 버젓이 나오는 현실이다. 좀 더 정확하게 말하면, 사거나 팔아지지 않는 영적 '교회'가 아니고 '교회당, 교회터'를 만부득이한 형편으로 매도한다는 말이겠지, 하고 부정하고픈 심정이다. 그러나, 현실로는 교회당 건물이나 건물터만이 아니라 '교인 머리 숫자'가 매매가에 중요 평가 요소로 작용하고, 특정 교회가 은행 융자를 받을 때도 융자금 '상환 능력' 감정 평가 기준에서 교인 숫자와 교인들의 경제적 사회계층 분포도가 평가 기준에서 작용한다는 말을 들을 때는 '절망'하게 된다.

우리 시대 한국 기독교가 왜 맘몬 숭배와 무한 성장 신화 추종자가 되었는가를 설명하기 위해서 장황한 경제사회학적인 전문 지식을 이 자리에서 반복할 필요가 없다. 세계를 휩쓸고 있는 소위 말하는 '세계화', '신자본주의 시장경제의 지배', '국경을 초월한 금융자산과 다국적기업의 황포', '국제 무기상들과 에너지 독점 지배자들의 야합' 등등 현실적 시대 상황을 이유로 댄다고 해서 거룩한 '하늘 기관이자 그리스도의 몸'인 교회가 맘몬 숭배자와 무한 경쟁 숭앙자로 전락하는 대죄에 '관용과 용서'의 빌미가 될 수 없다.

우리 시대 한국 기독교는 회개해야 한다. 맘몬 숭배자였음을 회개해야 한다. 가난해져야 한다. 피 묻고 더러운 탐욕에 절여진 헌금이라도 제단에 바쳐지고 성직자가 성별 기도하면 모두 '성화'된다는 주술적 마술 신앙을 벗어던

져야 한다. '갈릴리 예수의 생명과 진리의 복음'을 '기복신앙 종교 기업체'로 변질시킨 '종교의 물상화物像化'를 철저히 혁파해야 새 시대에 살아남을 수 있다. 새순이 돋아날 수 있다. 전체 기독교 교세가 1천만에서 500만이나 300만 명으로 감소되더라도 두려워 말고, 가난해지고 낮아져야 한다. 위세 부리고 공격적이며 점령하는 '십자군적 영성'을 청산하고 비우고 낮아지고 섬기는 '십자가의 영성'에로 전환해야 한다, 초대 이 땅에 온 의료 선교사들처럼, 그리고 한국 교계 지도자 안창호, 조만식, 이승훈, 김약연, 최흥종, 이상재, 김용기, 함석헌, 김재준, 한경직, 장기려 등 청빈하고 겸허했던 지도자들처럼 '화광동진'의 영성으로 되돌아가야 한다.

4) '정치 방기' 정신에서 본 우리 시대 교회의 '정치 이념과 정치 권력에 결탁 대죄'

오방 최흥종 목사에게서 '정치에 방기'하겠다는 진정한 뜻은 그리스도인으로서 탈정치화, 비정치화, 몰정치화 등 결국 정치적 아나키스트가 되겠다는 의미가 아니라, 현실 정치를 초월한 '영원한 하나님의 정치'에 참여하는 정치를 하겠다는 선언임을 앞에서 살폈다. 어거스틴의 역사 해석으로 말하자면, 세계 역사 안에 있는 모호한 두 역사 물줄기의 긴장 갈등 관계, 곧 하나님 사랑을 근본으로 하는 '신의 도성'과 인간 자기 사랑을 근본으로 하는 '땅의 도성'의 두 긴장 갈등에서 단연코 인간의 오만, 자기 자랑, 폭력적 힘에 의존하는 '땅의 도성'을 '방기放棄'하는 것이다.

시대 따라 변하고 제한받는 인간 정치학의 정치가 아니라, 하나님이 태초부터 행하시는 하나님의 세계 정치에만 참여하겠다는 선언이다. 그 '하나님의 정치'는 현대신학의 용어로서 '하나님의 선교Missio Dei'에 해당한다.

'하나님의 선교'란 하나님이 기독교라는 종교 교세를 확장하려고 전도한다는 뜻이 아니고, 하나님이 '세계 살림'을 제대로 영위하기 위하여 오늘도 세계 현실 한복판에서 일하고 계신다는 신학적 고백이다. 그 '하나님의 정치'의 정강 정책은 무위無爲의 정치, 사랑의 정치, 화해의 정치, 대동의 정치, 하늘과 땅을 아우르는 정치, 생명을 치유하고 살리는 정치, '현재를 영원한 미래로 접속시키는' 정치다.

'정치에 방기放棄'하는 최흥종의 '오방영성'의 관점에서 볼 때, 우리 시대 기독교의 대죄大罪는 유위有爲의 정치, 좌우를 편가르는 정치, 화해가 아닌 적개심을 부추기는 정치, 파당派黨의 정치, 하늘과 땅을 갈라놓는 정치, 형제 살인도 마다하지 않는 전쟁 불사의 정치, 현재와 미래를 단절시키고 정치적 현실에만 충성하는 죄이다. 이러한 대죄를 지난 50년간 짓고 있다.

지난 50년 동안 이 땅의 70%를 차지하는 보수적 기독교는 말로는 '정교 분리'를 주장하고, 교회는 '영혼 구원'에만 전념한다고 말하면서도, 현실적으로는 가장 노골적으로 '땅의 정치, 땅의 나라'에 정치적으로 충견처럼 복무하였다. 해방 정국에서 남북분단을 저지해 보려는 김구를 버리고 미국이 지지하는 이승만을 한국 기독교는 선택 지지했다. 해방 정국에서 북한의 교조적 공산주의자들의 박해를 몸으로 체험하고 남하한 후, 남북한의 화해를 포기하고 공산국가 박멸의 극우파 이데올로기를 표방하는 정권의 강력한 보루가 되었다. 박정희 군사정권이 유신체제 철권 정치를 할 때도 예언자적 비판 소리는 그만두고 진보적 기독교 형제들의 고난을 종북 좌파 세력 집단 "빨갱이 앞잡이"라고 몰았다.

김대중·노무현 정부 때 남북 화해와 교류 협력을 통한 전쟁 방지 평화 구축의 점진적 노력을 '빨갱이 정권의 북한 퍼 주기 정책'이라고 비난하는 데 나팔수 노릇을 보수적 한국 기독교 주류 세력이 자행했다. 베트남전쟁과 이라크전쟁 파병에 '자유·평화 군대'라는 명분을 내세우고 인간 살상이라는 국가 간 합리적 살인 행위에 아무런 양심 가책도 없이 '전투군 파병'에 지지

찬성했다. 4년 전 대선 때에는 장로 대통령을 세워야 나라가 복받는다고 도덕적으로 검증되어야 할 많은 의문들을 덮어 버리고 순진한 교인들을 설득하여 이명박 대통령 만들기에 일등 공신이 되었다.

지금 이명박 정권 말기에 이명박 정권이 저지른 온갖 실정과 비리가 드러나는데도, 그를 대통령으로 만들고 '용비어천가'를 불렀던 한국 개신교 대형교회 지도자들이라 자처하는 교역자들 중 그 아무도 '도덕적 책임'을 통감한다는 대국민 참회 언급이 없다. 도리어, 이명박 정권과 차별화를 시도한다 해도 그 정당, 그 정치 뿌리인 현재 여당 정권 재창출에 지지 세력으로서 정치 전선을 재구축한다. 오방 최흥종의 '정치에 방기放棄'라는 정신에서 보면 큰 죄를 짓는 파렴치한 태도이다. 한마디로 말해서 우리 시대 한국 기독교는 냉전시대가 이미 끝난 지 30년이 지났는데도, '역사의 시계 바늘'을 냉전시대에 고정시켜 놓고, 남북 화해와 평화통일을 방해하면서 극우 정치이념을 우상처럼 섬기고, '날씨는 분별할 줄 알면서 시대의 표적은 분별할 줄 모르고'(마태복음 16:3) 탐욕과 권력욕에 맞들인 '어용 사제단'들이 되어 있다.

5) '종교 방랑' 정신에서 본 우리 시대 기독교의 교회의 '동굴의 우상'에 빠진 대죄

최흥종의 '오방영성'에서 '종교에 방랑'이란 김삿갓의 '방랑삼천리' 노래 가사와는 아무 관련도 없고, 학술적 '종교 다원론 담론'과도 관계없는 것임을 앞에서 살폈다. '종교에 방랑'이란 역사적 종교 형태로서의 제도적, 교리 체계적, 교권적 기독교 왕국은 '하나님의 나라'(천국)와 구별되어야 한다는 것이다. 하나님을 마음의 깊은 지성소에서 '영과 진리로 예배하며'(요한복음 4:24), 삶 한복판에서 임재하시는 '일상 속에서의 초월 경험'에 예민하여 '몸으로 산제사를 드린다'(로마서 12:1)는 자세의 영성을 말한다.

더 래디컬하게 말하면, 칼빈이 경고한 대로 인간이란 '우상 제작소'이기 때문에 오직 하나님만 하나님으로 예배하고 영광 돌리라는 제1, 2, 3계명을 어기고, 기독교라는 역사적 종교, 성경이라는 종교 경전, 정통 신학 체계, 교권 성직 질서, 심지어 교회당을 하나님처럼 섬기고 우상화하기 일쑤이다. 최흥종의 '종교에 방랑'이란 '역사적 종교로서의 기독교라는 종교 동굴'에 갇히지 말자는 것이다.

플라톤은 『국가POLITEIA』 제7권에서 저 유명한 '동굴의 비유'를 통하여 인간이 진리와 참실재를 알기 전에 '동굴'로 상징되는 인식론적 패러다임과 해석학적 제한성에 얼마나 쉽게 갇혀 살기 쉬우며 그 '동굴' 밖의 진리의 세계가 실재한다는 진실을 받아들이기 어려운 것인가를 비유를 통해서 실감나게 교육한 바 있다. 탄생 후 한 번도 동굴 밖 태양이 빛나는 세상을 나가 본 적 없는 노예는 동굴의 어스름한 불빛의 조명도가 눈에 익숙해지고 편안해지며, 동굴 밖에 다른 세상이 있다는 소식이 도리어 불안해지고 고통을 준다.

사도바울의 경험을 예로 들어 말한다면, 가마리엘 문하에서 배운 거룩한 유대교의 율법 종교도 '눈에 덮힌 비늘 같은 것'(사도행전 9:18)이 되어 '십자가의 복음의 빛' 그 자체를 방해한다. 플라톤의 고전적인 저 '동굴의 비유'와 사도바울의 다마스쿠스로 가는 도상에서의 회심 경험에서 상징적으로 말하는 '눈에 덮힌 비늘'이 말하려는 것은 무엇인가? 한마디로 말해서 우상 중에서 제일 무서운 우상은 '종교 우상'이라는 것이다.

'종교'는 '하나님, 진리 자체, 궁극적 실재'를 가리키는 손가락들이요, 매개체들이요, 경험한 체험담들이다. 그것이 종교 경전이요, 신학 체계이며, 예배 공동체로 조직화되면 '그리스도교라는 교회 단체'가 된다. 이 손가락들과 거룩한 매개체들은 단순히 '지시 기능'만 하지 않고 궁극적 실재의 힘과 의미에 '부분적으로 참여'하는 상징이 되기 때문에 사람들은 '상징물'과 '상징하려는 궁극적 실재 자체'를 동일시하거나 혼동하는 유혹을 쉽게 받는다. '그리스도교'라는 역사적 종교와 '교회'도 같은 유혹을 받는다. '새 하늘과 새 땅이 성취되면 거룩한 성 안에는 "성전을 볼 수 없다. 이는 주 하나님 곧 전능하신 이와 어린양이 그 성전이시기 때문이다."(요한계시록 21:22)

'역사적 종교'를 우상화시킬 위험은 각 종교들에게 모두 있지만, 그리스도교에서 특히 강하다. 그러나 예수께서 "아버지와 나는 하나이다."(요한복음 10:30) 말씀하시고, "나를 보는 자는 나를 보내신 이를 보는 것이다."(요한복음 12:45)고 말씀하지만 "내가 곧 하나님이다."라고 말씀하신 적은 없다. '예수 그리스도는 성전보다 크신 이(마태복음 12:6)'이지만 "아버지는 나보다 크시다."(요한복음 14:28)고 증언했음을 기억해야 한다.

매우 역설 같지만, 가장 하나님에게 열심이고 충성하는 기독교가 도리어 그 열심히 지나쳐 하나님을 대신하려는 '기독교 우상화, 성경 우상화'라는 신성 모독죄에 빠져 결과적으로 하나님의 영광을 가리우고, 그 이름을 욕되게 하는 현실이 벌어지고 있는 것이다. 그런데도 불구하고 플라톤의 '동굴 비유'가 말하는 바처럼, '기독교라는 역사적 동굴'에 갇힌 사람들 당사자들만 그 사실을 모르거나 느끼지 못한다.

우리 시대 한 신학적 거장 폴 틸리히는 그의 생애 마지막 무렵 매우 중요한 말을 남겼다.[10] 첫째, 모든 위대한 역사적 종교들은 각각의 종교들을 역동적이게 만드는 특수성을 가지고 있다. 그 특수한 자기 정체성을 쉽게 버리거나 약화시켜서는 안 된다. 둘째, 그러나 동시에 역사적 종교들은 각각의 종교들이 지닌 특수성을 통해서 궁극적인 것을 지시하거나 매개하기 때문에, 자신의 특수성을 절대화하지 말고 돌파하여 뚫고 들어가서 그 깊이에 들어가

10　Paul Tillich, *Christianity and the Encounter of the World Religions*, Columbia University Press, 1963, p.97.

야 한다. 셋째, 깊은 중심의 그곳 거기엔 모든 역사적 종교들의 특수성을 상내화시키면서, 그것들을 영석 자유에로 고양시키고 동시에 다른 것들 속에 현존하는 '영적 현존'을 볼 수 있는 눈을 뜨게 만든다.

틸리히가 말하는 그 자리가 바로 "이 산에서도 말고, 예루살렘에서도 말고, 아버지께 영과 진리로 예배하는 자리"(요한복음 4:21-24)가 아니겠는가?

4. 나가는 말: 어떻게 해야 하는가?

'오방정신' 혹은 '오방의 영성'의 자리에서 우리 시대 기독교의 적나라한 모습을 성찰해 보았다. 혹자에게는 너무 편파적이 아닌가, 너무 부정적인 견해가 아닌가, 너무 가혹한 진단이 아닌가라고 비판할 수 있다. 물론, 바알에게 무릎 꿇지 아니한 하나님이 감춰 두신 7천 명이 있음을 믿는다. 그들이 있기에 오늘의 한국 사회와 한국 기독교가 명맥을 이어 가는 것이다. 그러나, 그런 의인들은 극히 예외적인 경우이고, 대부분은 철저하게 개혁되어야 하고 다시 죽고 살아나야 한다.

오방실에 걸려 있는 백범의 휘호 '和光同塵화광동진' 네 글자를 다시 음미함으로써 결론을 대신하기로 한다. 잘 알다시피 '화광동진'은 "화기광 동기진和其光 同其塵"의 축약어이다. 노자『도덕경』이 말하는 '진리 자체인 도道'의 존재 방식이 그러하고, '도道'를 터득하고 '도道'를 생명체로서 살아가는 참사람의 삶의 스타일이 그러하다는 말이다. '도'를 철학적으로 말하면 '진리 자체'요, 종교적으로 말하면 '하나님'이요, 기독교 신앙으로 말하면 '그리스도'이다.

그리스도인이란 '진리·생명·사랑·은혜' 그 자체이신 하나님을 그리스도를 통하여 만남으로써 그 생명이 안팎으로 '빛으로 환해진 사람'을 일컫는다. 종교 의식상 세례를 받았느냐 아니 받았느냐, 정통 교리 신조를 받아들이느냐 안 받아들이느냐 따위는 그리 중요한 문제가 아니다. 문제는 그가 과연 '빛으로 조명당한 존재이며, 그 자신의 속에 빛이 어둡지 않고 밝게 빛나고 있느냐가 문제이다. 그 빛은 너무나 황홀하고 빛나서 그대로 사람 눈의 동공에 들어가면 시력을 상하게 할 수 있다.

그래서 '도인道人, 진인眞人'은 눈부신 빛을 누그러뜨려서 상대방의 시력을 편안하게 해 주는 배려까지 하게 된다. 그것이 '화기광和其光'이다. '화和'라는 글자 속에는 낮춤, 겸손, 감춤, 약해짐, 평등과 평화, 그리고 밥을 함께 나누어 먹는 식탁 공동체 의미가 있다. 그러므로 먼저 해야 할 일은 "네 속에 있는 빛이 어둡지 않은가 보라!"(누가복음 11:35)는 예수님 경고 말씀을 듣고 아직도 내 안에 빛이 꺼지지 않고 있는지의 여부를 점검할 일이다. 그것이 바로 그리스도교 교회사 속에서 참된 경건주의 운동과 신비주의 운동이 강조하려는 핵심이다. 둘째는, 만약 조금이라도 그 빛이 내 안에 있다면 낮추고, 겸허해지고, 비우고, 약해지고, 평화를 위해 힘쓰는 자가 되어야 한다. 탐심 중에서도 가장 나쁜 탐심이 '영적 탐심'임을 절감해야 한다.

둘째 구절 '동기진同其塵'에서 '진塵'이란 먼지, 흙, 바닥 사람, 사회적으로 관심 밖에 있는 힘없는 존재자들, 민중, 씨알들을 말한다. '동同'이란 동참, 동화, 동일화, 함께 거함, 성육신을 말한다. 그러면 누가 어떤 존재가 '흙 속에 묻힌다'는 말인가? 제대로 수정되어 알곡으로 영글지 못한 씨가 흙 속에 묻히면 함께 썩어 버릴 뿐 새싹은 나오지 않는다.

그리스도인이란 누구인가? 도대체 "예수를 믿는다."는 말은 무슨 뜻인가? 예수가 하나님의 아들이요, 삼위일체의 둘째 위격이시고, 동정녀 몸에서 나신 이요, 내 죄를 대신해 죽어 주신 이요, 부활하시고 다시 오실 이라는 것을

'인정'하는 것을 '예수 믿음'이라 하는가? 그렇게 인정한다고 해서 내게 오는 변화가 무엇인가? '예수 믿음'이란 글자 그대로 예수를 믿는 것이지 '예수에 대한 교리와 정통 신학 주장'을 머릿속에 지식적으로 수용하는 일이 아니다.

'예수 믿음'이란 예수라는 사람을 깊이 속마음까지 아는 일이요, 알수록 사랑하게 되는 일이며, 사랑하면 할수록 그의 뜻과 맘을 닮고자 하는 열망이 일어나서, 마침내 예수를 내 생명으로서 살게 되는 생명 사건을 '예수 믿는다'고 하는 것이다. 예수 앎, 예수 사랑, 예수 닮음, 예수살이, 그 네 가지는 단계적이면서도 동시적이다. 그렇게되면 그 예수쟁이 생명 속에는 "죽어도 죽지 않고, 살아서 그를 믿는 자는 영원히 죽지 않는 영생하는 생명"(요한복음 11:25) 영적 DNA가 영글게 된다. 바로 그 생명체가 바닥 사람들, 먼지와 흙 속에 묻혀야 60배 100배 결실을 맺는다. 씨앗이 영글지 않으면 아무 싹도 아니 나오고 먼지 속에 사라질 것이다. 그러므로, 내 속에 영생하는 속 생명이 영글어 가는지 확인할 일이요, 둘째는 민중의 흙 속에 묻히는 일이다.

12월 대선은 또 한 번 하나님이 한민족과 한국 기독교에게 주시는 시험장이다. '시험장'은 기회이면서 글자 그대로 유혹자로부터 '시험받기 딱 알맞은 때'이다. 지난 한국 현대사 50년 동안 다섯 가지 대죄를 지어오던 한국 주류 기독교가 회개하고 속죄하는 기회로 삼을 것인가, 유혹자의 달콤하고 그럴듯한 '시험'에 또 한 번 넘어가 '역사의 심판'을 받을 것인가는 하나님도 강요하지 못하시고 지켜보실 것이다. 그러나, 하나님은 만홀히 여김받지 않으시는 분이기에 "무엇을 심든지 심는 대로 거두게 할 것이다."

스스로 속이지 마라. 하나님은 업신여김을 받지 아니하시나니, 사람이 무엇을 심든지 심는 대로 거두리라. 자기의 육체를 위하여 심는 자는 육체로부터 썩

어질 것을 거두고, 성령을 위하여 심는 자는 성령으로부터 영생을 거두리라. 우리가 선을 행하되 낙심하지 말지니 포기하지 아니하면 때가 이르매 거두리라.(갈라디아서 6:7-9)

광주YMCA 제2기 '오방학교' 발표 논문, 2012. 11. 9.

참고문헌

길희성, 『마이스터 엑카르트의 영성사상』, 분도출판사, 2003.
김경재, 『내게 오는 자 참으로 오라: 함석헌의 종교시 탐구』, 책보세, 2012.
김경재, 「장공의 교회론을 다시 생각한다」, 장공기념사업회, 2008.
김동춘, 「박정희시대의 민주화운동」, 유신과 다시 맞서는 목요기도회 모임특강, 장공기념사업회, 2012.
문순태, 『성자의 지팡이』, 다지리, 2000.
변상욱, 「신자유주의 시대의 저널리즘과 영성」, 장공기념사업회, 2012.
선한용, 『성어거스틴에 있어서 시간과 영원』, 성광문화사, 1986.
오방기념사업회, 『화광동진의 삶』, 광주YMCA, 2000.
장회익 외, 『내게 찾아온 은총: 깨달음을 통한 주체적 신앙』, 한국기독교연구소, 2012.
폴 틸리히, 송기득 역, 『폴 틸리히의 그리스도교 사상사』, 한국신학연구소, 1983.
플라톤, 박종현 역, 『국가』, 서광사, 1997.
함석헌, 『뜻으로 본 한국역사』, 한길사, 1983.
Paul Tillich, *Christianity and the Encounter of the World Religions*, Columbia University Press, 1963.
W. C. 스미스, 길희성 역, 『종교의 의미와 목적』, 분도출판사, 1991.

양회석

오방과 노자

기독교와 도가의 대화

1. 들어가는 말

오방은 목사 최흥종崔興琮(1880~1966)의 호이다. 구한말에 태어나, 일제강점기를 거쳐 해방 초기에 이르는 격동의 시기에, 그는 민족운동, 선교활동, 건국활동, 사회사업에 헌신하였는데,[1] 특히 나환자와 거지로 대표되는 사회적 약자를 온몸으로 감쌌던 인물로 유명하다. 1966년 그가 사망하자 광주 최초의 사회장으로 그를 애도하였고, 많은 사람이 그를 이 시대 마지막 성자라고 기억하고 있듯이, 그는 커다란 정신적 자산을 남겼다. 물론 눈으로 쉽게 확인할 수 있는 유형적 업적도 적지 않게 남겼다.[2] 때문에 "참으로 광주가

---

[1] 이에 대해서는 한규무, 「오방 최흥종의 생애와 민족운동」(『한국독립운동사연구』 제39집)에 잘 정리되어 있다.

[2] 그의 손자인 인류학자 최협은, 물질적으로 아무것도 소유하지 않으면서 이 고장에 많은 것을 남긴 할아버지의 삶을 다음과 같이 요약한다. "금남로에서 학동에 이르는 광주의 중심에는

낳은 위대한 기독교적 선지자였고, 조국을 위해 헌신하신 민족의 큰 족적을 남기신 지도자"라는 평가가 결코 지나치지 않다.³

일반적으로 오방의 삶은 주로 기독교적 관점에서 조망된다. 예컨대 "그가 보여 준 복음적-사회봉사적-목회자로서의 삶은 교회발전과 선교에 아주 적합한 모범이라고 할 수 있다."라고 요약한 것이 대표적인 예이다.⁴ 그런데 흥미로운 사실은, 그가 세상과 하직하는 순간까지 그의 머리맡에 『성경』과 더불어 노자 『도덕경』을 두었고, 노장老莊과 관련된 글을 남기고 있다는 점이다. 또한 1947년 백범 김구 선생이 정계 입문을 권유하자, 오방은 지금의 사회 활동을 계속하겠노라고 이를 거절하였다. 그러자 백범은 '화광동진和光同塵'과 『노자』 제33장을 휘호하여 증정함으로써 존경을 표시하였다.⁵ 백범의 눈에 비친 오방은 노자 사상의 실천가였음에 분명하다.

『성경』과 『노자』, 달리 말하자면 서양의 기독교와 동양의 도가를 오방은 자신의 최후 동반자로 나란히 받아들이고 있는 셈이다. 광주의 유명 인사인 의재毅齋 허백련許百鍊(1891~1977)과의 교유에서, 의재는 오방에게 『노자』를 권하고, 오방은 의재에게 『성경』을 서로 권했음은 널리 알려진 일화이다.⁶

할아버님이 설립하신 광주 중앙교회가 있고 할아버님께서 전통을 세우신 YMCA, 그리고 할아버님께서 상해까지 가서서 거금의 설립 자금을 가져와 시작한 전남의대가 있다. 이들은 영혼, 육신, 사회 등 서로 다른 영역에 관여하는 기관들이지만 모두 사회적으로 베푼다는 공통점을 갖고 있으며 그동안 광주의 뜻있는 후세들에 의하여 건강한 기관들로 육성되어 시민들의 긍지가 되고 있다." 최협, 「죽음을 두려워하지 않은 삶」, 오방기념사업회, 『화광동진의 삶—오방 최흥종 선생 기념문집』, 250쪽. 이하 『화광동진』으로 표기.

3 최영관, 「내가 만나 본 목사 오방五放 선생님」, 『화광동진』, 239쪽.
4 차종순, 「호남교회사에서 복음적 사회운동에 관한 한 연구—오방 최흥종 목사의 생애와 사상을 중심으로」, 『한국기독교와 역사』, 92쪽.
5 『화광동진』, 68쪽.
6 오방기념사업회, 『영원한 자유인—오방 최흥종 목사의 생애』, 광주YMCA, 124쪽. 이하 『자유인』으로 표기.

기실 당시 『노자』를 중심으로 하는 동양 고전과 서양의 종교 사상을 연계시키려는 흐름이 있었다. 다석多夕 유영모柳永模(1890~1981), 씨울 함석헌咸錫憲(1901~1989), 무위당无爲堂 장일순張壹淳(1928~1994)이 『노자』 등 동양 고전을 기독교적 관점에서 해설하였던 대표적인 인물들이다.[7] 이러한 사상적 기풍은 불교 도입 초기, 중국에서 성행했던 이른바 격의불교格義佛敎를 연상시켜 흥미롭다.[8]

따라서 『노자』와 관련지어서 오방의 삶과 사상을 검토하는 일은, 오방의 면목을 온전하게 파악하는 길이자, 한국 현대 지성사의 이해에도 일정 정도 기여할 수 있을 것으로 기대된다. 관점을 바꾸어 보면, 『노자』의 현대적 의미와 기능을 짚어 보는 작업이라 하여도 좋다.

2. 오방의 삶: 도가적 기행

2-1

오방은 남다른 생애를 살았다. 그러나 그 중 가장 남다른 것을 하나만 들라고 한다면 단연 '거세 수술'일 것이다. 1935년 초, 그는 서울로 올라가 세브란스병원에서 정관 제거 수술을 받았다. 의사의 거듭되는 만류에도 불구하

---

[7] 전호근, 『한국철학사』, 737~738쪽. 유영모와 장일순은 『노자』를 번역, 해설한 책을 남겼고, 함석헌은 비록 책을 남기고 있지 않지만 일제강점기 시대에는 『성경』을 읽으면서 버텼고, 해방 후 혼란 상황에서는 『노자』와 『장자』를 읽으면서 견뎠다고 할 정도로 『노자』를 가까이 했다. 전호근, 『한국철학사』, 776쪽.

[8] 불교 도입 초기에 노자와 장자 등 중국인이 익숙한 고전의 용어와 개념으로 불교의 용어와 개념을 해설하고 이해하였는데, 이를 격의라 하고, 이러한 불교를 격의불교라 한다. 자세한 것은, 劉立夫, 「論格義의 本義及其引申」과 張申娜, 「從'格義'看佛敎中國化」 참조.

고 고집을 피우던 그는 의사의 질문에 그저 "귀찮으니까."라 답하였다고 한다.[9] 성 문제에 크게 관대해진 오늘날에도 흔하시 않는 일이거니와, 전통 의식이 강한 당시로서는 쇼킹한 일이었다. 기실, 오방은 기독교로 입문하기 전까지, 즉 24세까지 광주 일대에서는 널리 알려진 싸움꾼이었으며 건달패였다.[10] 한마디로 전형적인 '수컷'인 그가 스스로 '남성성'을 제거하고 '여성성'을 획득하고자 한 것이다. 이는 기독교적 상식은 물론이고 일반적인 상식에도 반하는 '기행奇行'이라 할 수 있지만, 노자적인 관점에서 보면 어렵지 않게 설명이 된다.

> 그 남성다움을 알고서, 그 여성스러움을 지키니, 천하의 계곡이 된다네(知其雄, 守其雌, 爲天下谿. 제28장)

물론 여기서 '남성'과 '여성'은 일종의 상징이다. 남성을 포기한 거세 수술 역시 일종의 상징이다. 주지하듯이, 노자는 세상에 폭력과 불의를 야기하는 '남성성'을 부정하고, 이를 치유하는 대안으로 '여성성'을 강하게 주장하였다. 다음 문구들이 대표적인 예이다.

> '골짜기 신'은 죽지 않는다네. 이를 일러 '현묘한 암컷'이라 하네. '현묘한 암컷'의 문이여, 이것이 천지의 뿌리이라네(谷神不死, 是謂玄牝, 玄牝之門, 是謂天地根. 제6장).

---

9 『자유인』, 115쪽.
10 『자유인』, 27쪽. 다음은 대표적인 일화 중 하나이다. "화순 사람들이 광주 장에 왔다가 최흥종을 만나지 않고 가는 날에는 운수 좋은 날이라고들 하였다. 광주 장에 갈 때마다 최흥종을 만나 술값을 뜯기고 행패를 당했기 때문이다."

'하늘의 문'이 열리고 닫힐 때, '여성'이 될 수 있을까(天門開闔, 能無雌乎. 제10장).

난 홀로 남과 다르나니, '먹여 주는 어미'를 귀하게 여기노라(我獨異於人, 而貴食母. 제20장).

암컷은 늘 차분함으로 수컷을 이기면서, 차분함으로 아래가 된다네(牝常以靜勝牡, 以靜爲下. 제61장).

이러한 노자의 인식은 장자莊子에서도 확인된다. 막고야라는 산에 신인神人이 사는데, 그는 자신의 정신을 집중하면 만물이 병들게 할 수 있고 반대로 곡식이 익도록 할 수도 있는 막강한 신통력을 소유하고 있다. 그런데 그는 "얼음과 눈 같은 피부를 갖은 완연한 처녀"라고 장자는 기술하고 있다.[11] 오방이 노자나 장자의 직접적인 영향으로 거세 수술을 행했다고 섣불리 단정할 근거는 물론 없다. 그러나 최소한 노자와 무관하지 않음은 분명하다. 상식적인 관점에서 보면 의아한 '기행'이지만, 노자 또는 도가적인 관점에서 보면 이는 결코 기행이 아니라 오히려 자연스러운 행위라 할 수 있기 때문이다.

오방의 '여성성' 중시는 자연스럽게 현실 속의 여성 문제로 이어진다. 목사로서 오방이 중점을 두었던 사업 중의 하나가 여성을 위한 야학 운영이었다.[12] 당시 한국의 문맹률은 참으로 높았고, 특히 여성 문맹률은 더욱 높아 천

---

11 "藐姑射之山, 有神人居焉, 肌膚若冰雪, 綽約若處子, 不食五穀, 吸風飮露, … 其神凝, 使物不疵癘而年穀熟." 『莊子·逍遙遊』. 오방이 남긴 붓글씨 중에는 『장자』의 문구(「山木」편)도 있어, 그가 장자도 즐겨 읽었음을 알 수 있다.
12 이하 내용은 차종순, 「호남교회사에서 복음적 사회운동에 관한 한 연구—오방 최흥종 목

명 중에 구백이 무식자일 정도였다. 이와 같은 상황에서 그는 교회에 여성을 위한 한글 야학반을 교회 안에 개설하여 운영하였다. 그는 여성의 교육이야말로 한국의 앞날을 위한 기초석이 된다는 것을 확신하였으며, 특히 자신의 제수이며 한국 YWCA의 창립자 가운데 한 사람인 김필례의 여성운동을 적극 지원하였다.

또한 오방은 일찍이 조선의 어린아이 교육에 대한 큰 희망을 가지고 있었다.[13] 당시 광주 주일학교 운동을 이끌었던 외국 선교사를 통하여 어린아이 교육이 앞으로 얼마나 중요한가를 실감하였다. 어린아이 시절부터 하나님의 말씀으로 교육하는 것이 사람의 일생에서 매우 중요한 일로 보았던 것이다. 그리하여 1920년 6월경 북문밖교회로 재부임한 이래로 어린아이의 교육을 생각하다가 1921년 유치원을 운영하기로 하였다.

『성경』에서 예수가 '어린이'에 크게 주목하였던 사실은 널리 알려진 바이지만,[14] 이 점에서는 노자도 결코 뒤지지 않는다.

'기'를 모아 부드럽게 하여서, 간난아이가 될 수 있을까?(專氣致柔, 能嬰兒乎. 제10장)

사의 생애와 사상을 중심으로」, 53~54쪽을 참조함.
13 차종순, 「호남교회사에서 복음적 사회운동에 관한 한 연구」, 51~52쪽.
14 「마태복음」 18장 2-4절, "예수께서 한 어린 아이를 불러 그들 가운데 세우시고 이르시되 진실로 너희에게 이르노니 너희가 돌이켜 어린아이들과 같이 되지 아니하면 결단코 천국에 들어가지 못하리라. 그러므로 누구든지 이 어린아이와 같이 자기를 낮추는 사람이 천국에서 큰 자니라." 「마가복음」 9장 36-37절, "어린아이 하나를 데려다가 그들 가운데 세우시고 안으시며 제자들에게 이르시되 누구든지 내 이름으로 이런 어린아이 하나를 영접하면 곧 나를 영접함이요 누구든지 나를 영접하면 나를 영접함이 아니요 나를 보내신 이를 영접함이니라." 본 논문의 『성경』 구절은 하용조 편찬, 『개역개정판 비전성경』에서 인용하고 있다. 이하 동.

덕을 간직함이 두터움은 갓난아이에 비견되리라. … 암수의 교합을 아직 모르나 고추가 일어서니 정기의 지극함이라. 종일 우는데도 목이 쉬지 않나니 조화의 지극함이라(含德之厚, 比於赤子. … 未知牝牡之合而全作, 精之至也. 終日號, 而不嗄, 和之至也. 제55장).

기독교에서 어린아이는 하나님을 영접할 수 있는 조건이라면, 노자에게 갓난아이는 도의 별칭 내지는 상징이다. 요컨대 오방의 거세 수술 그리고 여성과 어린이의 중시는 '여성성'의 중시와 일맥상통하는데, 이는 『노자』를 관통하는 핵심 사상 중의 하나이다. '남성성'으로 인한 세상의 부조리를 치유하는 대안으로 노자가 '여성성'을 줄곧 제기하였음은 앞서 밝힌 바이다.

2-2

오방의 민족운동과 사회 활동은 다양했다. 광주신간회 지회장, 광주YMCA 회장, 전남 건준위원장, 미군정 고문회장 등 반듯하고 '높은' 공적 직책을 적지 않게 담당하였지만, 사실 특히 주목을 끄는 것은 지저분하다고 사람들이 꺼리는 '낮은' 사회봉사였다. 나환자와 걸인으로 대표되는 사회 소외 계층을 위해 온몸을 바친 것이야말로 그만의 진면목이라 할 수 있다. 포사이트 선교사가 나환자를 거두는 모습에 감동하여 새로운 인생을 걷기 시작한[15] 그는 거의 평생 구라救癩 사업에 종사하였고, 동시에 걸인들의 구제 운동을 벌였는데, 남다른 점은 그들 속으로 뛰어들어 함께 생활하였다는 사실이다.[16] 특히 「사망 통지서」(2-3에서 후술함)를 발송한 다음 그는 리어카를 하나 마련

---

15 『자유인』, 16쪽.
16 『자유인』, 65쪽.

하여 그 위에 간단히 덮고 잘 이불이며 옷가지들을 싣고, 스스로 그 리어카를 끌고 다녔다. 리어카를 끌고 다니며 걸인들이나 나환자들과 어울리다가, 밤이 되면 아무 데서나 리어카를 놓고 그 위에서 잤던 것이다.[17] 리어카는 짐수레로, 이러한 행동은 "성인은 종일 가면서도, 짐수레를 떠나지 않는다(聖人終日行, 不離輜重. 제26장)."는 『노자』의 문구를 떠올리게 한다. 물론 오방이 노자의 말을 실천하기 위해 짐수레를 끌고 다녔다고 단정할 수는 없다. 그러나 오방의 이런 행동은 『노자』에서 가장 유명한 대목 중의 하나인 '상선약수上善若水'의 정신과 통함은 분명하다.

> 가장 잘하는 것은 물과 같다네. 물은 잘하나니 만물을 이롭게 하면서 다투지 않고, 뭇사람이 싫어하는 낮은 곳에 처함을. 그러므로 도에 가깝다네(上善若水. 水善利萬物而不爭, 處衆人之所惡, 故幾於道. 제8장).

나환자와 걸인이 있는 곳은 바로 뭇사람이 싫어하는 곳, 즉 낮은 곳이다. 그러한 곳을 일부러 찾아 그들과 함께 하는 오방은 노자의 물의 정신을 고스란히 실천하고 있는 셈이다. 윗글에서 물은 당연히 도를 비유한다. 도는 잘하는 사람은 물론이거니와 잘하지 못하는 사회적 약자도 소중히 여기는 법이다.

> 도라는 것은 만물이 기도하는 깊숙한 곳으로, 잘하는 이의 보배이자, 잘하지 못하는 이가 보호받는 바이라(道者萬物之奧, 善人之寶, 不善人之所保. 제62장).

『노자』에서 '선善'은 '잘한다'는 뜻이다. 잘하는 사람을 대접하고 잘하지

---

17 『자유인』, 122쪽.

못하는 사람을 천대하는 것은 속세의 다반사이자, 심지어 일종의 규율이라 할 수 있다. 그러나 도의 입장에서 보면 '잘함'과 '잘하지 못함'은 상호 의존적인 것이므로, 잘하지 못하는 사람도 감싸야 한다.[18] 건강을 잃은 나환자나 경제 능력이 없는 걸인은 잘하지 못하는 사회적 약자들이므로, 그들을 우선적으로 돌보는 것은 노자의 도를 구현하는 일이 된다.

물론 나환자와 걸인에 대한 언급은 『성경』에서도 찾아볼 수 있다. 예수는 나병환자의 집에 유숙하고,[19] 또한 나환자를 치료하기도 하였다.[20] 맹인 거지를 구원하고,[21] 또한 지옥에 떨어진 부자와 천당에 오른 걸인을 이야기한 바 있다.[22] 따라서 나환자와 걸인과 함께한 '기행'을 노자의 영향만으로 한정할

---

18 『노자』 제26장, "그러므로 잘하는 사람은 잘하지 못하는 사람의 스승이네. 잘하지 못하는 사람은 잘하는 사람의 바탕이라네. 그 스승을 귀하게 여기지 않고, 그 바탕을 아끼지 않는다면, 비록 지혜로워도 커다란 미혹이라네(故善人者, 不善人之師. 不善人者, 善人之資. 不貴其師, 不愛其資, 雖智大迷). 이하 『노자』 구절은 통행본을 기준으로 필자가 정리, 번역한 것이므로 따로 출처를 표기하지 않는다.
19 「마태복음」 26장 6절, "예수께서 베다니 나병환자 시몬의 집에 계실 때에…."
20 「마태복음」 8장 1-4절, "예수께서 산에서 내려오시니 수많은 무리가 따르니라 한 나병환자가 나아와 절하며 이르되 주여 원하시면 저를 깨끗하게 하실 수 있나이다 하거늘 예수께서 손을 내밀어 그에게 대시며 이르시되 내가 원하노니 깨끗함을 받으라 하시니 즉시 그의 나병이 깨끗하여진지라 예수께서 이르시되 삼가 아무에게도 이르지 말고 다만 가서 제사장에게 네 몸을 보이고 모세가 명한 예물을 드려 그들에게 입증하라 하시니라."
21 「마가복음」 10장 46-51절, "그들이 여리고에 이르렀더니 예수께서 제자들과 허다한 무리와 함께 여리고에서 나가실 때에 디매오의 아들인 맹인 거지 바디매오가 길 가에 앉았다가 나사렛 예수시란 말을 듣고 소리 질러 이르되 다윗의 자손 예수여 나를 불쌍히 여기소서 하거늘 많은 사람이 꾸짖어 잠잠하라 하되 그가 더욱 크게 소리 질러 이르되 다윗의 자손이여 나를 불쌍히 여기소서 하는지라 예수께서 머물러 서서 그를 부르라 하시니 그들이 그 맹인을 부르며 이르되 안심하고 일어나라 그가 너를 부르신다 하매 맹인이 겉옷을 내버리고 뛰어 일어나 예수께 나아오거늘 예수께서 말씀하여 이르시되 네게 무엇을 하여 주기를 원하느냐 맹인이 이르되 선생님이여 보기를 원하나이다 예수께서 이르시되 가라 네 믿음이 너를 구원하였느니라 하시니 그가 곧 보게 되어 예수를 길에서 따르리라."
22 「누가복음」 16장 19-31절.

필요는 없지만, 백범 김구가 그에게 '화광동진和光同塵' 휘호를 선사하였던 데서 알 수 있듯이, 그의 행동이 노자의 인식과 밀접함은 분명하다. 이 점은 나쁜 평판이 모여든다고 하여 낮은 곳에 처함을 싫어했던[23] 유가의 태도와 견주어 보면 더욱 뚜렷하다.

2-3

'거세 수술'이라는 충격적인 '기행'을 감행한 뒤, 오방은 갑자기 자신의 사망을 알리는 일종의 부음을 인쇄하여 전국적으로 발송하였다.[24] 그 「사망 통지서」는 다음과 같이 시작한다.

> 1935년 3월 17일 이후, 나 五放 崔興琮은 죽은 사람임을 알리는 바입니다. 人間 崔興琮은 이미 죽은 사람이므로, 차후로 거리에서 나를 만나거든 아는 체를 하지 말아 주시기 바라오. 나 崔興琮은 오늘부터 이 地上에서 영원히 떠나 하나님 속에서 진실로 하나님과 함께 자유롭게 살 것입니다. 여러분들로 죄를 회개하고 하나님을 믿고 구원을 받기를 바랄 뿐입니다.

오방은 이처럼 「사망 통지서」를 작성한 이유를 일본 무교회주의자 신학자의 영향이라고 스스로 밝힌 바 있지만,[25] 그가 죽음을 선언한 것은 돌발적인 행동이 결코 아니었을 것이다. 기독교에서 죽음은 영적 거듭남을 의미하기 때문이다. 박종렬은 "1. 어둠과 불의의 세상 속에 정도正道를 지키고 어용御用

---

23 "子貢曰, … 君子惡居下流, 天下之惡皆歸焉."『論語·子張』.
24 『자유인』, 118쪽.
25 한규무, 「오방 최흥종 목사의 신앙노선과 선교활동」, 11쪽.

에 물들지 않기 위해, 즉 본인 자신을 지키기 위한 길의 선택. 2. 자신의 육체는 십자가에 못 박고 이제는 오직 하나님과 연합된 삶과 그리스도와 하나 된 삶을 살겠다는 결단이다."라고 하였지만,[26] 그 직접적인 동기에 대해서는 언급하지 않았다. 반면 차종순은 그것이 신사참배와 관련된다고 적시하고 있다.

> 일제가 종교교육부를 총회 내에 설치하여 기존의 교회를 통제하고, 노회와 총회를 통하여 신사참배를 결정하고, 교인들에게 적당하게 타협하며 살 것을 가르치는 목회자들을 대신하여, 1935년 "나는 죽었다."라는 「사망 통지서」를 친지 및 가족들에게 발송함으로써 하나님께 사죄하였다. 이러한 의미에서 최흥종 목사는 이 시대의 아픔을 짊어지고 가는 어린양, 도살장으로 끌려가는 고난받는 종이었다.[27]

오방이 자신의 죽음을 선포한 것은 분명 당시 시대 상황에 따른 대응 조치였음에 분명하다. 그러나 신사참배를 거부하기 위한 임시방편만은 아니었을 것이다. 그러한 선언만으로 시대적 압박을 비켜갈 수는 없을 터였기 때문이다. 어쩜 더 근원적인 동기가 있는지도 모른다. 『노자』의 다음 두 구절에서 작은 실마리를 찾을 수 있을 듯하다.

> 최상은 그가 있는 줄도 모른다네(太上, 不知有之. 제17장).

> 도는 늘 이름이 없고 '통나무'라네(道常無名, 樸. 제32장).

---

26   박중렬, 「목회자로서의 오방의 생애와 사상」, 『화광동진』, 59쪽.
27   박중렬, 「목회자로서의 오방의 생애와 사상」, 『화광동진』, 85쪽.

노자가 이상으로 여기는 최고 경지의 도는 그것의 존재마저 알 수 없다. 존재를 모르니 이름이 있을 턱이 없다. 그러나 도는 하지 않음이 없다(無不爲). 오방이 선언한 죽음은 당연히 육체의 소멸을 의미하지 않는다. 그의 죽음은 사회적 자아의 죽음으로, 달리 말하자면 이름의 소멸을 의미한다. 이 역시 공자와 극명하게 대조를 이루는,[28] 노자다운 발상이라 할 수 있다.

이상 살펴본 오방의 삶은 결코 평범하지 않는 '기행'이었고, 그 속에는 노자의 짙은 그림자가 어른거리고 있었다. 아마도 이는 일제강점기와 건국 초기의 혼란과 격동 속에서, 노자의 주장에 그가 공감하였기 때문이리라. 다시 말해 어두운 세상을 야기하는 '남성성'을 질타하고 이를 치유하는 대안으로 '여성성'을 강력하게 주장하였던 노자에게서 기독교인 오방은 또 다른 가능성을 발견하였던 것으로 보인다.

3. 오방의 사상: 도와 사랑

3-1

오방은 이론가가 아니고 실천가이기 때문에 많은 글을 남기지는 않았다. 그렇지만 그중에 『노자』와 관련지어 의미 있는 글을 붓글씨로 남겼으니, 〈도의 노래道歌〉와 〈사랑의 융통성愛的轉融性〉이다. 먼저 〈도의 노래〉부터 살펴보자.

28　"子曰, 君子疾沒世而名不稱焉."『論語·衛靈公』.

| 道歌 | 도의 노래 |

蒼蒼之天,	푸르고 푸른 하늘이고,
溢溢之極.	넓고도 넓은 대지로다.
日月星辰,	해와 달 그리고 별들,
无非行道.	도를 행하지 않음 없네.
諸般庶物,	가지가지 온갖 것들,
出自是道.	이 도에서 나온다네.
道是人格,	도야말로 인격이니,
人格是道.	인격이 바로 도일세.
道是救主,	도야말로 구주시니,
救主是道.	구주가 바로 도일세.
再臨審判,	재림해 심판할 적에,
歡迎之道.	기뻐 맞이할 도일세.

何東何西,	무슨 동과 서인가,
無南無北.	남도 북도 없구나.
春夏秋冬,	봄과 여름 가을과 겨울,
代謝自道.	갈마듦이 절로 도이네.
道是上帝,	도야말로 하느님이니,
上帝是道.	하느님이 곧 도이네.
道是耶蘇,[29]	도야말로 예수이니,

---

29 원래 "人是耶蘇"로 되어 있지만, 문맥상 통하지 않아 바로잡았다.

耶蘇是道.	예수가 바로 도일세.
仰瞻信賴,	우러러 믿을 것은,
十字架道.	십자가의 도일세.
宇宙改造,	우주 바뀔 적에,
安然之道.	평안할 도일세.
块圠無際,	넓고 넓어 가없나니,
都是空色.	다 공이자 색이로다.
是誰主宰,	이는 누구 주재이런가,
其名曰道.	그 이름 도라 한다네.
道是生命,	도야말로 생명이니,
生命是道.	생명이 바로 도이네.
道是聖神,	도야말로 성령이니,
聖神是道.	성령이 바로 도일세.
赦免罪過,	죄를 사면해 주니,
得救之道.	구원 얻는 도일세.
新天新地,	새로운 천지 속에,
逍遙之道.	유유자적할 도일세.
紛芸事物,	많고 많은 사물들,
還飯寥寂.	적막으로 귀의하도다.
無中生有,	무에서 유가 생기니,
太初有道.	태초에 도가 있었네.
道是眞光,	도야말로 참빛이니,

眞光是道.	참빛이 바로 도이네.
道是眞理,	도야말로 진리이니,
眞理是道.	진리가 바로 도일세.
時空无盡,	시간과 공간 무진하니,
永生之道.	영원히 사는 도일세.
萬能萬權,	만능하고 전능하니,
耶蘇之道.	예수님의 도이로세.

총 4장으로 이루어지고, 매 장은 각각 12구이며, 매 장의 제2구는 입성 글자(極, 北, 色, 寂)로 압운하고, 나머지 구는 '道' 자를 반복하여 중운重韻하고 있다. 매 장은 다시 두 단락으로 나뉘는데, 대체로 앞 6구는 도가적 도를, 뒤 6구는 기독교의 도를 읊고 있다. 잘 갖추어진 시 형식은 아니지만 나름 정갈한 운문으로 도가의 도와 기독교의 도를 잘 연계시키고 있다.

제1장: 제1구는 한없이 푸르고 넓은 하늘을, 제2구는 가없이 드넓은 대지를 가리킨다.[30] 하늘에는 일월과 성신이 운행하고(제3구), 대지에는 만물이 존재하는데(제5구), 이러한 현상은 모두 도에서 비롯된 것이다(제4구와 제6구).[31] 물론 사람도 예외가 아니다. 이러한 도는, 기독교의 관점에서 보자면 바로 하나님(말씀)과 통한다. 하나님이 세상을 창조하였거니와, 또 인간도 당신의 형상으로 빚고 생기를 불어넣었기 때문이다.[32] 그러므로 도가 바로

---

30 極은 네모난 땅의 모서리 끝.『韻會』, "四極 , 方隅之極也."
31 『노자』제1장, "무'는 천지의 시초를 이름 하거니와, '유'는 만물의 어미를 이름 한다네(無, 名天地之始. 有, 名萬物之母)". 여기에서 무와 유는 도의 양면이므로, 전체적인 의미는 무이자 유인 도야말로 천지의 시초이자 만물의 어미라는 것이다.
32 「창세기」1장 26-27절, "하나님이 이르시되 우리의 형상을 따라 우리의 모양대로 우리가 사람을 만들고 … 하나님이 자기 형상 곧 하나님의 형상대로 사람을 창조하시되" 2장 7절,

인격이자, 인격이 바로 도라 한다면(제7~8구), 그 도는 바로 구주 하나님이고, 나시 말해 구주가 바로 노가 뇌어야 한다(제9~10구). 그렇기에 하나님이 재림하여 사람들을 심판할 때, 사람들이 이를 기쁘게 맞이할 수 있는 도, 즉 길이 되는 것이다(제11~12구).

제2장: 동서남북 공간에 구애되지 않고 춘하추동 시간을 부리는 것이 도이니(제1~4구),[33] 이 도가 바로 하느님이다(제5~6구). 동양의 하느님은 기독교의 하나님에 상응한다. 시간과 공간을 뛰어넘는 영생永生의 권능을 하나님은 당신의 독생자인 예수에게 주었으니, 도가 예수이고 예수가 도인 것이다(제7~8구). 그러므로 죽음을 이기고 부활한 십자가의 도를 우러러 믿어야 한다(제9~10구). 그것이야말로 우주가 바뀌어 새 세상이 열릴 때 편안할 수 있는 길이기 때문이다(제11~12구).

제3장: 제2구의 공색空色은 다소 모호한 용어이다. 원래 불교의 용어이나, 압운을 위하여 '無有'를 대신해서 쓴 것으로 보인다. 도는 감각적으로 감지할 수 없다는 점에서 공空, 즉 무無이나 기실 언제 어디서나 기능하여 드러난다는 점에서 색色, 즉 유有이다. 노자는 "도의 됨됨이여, 오직 어른어른 있는 듯 없는 듯하구나(道之爲物, 惟恍惟惚. 제21장)."라고 하였거니와, 유영모는 "없이 계신다."라 하였다.[34] 아무튼 이 도가 삼라만상의 본질인 생명이다(제5~6구). 기독교에서 그러한 역할을 하는 이는 물론 하나님이거니와, 이때 하나님은 성신, 즉 성령으로 역사한다(제7~8구). 세례 요한의 증언에 의하면,

---

"여호아 하나님이 땅의 흙으로 사람을 지으시고 생기를 그 코에 불어넣으시니 사람이 생령이 되니라."

33 도의 시공간적으로 초월성은 다음 두 문구에서 확인된다. 『노자』 제4장, "큰 도는 넘쳐흐르니, 아 왼쪽 오른쪽 어디나 갈 수 있다네(大道氾兮, 其可左右)", 제21장, "옛적부터 지금까지, 그 이름 떠나지 않으니, 그걸로 '만물의 시작'을 본다네(自古及今, 其名不去, 以閱衆甫)."

34 류영모 번역, 박영호 풀이, 『노자와 다석』, 256~258쪽.

하나님의 성령이 예수에 내리고, 그가 그 성령으로 세례를 베푼다고 한다.[35] 성령의 세례는 죄를 사면하여 구원을 얻게 한다(제9~10구). 그리하면 새로운 세상에서 유유자적할 수 있게 된다(제11~12구).

대체로 제1장은 성부, 제2장은 성자, 제3장은 성령에 초점을 두고 노자의 도와 견주고 있다면, 마지막 제4장은 종합이다. 삼라만상이 다 적막, 즉 무로 귀의하고, 다시 무에서 유로 거듭 난다. 이것이 태초부터 실재하는 도이다. 참빛이다. 그러한 도를 기독교에서는 진리라 부른다. 거듭 태어나 영원한 생명을 얻게 하는 길이거니와 그 전지전능한 권능은 예수에게 있다.[36]

노자의 도와 삼위일체로서의 하나님을 동일한 선상에서 견주고 있다. 논리적 정합성은 다소 미흡하나, 양자가 공히 절대적 '일자一者'라는 점에서 충분히 가능한 설정이라 할 수 있다.

3-2

예수가 하나님의 도, 즉 말씀을 전하고 행하는 분이라면, 그 도는 구체적으로 무엇일까? 오방은 다음 〈사랑의 융통성〉에서 대답을 제시한다.

---

35 「요한복음」 1장 32-34절 "요한이 또 증언하여 이르되 내가 보매 성령이 비둘기 같이 하늘로부터 내려와서 그의 위에 머물렀더라 나도 그를 알지 못하였으나 나를 보내어 물로 세례를 베풀라 하신 그이가 나에게 말씀하시되 성령이 내려서 누구 위에든지 머무는 것을 보거든 그가 곧 성령으로 세례를 베푸는 이인 줄 알라 하셨기에 내가 보고 그가 하나님의 아들이심을 증언하였노라 하니라."

36 『요한복음』 3장 34-36절, "하나님이 보내신 이는 하나님의 말씀을 하나니 이는 하나님이 성령을 한량없이 주심이니라 아버지께서 아들을 사랑하사 만물을 다 그의 손에 주셨으니 아들을 믿는 자에게는 영생이 있고 아들에게 순종하지 아니하는 자는 영생을 보지 못하고 도리어 하나님의 진노가 그 위에 머물러 있느니라."

愛的轉融性	사랑의 융통성

愛他人的人格,	타인의 인격을 사랑하면,
愛便是敬.	사랑이 바로 공경이지.
愛對於老耄,	노인을 사랑으로 대하면,
愛便是尊.	사랑이 바로 존경이지.
愛對於同輩,	동년배를 사랑으로 대하면,
愛便是惠.	사랑이 바로 은혜라.
愛對於幼童,	아이를 사랑으로 대하면,
愛便是慈.	사랑이 바로 자애이라.
愛父母而推及人,	제 부모 사랑하여 남까지 미치면,
愛便是孝.	사랑이 바로 효도이라.
愛人不受報,	남을 사랑하여 보답받지 않으니,
愛便是廉	사랑이 바로 청렴이지.
愛人不爭執,	남을 사랑하여 다투어 버리지 않으니,
愛便是讓	사랑이 곧 겸양이지.
愛人而爲人謀利益,	남을 사랑해서 그에게 이로움을 꾀하니,
愛便是忠	사랑이 곧 충성이지.
愛人而自潔,	남을 사랑하여 자신을 정갈하게 하니,
愛便是節	사랑이 바로 절조이지.
愛人而不二,	남을 사랑하여 두 마음 갖지 않으니,
愛便是義	사랑이 바로 정의이지.
愛人而努力,	남을 사랑하여 온 힘을 쓰니,
愛便是服務	사랑이 바로 봉사이지.

愛人而不顧自己損傷,	남을 사랑하여 자신 다침 아랑곳 않으니,
愛便是犧牲	사랑이 곧 희생이지.
愛人而侵入不可知境界,	남을 사랑하여 불가지한 경계에 들어가니,
愛便是信仰	사랑이 곧 신앙이지.
愛人而直前創新人生,	남을 사랑하여 직진해 삶을 새롭게 하니,
愛便是宗敎	사랑이 곧 종교이지.
愛天父愛同胞愛自己,	하나님을 사랑하고 동포를 사랑하고 자신을 사랑할지니,
愛愛愛	사랑하고 사랑하며 사랑할지라.
愛仇讎饒怒人新又新,	원수를 사랑하고 남을 용서하며 새롭고 새롭게 할지니,
愛愛愛	사랑하고 사랑하며 사랑할지라.

기독교 『신약성경』에서 가장 두드러지는 덕목은 사랑이다. 큰 계명이 무엇이냐는 율법사의 질문에 예수는 첫째 하나님을 사랑하고 둘째 이웃을 사랑하라 답하였고,[37] 제자들에게 아예 사랑하라는 새 계명을 주었다.[38] 따라서 오방이 사랑을 주목한 것은 너무나 당연한 귀결로 특기할 게 없다. 여기

---

[37] 「마태복음」 22장 35-40절. "그 중의 한 율법사가 예수를 시험하여 묻되 선생님 율법 중에서 어느 계명이 크니이까 예수께서 이르시되 네 마음을 다하고 목숨을 다하고 뜻을 다하여 주 너의 하나님을 사랑하라 하셨으니 이것이 크고 첫째 되는 계명이요 둘째도 그와 같으니 네 이웃을 네 자신 같이 사랑하라 하셨으니 이 두 계명이 온 율법과 선지자의 강령이니라."

[38] 「요한복음」 13장 34절. "새 계명을 너희에게 주노니 서로 사랑하라 내가 너희를 사랑한 것 같이 너희도 서로 사랑하라 너희가 서로 사랑하면 이로써 모든 사람이 너희가 내 제자인 줄 알리라." 15장 12절. "내 계명은 곧 내가 너희를 사랑한 것같이 너희도 서로 사랑하라 하는 이것이니라."

서 주목할 점은 사랑의 '융통성'이다. 사랑은 대상에 따라 공경, 존경, 은혜, 자애, 효도, 청렴, 겸양, 충성, 절조, 정의, 봉사, 희생, 신앙, 종교로 융통한다. 사랑은 절대의 '일자'이고 나머지 덕목은 그것의 구현인 '다자多者'일 따름이다. 이러한 구조는 『노자』에서 도의 기제機制와 일치한다.

> 옛날 '하나'를 얻은 것들이여! 하늘은 '하나'를 얻어 맑고, 땅은 '하나'를 얻어 편안하다네. 신은 '하나'를 얻어 영험하고, 골짜기는 '하나'를 얻어 찬다네. 만물이 '하나'를 얻어 탄생하고, 제후가 '하나'를 얻어 곧다네(昔之得一者, 天得一以淸, 地得一以寧, 神得一以靈, 谷得一以盈, 萬物得一以生, 侯王得一以爲天下貞, 제39장).

앞의 〈도의 노래〉에서 말했듯이, 도는 동서남북과 춘하추동에 얽매이지 않고 두루 운행하며 삼라만상에 기능한다. 하늘의 맑음, 대지의 평안함, 신령의 영험함, 계곡의 가득함, 만물의 탄생, 제후의 곧음, 이 모든 것이 도라는 '일자'의 구현이다. 노자는 이를 도와 덕의 관계로 파악하는데, 이는 〈사랑의 융통성〉에서 사랑과 융통 덕목의 관계와 일치한다.

3-3

기실 오방五放이라는 자호自號 역시 노자적인 인식이 강하게 자리 잡고 있다. 그의 호에 대하여 여러 설이 있으나, 오방이 이영생李永生에게 했다는 다음 설명이 가장 타당한 것으로 보인다. "다섯 가지의 얽매임으로부터 해방된다는 것으로, 첫째, 가사家事에 방만放漫, 둘째 사회에 방일放逸, 셋째 경제에 방종放縱, 넷째 정치에 방기放棄, 다섯째 종교에 방랑放浪이 그것이다. 즉 혈육의 정에 얽매이지 않고, 사회적으로 구속을 받지 않으며, 경제적으로 속박받지 않고, 정치적으로 자기를 앞세우지 않으며, 종파를 초월하여 정한 곳 없이 하나님 안에서만 자유를 누릴 수 있다는 다섯 가지의 생활신조를 말함이라는 것이다."[39] 요컨대, 『노자』의 용어로 다시 푼다면, "억지로 함이 없기에 해내지 못함이 없음(無爲而無不爲. 제48장)"을 지향하고 있는 것이다.

만년에 오방은 34일간 단식을 하면서 죽음을 맞이하고자 하였는데, 이때에도 『성경』과 노자의 『도덕경』을 쉬지 않고 읽었다. 그는 무등산으로 깊숙이 들어가면서 『성경』과 『노자』만 가지고 떠났던 것이다. 이처럼 오방이 『노자』에 심취한 이유에 대해 다음과 같이 적고 있다.

> (오방은 『노자』의) 한 구절 한 구절의 심오한 뜻에 취하곤 하였다. 노자가 말한 도는 유교의 도덕과는 판이하게 다름을 알았다. 유교의 도덕은 어디까지나 인간을 인간 자신의 위치에서, 생활에서 지켜야 할 도리를 설교한 실천 도덕이며 처세훈인 데 비해서, 노자의 도는 인간을 인간보다 높은 위치에서 굽어보며 더 높고, 더 깊고, 현묘하고 근원적인 곳에서 인간 이상의 본질을 살피려고 하는 데 있는 것이었다. 즉 노자의 도는 우주의 근본이며, 천지 만물의 시초이며 원리로 풀이되고 있었다.[40]

이상을 통해 보면 오방이 동양의 고전 중에서 유독 『노자』를 지목하여 기독교와 접목하려고 하였음을 알 수 있는데, 논리의 타당성 여부를 떠나 그 선택은 정확하다고 할 수 있다. 최소한 노자의 도와 하나님의 말씀이 공히 절대적 일자이라는 점에서 일치하기 때문이다. 기독교와 도가의 대화를 오

---

39 『자유인』, 117쪽.
40 『자유인』, 141쪽.

방은 〈도의 노래〉와 〈사랑의 융통성〉에 담아내고 있다.

4. 맺음말

지금까지 오방 최흥종 목사의 삶과 사상을 『노자』와 연관 지어 살펴보았다. 오방은 호남 지역의 기독교의 역사와 사회운동을 논할 때 반드시 거론되는 인물이지만, 죽는 순간까지 『성경』과 『노자』를 함께 읽었을 정도로 그는 『노자』와 밀접하였기 때문이다.

상식을 넘어선 그의 삶, 특히 '거세 수술' '나환자와 걸인과의 동거' '사망통고' 등의 '기행'에는 노자의 그림자가 짙게 자리하고 있다. '남성성'이 야기한 부정적 현실을 치유하는 대안으로 '여성성'을 중시하는 노자의 관점에서 보면 그의 '기행'은 오히려 바람직하고 자연스런 것이 된다.

오방은 이론가가 아니고 실천에 매진하였기에 그의 사상을 알려주는 저술이 많지 않다. 그러나 〈도의 노래〉와 〈사랑의 융통성〉 두 글은, 그의 사상이 노자와 얼마나 밀접한지를 잘 보여 준다. 전자는 절대 '일자'라는 관점에서 노자의 도와 하나님의 말씀을 동일한 것으로 노래하고 있다. 후자는 예수의 가장 큰 계명이자, 새로운 계명인 사랑의 '융통성'을 기술하고 있는데, 사랑이 여러 덕목으로 융통하는 기제는 『노자』에서 도가 갖가지 덕으로 구현되는 것과 일치한다.

이상을 통해, 우리는 오방의 삶과 사상이 결코 기독교라는 틀 속에 갇혀 있지 않음을 확인하였다. 그는 줄곧 『성경』과 『노자』를 함께 읽으며 양자의 연계를 모색하였던 것이다. 오방의 이 같은 시도는 그의 삶과 사상을 풍요롭게 했을 뿐만 아니라, 종교 간의 대화와 종교계 자신의 성찰이 절실한 오늘날 우리에게 귀중한 시사를 던져 주고 있다. 아울러『노자』의 현대적인 의미와 그 기능을 다시 생각하도록 만든다.

『중국 인문과학』 66, 2017, 409~424쪽.

참고문헌

하용조 편찬, 『개역개정판 비전성경』(6쇄), 서울: 두란노서원, 2007.
陳鼓應, 『老子註譯及評介』, 北京: 中華書局, 1992.
오방기념사업회, 『永遠한 自由人 — 五放 최흥종 목사의 생애』, 광주: 전남매일신문 출판국, 1976.
오방기념사업회, 『화광동진의 삶 — 오방 최흥종 선생 기념문집』, 광주: 광주YMCA, 2000.
전호근, 『한국철학사』, 서울: 메멘토, 2015.
류영모 번역, 박영호 풀이, 『노자와 다석』, 서울: 교양인, 2013.
장일순, 『무위당 장일순의 노자 이야기』, 서울: 삼인, 2012.
차종순, 「호남교회사에서 복음적 사회운동에 관한 한 연구 — 五放 崔興琮 목사의 생애와 사상을 중심으로」, 『한국기독교와 역사』 11, 1997.
한규무, 「오방 최흥종의 생애와 민족운동」, 『한국독립운동사연구』 제39집.
한규무, 「오방 최흥종 목사의 신앙노선과 선교활동」, 『한국기독교역사연구소소식』 제94호, 2011.
劉立夫, 「論格義的本義及其引申」, 『宗教學研究』, 2000年 2期.
張申娜, 「從'格義'看佛教中國化」, 『河池學院學報』, 2007年, 27卷 3期.

3부

참여

정경운

오방 최흥종 선생과 '광주읍 가옥 철거구 궁민구제연구회'

1. 들어가며

한국의 근현대사는 유독 신산스러웠다. 500여 년의 견고한 체제가 무너졌던 구한말, 의병 운동, 일제강점기, 한국전쟁, 미군정기, 정부 수립, 4·19, 군사정권의 등장 등등. 어느 시기 하나 빼놓을 것 없이 격동의 시간이었다. 이런 시간들 중 어느 하나라도 자신의 삶 안으로 침범해 들어오게 되면, 보통의 개인들은 전 생애가 흔들리는 법이다. 그런데 유별나게 가혹했던 이 모든 시간을 회피하지 않고 정면으로 응전하면서, 각각의 시간이 던진 질문에 자신의 방식과 태도로 응답을 만들어 나간 이가 있다. 바로, 오방 최흥종 선생이다.

역사에 응전했던 다양한 방식과 태도만큼이나 오방을 칭하는 이름 또한 많다. 목회자부터 시작해, '영원한 자유인', '무등산의 성자', '한센인의 아버지', '무등산의 기인'에 이르기까지[1] 다양하다. 하지만 이 많은 이름들을 관통하는 정신에 대해서는 모든 이들이 한목소리로 정리하고 있다. 늘 낮은 곳에서 가난하고 병든 자들과 함께 있었다는 것으로 말이다. 이 글은 일제강점기, 그 '가난한 자들'에 대한 오방 선생의 당대적 응답을 확인하고자 하는 것이다.

지금까지 이 시기 사회활동가로서 오방의 행적에 대한 연구는 대부분 '나환자들과 함께 했던 삶'에 초점이 맞춰져 있다. 실제로 해방 이전 오방의 삶은, 1908년 의료 선교사 포사이드W. H. Forsythe와의 만남과 봉선동 나병 치료소 경험을 시작으로 1937년 지인들에게 「사망 통지서」를 돌리고 무등산에 칩거해 들어가기 전까지, 온통 나환자 문제를 풀기 위해 동분서주했던 시간으로 점철되어 있다. 특히 나환자들을 위한 본격적인 활동은, 1931년 7월 제주 모슬포교회 목사를 사직하고 광주에 돌아온 직후, '조선나병환자구제회'(1931년 9월)의 '조선나병환자근절연구회' 상무위원 활동부터라고 할 수 있다. 초기 활동이 광주라는 지역 내에서 치료에 집중하는 것이었다면, 1931년 구제회 활동은 전 조선 나환자들에 대한 치료는 물론 예방까지 포괄하는, 보다 근본적 대책을 강구하기 위해 총독부와의 교섭을 벌이는 등 활동의 범위와 강도가 확장, 심화된다. 하지만 1년도 채 되지 않은 1932년 6월, 오방은 (당시 연구회 위원장) 구제회 해산을 선언하고 경성의 나환자 30명을 데리고 여수 애양원으로 내려간다.[2] 그리고 다시 활동을 개시했던 때가 1933년 3월 나병환자 각 단체가 모여 결성한 '전조선나병단체연합회'의 고문을 맡으면

---

1 최장일·고경태, 『오방선생 최흥종』, 바이블리더스, 2020, 9쪽.
2 오방의 구라 활동의 자세한 내용은, 한규무, 「오방 최흥종의 신앙노선과 선교활동」, 『한국기독교와 역사』 제48호, 2018을 참조.

서이다. 이 글에서 다루고자 하는 '천정궁민구제연구회'(이하 구제연구회)는, 오방의 구라 활동이 잠시 멈춰 있던 1932년 8월부터 12월 초까지 진행되었던 빈민 구제 활동으로, 당시 오방은 구제연구회의 집행위원장이었다.

1932년 7월 말, 광주읍 행정 당국은 천정泉町(현재의 양동) 하천부지 일대에 형성되어 있던 빈민들의 집단 거주 부락을 강제로 철거하게 되는데, 오갈 데 없는 철거민들이 노상에 방치되자 이 문제를 해결하기 위해 광주 지역 유지들을 중심으로 구제연구회가 결성된다. 이때 오방은 집행위원장으로서 회원들과 함께 약 4개월에 걸쳐 읍 당국과 교섭, 읍의원들에 대한 설득 작업, 전남 도지사(矢島杉造) 및 총독(宇垣一成)과의 면담 등에 이르기까지 가열한 노력을 벌인다. 이러한 노력에도 불구하고, 같은 해 12월에 임정林町(현재 임동)에 임시 거주지를 마련하는 것으로 이 사건은 일단락되지만, 4개월이라는 짧은 시간은 지역사회에 아주 중요한 경험을 남기게 된다. 다양한 방식으로 빈민들을 도왔던 시민사회의 힘을 확인할 수 있었으며, 이 사건을 지치지 않고 보도했던 지역 언론의 역할, 그리고 무엇보다도 1936년 다시 지역사회에 제기된 양림정, 금정 일대의 빈민 부락 집단 이주와 관련해 국내 최초의 집단 이주 계획('학강정 갱생 이주' 사업)을 이끌어 내는 단초를 마련하게 된다. 이 글에서는 천정 일대의 '궁민 가옥 철거' 사건을 중심으로, 오방의 구제연구회 활동 과정을 하나씩 짚어 보기로 한다. 더불어 연구회 활동의 성과가 남긴 의미들을 정리하게 될 것이다.[3]

---

3 이 글은 필자의 「일제강점기 광주읍 '궁민(궁민)'연구—천정(천정) 궁민가옥 철거사건을 중심으로」(『호남학』제53집, 2013)라는 논문을 오방 최흥종의 활동 상황을 중심으로 수정, 재구성한 것임을 미리 밝힌다.

2. '대광주 건설 계획'과 '궁민 부락'의 형성

일제강점기 도시 빈민의 형성은 식민지 농업정책으로 인한 농촌의 경제적 파탄과 직접 관련[4]된다. 1910년대의 '토지조사사업', 1920년대의 '산미증식계획'이 실시된 결과, 지주 중심의 토지 집중이 강화되면서 직접 생산자인 농민 대부분이 토지를 잃고 소작농이나 농업노동자로 전락했다. 특히 1929년 세계 대공황의 여파는 농민 생활을 더욱 악화시켜 1930년대 초에는 춘궁기에 생활이 궁핍한 농가가 전국 총 농가의 44%에 이를 정도였다.[5] 농민층의 빈민화는 결국 이들이 새로운 노동시장을 찾아 도시나 일본, 만주 지역으로 이동하는 현상을 만들어 내게 된다. 도시로 유입된 이들은 곧바로 도시 빈민층으로 흡수되거나 혹은 일정 기간 도시 생활을 버텨 내다가 점차 궁핍에 쫓기게 되면서 도시 빈민층으로 전락하는 경로를 밟는다.

당시 총독부에서는 조선 내의 빈민의 실태를 조사하였는데, 거주의 상태, 세대의 구성, 직업의 종류 등을 기준으로 세민細民, 궁민窮民, 걸식乞食 등 3가

---

4 김경일은 일제강점기 도시 빈민층의 형성과 관련하여 농촌 인구의 이농 현상에만 집중하는 기존의 견해를 비판하며, 도시 빈민이 형성되는 과정을 두 가지 경로로 설명하고 있다. 첫째, 도시에서의 근대적 산업 발전의 결과 도시민이 몰락하여 빈민층이 된 경로, 둘째, 자본주의 진전과 농민층 분해가 진행된 결과 농촌의 이농민이 도시 빈민층이 되는 경로이다.(김경일, 「20세기 전반기 도시 빈민층의 형성」, 『한국 근대 노동사와 노동운동』, 문학과지성사, 2004, 25쪽.) 그러나 1910~1920년대에 걸친 식민지 농업정책의 결과, 일정 기간 소작농이나 농업노동자로 생활하다가 더 이상 버틸 수가 없어 대대적으로 도시나 해외로의 인구 이동이 1925년 중반에서 1935년 중반 사이에 일어난 것을 고려할 때, 도시 빈민의 형성과 직접 관련된 것은 결국 농업정책의 문제였음을 알 수 있다. 실제로 이 당시 이농 인구는 88만 8천여 명이었으며, 그 가운데 일본이나 만주로 이동한 인구가 61만 1천 명, 국내 도시로 이동한 인구는 27만 7천 명이었다. 도시 빈민층이 급증한 시기도 이 시기와 일치한다. 이농인구와 관련해서는 곽건홍, 「일제하의 빈민: 토막민 · 화전민」, 『역사비평』 제46집, 역사문제연구소, 1999, 164쪽 참조.
5 곽건홍, 「일제하의 빈민: 토막민 · 화전민」, 1999.

지 종류로 빈민을 구분하고 있다. '세민'은 생활상 궁박窮迫을 고하는 상태에 있어도 반드시 타인의 구호를 받아야 할 정도에는 이르지 않아 다행히 생계를 영위할 수 있는 자이며, '궁민'은 생활상 궁박을 고하여 긴급히 하등의 구제를 요하는 상태에 있는 자를 말한다. '걸식'은 여러 곳을 부랑 배회하여 자기 및 그 가족을 위해 모르는 사람에게 빈곤을 호소하여 상업常業적으로 구조를 비는 사람을 말한다.[6] 이 중 걸인(걸식)들은 일정한 거주지를 정하지 않은 채 도시를 배회하지만, 이른바 '궁세민窮細民'들은 대부분 도시 외곽의 공유지나 민유지의 공지空地에 '토막土幕'이나 '불량 주택'[7]을 짓고 집단 거주 부락을 형성하게 된다.

일제강점기 당시 광주 또한 마찬가지로 1920년대 중후반부터 도시 빈민들이 시내 외곽에 있는 공유지를 중심으로 토막이나 불량 건축물을 짓기 시작해 1930년대 초반이 되면 집단 거주 부락의 양상을 띠게 된다. 광주의 '궁민'들은 주로 광주천 주변의 하천부지에 집중적으로 집단 거주지를 형성한 것이 특징이라 할 수 있다. 이렇게 하천부지에 거주지를 형성했던 데에는 1920년대부터 1930년대에 걸쳐 진행된 광주의 도시계획[8]과 직접 관련이 있다.

6　善生永助,「朝鮮に於ける貧富考察」,『朝鮮』 153, 1928, 63쪽; 서일수,「1930년대 전반 궁민구제토목사업의 대도시 사례와 성격: 경성·부산·평양을 중심으로」, 중앙대 석사학위논문, 2010, 12쪽에서 재인용.

7　1944년에 출판된『조선과 건축』(22권 3호, 조선건축학회, 1944,「土幕民の生活環境と衛生狀況」)이란 잡지에서 "토막이란 국유지 또는 민유지를 무단 점거하고 지면을 파서 그 단면을 벽으로 삼거나 혹은 땅 위에 기둥을 세우고 거적 등을 드리워서 벽으로 삼고 헌 양철이나 판자로 간단한 지붕을 만든 원시적 주택"이며, 불량 주택은 "토막을 개조 또는 보수한 것으로 어느 정도 가옥의 형태를 갖추었지만 위생상 유해하거나 또는 보안상 위험하다고 인정되는 조악한 주택"으로 규정하고 있다. 강만길,『일제시대 빈민생활사 연구』, 창작사, 1987, 238쪽에서 재인용.

8　광주의 도시계획과 관련한 뒤의 기술 내용은『광주시사』제2권 중 '제3장 건설'편(173~261쪽, 전남대 김광우 교수 집필)을 참조, 요약 정리한 것이다.

1919년 3·1운동 이후, 1920년대 조선총독부는 문화정치를 표방하면서 '지방자치제의 실시'를 위한 지방 관제의 개혁을 단행하기에 이르는데, 그 일환으로 광주에서도 1920년 10월 20일 면협의회 의원 선거가 치러지게 된다. 이 선거전에서 가장 큰 이슈로 등장한 것이 '대광주 건설'이었다. 이 분위기는 그대로 이듬해로 이어져 1921년 초, 당시의 광주군수 창품익태랑倉品益太郞은 광주면장 길촌궤일吉村軌一과 함께 '대광주 건설 계획'을 제창하게 된다. 이 계획은 1925년 광주면에서 수립한 '하수도건 설치', '하천 개수' 및 '시장 정비' 등 소위 '시가 미화 정화'를 위한 "면 3대 계획"의 모체를 이루게 된다. '대광주 건설 계획'을 주창했던 창품익태랑이 1925년 1월에 새 광주면장으로 부임하면서, "본 면의 광주천 개수 공사 및 하수구 신설 공사는 시가지 계획상의 기준으로 보아 또한 장차 위생 설비로서 모두 긴급 시설될 필요 있다."는 내용으로 국고보조를 신청, '시가 미화 정화 면 3대 계획'의 발판을 마련한다.

　이 중 '하천 정비 사업'은 현 사직공원 앞 철부 '금교' 부근에서 현 양동시장 부근까지의 광주천 폭을 좁혀 직선화하고 천변 도로를 개설하며 이에 따라 매몰될 하천용지 및 토지를 매립하고 새로 구획하여 시장, 상가, 공장, 운동장 등 시설 용지 및 일반 대지로서 분양하려는 광주 최초의 (신)시가지 개발사업이었다.[9] 이를 위해 광주면은 기채하여 공사비에 충당하였고 총독부로부터 하천 용지를 무상 양도받아 재정적인 기초로 삼았다. 이 사업은 1926

9　당시 광주의 시가지 개발 사업은 인구수의 대폭적 증가와 함께 도시 규모가 커지게 된 것과 관련이 있다. 1910년에는 1만 2천여 명에 불과했던 인구가 1925년에는 2만 3천여 명, 1935년에는 5만 4천여 명으로 증가한다. 이러한 인구 증가는 곧 도시 인프라의 대대적 조성을 필요로 했고, 이에 따라 광주천 직강화 사업을 통해 공장이나 시장, 주택 등을 위한 대규모 부지를 확보하고자 했다.

년부터 1928년까지 3년에 걸쳐 진행되었으며, 공사 구간은 '금교'에서 '누문천' 유출구까지 좌우안 모두 합쳐 3,000m에 이를 만큼 방대한 규모였다. 이로써 직강화 공사가 끝난 광주천 주변은 주택지와 여러 가지 시설이 입주할 넓은 택지가 생기게 된다. 바로 이 택지에 1920년대 후반부터 '궁민'들이 모여들기 시작하고, 1930년대 초에는 천정泉町, 누문정樓門町, 임정林町, 금정錦町, 양림정楊林町, 호남정湖南町 등으로 확장된다. 이 궁민 부락에 사는 주민들의 수효는 1,200여 호에 6천여 명이었다.[10]

그런데 당시 '토막'이나 '불량 주택'들은 남의 땅을 무단 점거한 불법 건축물이었던 데다가 그 이름에서 알 수 있는 것처럼 도시미관상으로 문제가 제기되면서, 1920년대 후반부터 부분적으로 철거 대상이 되다가, 1930년대에 접어들면서는 전국 각지에서 대대적인 철거 작업이 이루어지게 된다. 이 과정에서의 문제는 이들에 대한 어떤 대책도 없이 무작정 철거가 이루어졌다는 사실에 있다. 대체 이주지나 이전료를 한 푼도 받지 못한 채 이들은 노천에 방치될 수밖에 없었으며, 이 때문에 각 지역에서 철거민들의 집단 항의나 지역사회의 구제 운동이 일어나게 된다. 광주에서 이들에 대한 집단 철거가 처음 실시된 것은 1932년으로, 그 대상지는 '천정' 일대의 빈민촌이었다.

3. 천정泉町 가옥 철거와 '궁민구제연구회'

1) 오방의 사건 인지와 '궁민구제연구회' 조직

애초에 이 하천부지에 대한 광주읍의 계획은 상가나 운동장 같은 공영 시설

---

10 「1년간 증가, 2천 8백여」, 『동아일보』, 1932. 8. 31.

이외에도 200평에서 300평씩 민간에게 불하하여 '이상적 주택지'를 건설하려는 것이었다. 동시에 주택지를 내각한 비용은 하천 정리를 하면서 쓴 부채를 상환해 나갈 작정이었다. 당시 하천용지만을 총독부로부터 무상 양도받았을 뿐, 공사 비용은 전적으로 광주면이 부담한 상황이기 때문이었다. 따라서 공사가 완료된 이듬해인 1929년 4월 21일에 면청面廳에서 민간 불하를 위한 경쟁입찰에 들어가게 되는데,[11] 이 부지를 불하해 가던 과정 중 점차 시일이 흐르면서 불하되지 않은 천정泉町(현 양동) 일대로 궁민들이 모여들기 시작했다. 이들은 1원 내지 5원가량의 돈을 들여 이 부지에 토막을 지어 살기 시작했고, 3~4년이 흐르는 동안 그 수효는 240여 호에 달하게 된다.[12]

법적인 측면에서 보자면, 이 부지는 광주읍의 소유지였기 때문에, 당연히 광주읍 입장에서는 궁민들이 불법적으로 점유하고 있는 것으로 판단, 이들에게 1931년 말부터 수십 차례에 걸쳐 가옥을 철거할 것을 명령한다. 그러나 전 재산을 털어 지은 토막을 떠나 갈 데가 없었던 궁민들은 읍 당국의 독촉을 받으면서도 그대로 버틸 수밖에 없었다. 결국 1932년 7월 말에, 광주읍에서는 10여 명의 인부를 데리고 와서 가옥 200여 채를 강제로 철거시켜 버린다. 이때 쫓겨난 궁민이 800여 명에 달했으며, 그 중 일부는 다른 곳으로 떠났으나, 대다수는 어쩔 수 없이 집이 뜯긴 그 자리에서 흩어진 세간만 겨우 모아 놓은 채 노숙 생활을 시작하게 된다.[13] 그때까지 이들에 대한 광주읍의 대책이 전무했음은 물론이다. 이때 지역사회에서 이 문제를 해결하기 위해 조직된 것이 '광주읍가옥철거구 궁민구제연구회'이며, 연구회의 집행위

---

11 「광주하천부지 민간에 불하」, 『동아일보』, 1929. 4. 12.
12 「불하주택지에 빈민들이 建家」, 『동아일보』, 1932. 8. 8.
13 「이백여호의 빈민굴 광주읍에서 강제 철훼」, 『동아일보』, 1932. 8. 8.

원장을 맡았던 이가 오방 최흥종이다.

그렇다면 오방은 어떻게 이 사건과 만나게 되었으며, 구제연구회까지 조직해야 할 필요를 갖게 되었을까? 그해 6월 3일에, 오방은 1년 가까이 전력했던 '조선나병환자근절연구회' 해산을 선언하고, 경성 내에 있던 30명의 나환자를 데리고 여수 애양원에 내려가 있던 상황이었다.[14] 이때 오방은 전 조선의 나환자 문제를 다루는 연구회는 불가피하게 해산되었지만, 전라도에 있는 나환자들의 문제만이라도 집중해 보겠다는 생각을 갖고 있었던 것으로 보인다.

> 조선나병근절연구회가 해체됨에 당하여 동 회의 위원장으로서 침식을 저버리고 활동하던 최흥종 씨는 아래와 같이 말하였다.
> 나병 근절의 사업은 실로 민족 성쇠에 관한 대사업으로서 처음 본 회가 성립될 때에는 여러 가지 사업의 설계가 있었다. 그러나 모든 일이 뜻같이 않아 우선 경성 안의 환자를 수용하는 정도로 일단 동 회를 해체하기로 되었는데, 앞으로 나는 여수에 있는 윌손 의사와 협력하여 나환자 구제에 일생을 바치겠다. 전라도에 있는 환자만 해도 1500명이나 되니 국부적이나마 우선 그들을 구제해 볼까 한다.[15]

그리고 7월 말에 광주읍 천정 일대의 빈민 부락이 철거되는 사건이 일어나는데, 이 사건이 신문지상에 최초 보도된 것은 8월 8일이었다. 『동아일보』 3면에 2꼭지의 기사(「이백여 호의 빈민굴 광주읍에서 강제 철훼」, 「불하 주택지에

---

14 「나병환자의 은인 최흥종목사」, 『신동아』, 1932. 8, 41쪽.
15 「每事不如意 부득이 해산」, 『동아일보』, 1932. 6. 24.

빈민들이 建家」)를 통해 사건이 지역사회에 알려지는데, 당시 오방이 여수와 광주 중 어느 곳에 있었는지는 알려져 있지 않으나, 오방은 기사 보도 이전에 이 사건을 먼저 인지했을 가능성이 크다. 먼저 당시 광주 지역 도시 규모로 봤을 때 이 정도의 사건이라면 지역사회에 하루 이틀 정도면 소문이 파다하게 퍼졌을 것이다. 비단 이 소문이 아니더라도, 당시 동아일보사 광주지국장이었던 김용환에게 먼저 들었을 것으로 충분히 추정된다. 뒤에서 다루겠지만, 김용환은 이 사건을 2달에 걸쳐 대대적으로 기사화했을 뿐만 아니라, 궁민구제연구회가 조직될 당시 '교섭부'에서 활동할 정도로 관심이 컸었다. 따라서 김용환이 기자로서 이 사건을 취재한 뒤, 오방에게 알리고 사후 대책을 같이 논의했을 가능성이 높다. 어떻든 이 사건을 접했던 당시 오방의 반응을 증언하는 기록은 다음과 같다.

> 이때 광주 양동 일대(광주큰장)에 살고 있던 영세민들의 가옥들을 아무런 대책도 세워 주지 않고 철거하기 시작했다. 엄동설한은 닥쳐오고 가려야 갈 곳 없는 이들의 아우성은 대단했건만 하소연할 곳조차 없어져 버린 때였다.
> 이때 뛰어 나선 분이 바로 최흥종 목사였다. 이 소식을 듣고 난 최 목사는 얼굴이 초조해지더니 침식을 잃고 동분서주하며 헤매이고 다녔다.[16]

여러 가지로 고심한 결과, 오방은 이 문제를 지역사회 차원에서 해결하기로 마음먹은 것 같다. 오방의 주도하에 8월 13일, 황금정에 있는 서석의원(원장 최영욱)에 30여 명이 모인 것이다. 밤 8시에 모여 11시 30분까지 2시간 30

---

16 최윤상, 「거지와 고아들의 아버지」, 오방기념사업회, 『화광동진의 삶』, 광주YMCA, 2000, 240쪽.

분 동안 진행된 이 회의에서 대책을 논의한 결과, 만장일치로 '광주읍가옥철거구 궁민구제연구회' 조직을 결의하고, 현장 조사 실시와 더불어 읍 당국에 대책을 요구하자는 결론에 이른다.

> 이 소식을 들은 광주 시내의 각 방면 유지 30여 명이 지난 13일 오후 9시부터 황금정 서석의원에 회합하여 최흥종 씨 사회로 개회하고 김재천 씨로부터 취지 설명, 고재섭 씨로부터 사실 보고가 있은 후, 그 대책 강구로 장시간 분분한 논의를 하였다. 광주읍가옥철거구 궁민구제연구회를 조직하기로 만장일치되어 즉석에서 좌기 부서에 위원을 정하고 동 11시 반에 산회하였다고 한다.[17]

이 회의에서 고재섭이 그 동안의 경과에 대한 보고를 했다는 것은, 오방이 사건을 인지한 후 단순히 고민만 한 것이 아니라, 주변의 지인들과 함께 논의하면서 사건을 조사, 정리해 내고 있었다는 것을 의미한다. 사건의 인지와 더불어 기사 보도가 나간 뒤에 일주일이 넘어서야 이 회합이 이루어진 것은, 바로 이 때문이었던 것으로 보인다. 이날 회의 즉석에서 조직된 구제연구회의 집행부는 14명으로, 조직도는 다음과 같다.

▶집행위원장: 최흥종
▶서무부: 오헌창, 최영균, 김창호
▶조사부: 김응모, 김유성, 진재순, 고재섭, 정인세
▶교섭부: 유연상, 최영욱, 김재천, 최원순, 김용환(9월 2일 사임)

---

17 「광주읍 가옥 철거구 궁민구제회 조직」, 『동아일보』, 1932. 8. 16.

그리고 이 회합은 이미 개최되기 전부터 지역사회에 알려져 있던 것으로 보인다. 회합이 열린다는 소식을 들은 천정 궁민 100여 명이 서석의원 앞에 장사진을 치고 회합 결과를 기다리고 있었던 것이다.

그러나 원체 그들은 올데갈데가 전혀 없는 궁민들이기 때문에 눈물과 한숨으로 날을 보내다가 별항 보도한 바와 같이 광주 지방 유지 30여 명이 회합하여 그 대책을 강구한다는 소식을 들은 그네들은 회장인 서석의원 문전에 쇄도하여 무슨 좋은 소식이 있지 아니한가 하고 기다리는 자가 백여 명이 있었다고 한다.[18]

한편, 오방이 구제연구회를 조직하면서까지 천정 일대 궁민 가옥 철거 문제에 관심을 가졌던 것은 단순히 이번 문제가 천정에만 국한되는 것이 아니라는 판단 때문이었던 것으로 보인다. 당시 광주읍은 천정을 포함, 누문정樓門町, 임정林町, 금정錦町, 호남정湖南町 등 하천 정리 사업 구간 전체에 해당하는 지역에 불법 점유하고 있던 궁민 가옥들을 철거할 계획을 갖고 있었다. 천정 궁민 가옥 철거는 바로 그 계획의 첫 실행이었던 셈이다.

당시 하천부지에 토막을 짓고 살고 있었던 호수는 이미 철거된 천정 일대 200여 호를 포함, 대략 1,200여 호에 달했으며, 여기에 살고 있는 거주자만 해도 6,000여 명 정도[19]로 추산되고 있다. 1932년 당시 광주 인구수가 33,257명[20]이었던 것을 감안하면, 광주 전체 인구 중 1/6에 육박하는 엄청난 수였다. 만약 광주읍이 대체 거주지나 이전비 등 대책을 마련하지 않은 채

---

18 「광주읍 가옥 철거구 궁민구제회 조직」, 『동아일보』, 1932. 8. 16.
19 「광주궁민구축驅逐 사건」, 『동아일보』, 1932. 8. 31.
20 광주읍의 호수와 인구는 1932년 말 기준으로 7,170호에 33,257명이었다.

계획을 전면적으로 실행했을 경우 어떤 불상사가 일어날지 충분히 예측 가능한 상황이었기 때문에, 구제연구회 입장에서는 천정 문제에 대한 대책을 정확하게 짚고 넘어가지 않으면, 향후 강제 철거에 내몰리게 될 나머지 궁민들의 문제 또한 풀리지 않을 것이라 판단했을 것이다. 실제로 하천부지 궁민들의 가옥에 대한 전면 철거가 몰고 올 사태에 대해 당시 여론은 이를 '절대의 위험신호'로 받아들이고 있었다.

> 결국 이같이 하면 1,200호, 6,000여 명 즉 광주 인구의 1할 6푼을 가상街上에 배회하게 할 것이다. 인도상으로 문제를 삼는 것은 차라리 그들에게 무의미하다 하고 광주읍 자체의 이해로 보아 이 정책은 가장 저열한 것이다. "보건", "보안", "풍기", "도시 미관" 등 도시정책의 근본 문제에 대하여 <u>6천의 유이민은 절대의 위험신호다</u>(밑줄—인용자). 광주읍 경내에서 그들을 몰아내면 그만이라고 읍 당국은 생각할 모양이나 이것도 현대 도시행정의 가장 유치기에 쓰던 졸렬한 정책이다.[21]

2) '궁민구제연구회' 활동 과정

이 구제연구회가 단순히 지역 문제에 대한 유지들의 형식적 조직체가 아니라, 실질적 대책을 위한 조직체였다는 것은 그들의 발 빠른 활동 상황과 더불어 각 부의 담당 역할이 분명했다는 것에서 여실히 드러난다. 회합이 끝난 바로 다음날부터 시작해 17일까지 구제연구회 조사부가 천정 일대에 대한 현장 조사를 마치고, 그 결과를 갖고 교섭부가 18일에 읍장 면담까지 실시[22]

---

21 「1년간 증가, 2천8백여」, 『동아일보』, 1932. 8. 31.
22 『동아일보』 1932년 8월 19일 자 「천정泉町 철훼가撤毁家만 198호」에 '구제연구회'가 천

한 것이다. 조사부에서 현장 조사를 실시한 결과, 천정 일대에서 헐린 토막이 198호이며, 해당 궁민은 869명으로 집계되었다. 이 결과를 갖고 교섭부는 당시 광주읍장이던 오촌신길奧村信吉을 찾아간다. 그러나 신병을 이유로 출근이 늦던 읍장을 기다린 끝에 오촌 읍장과 부읍장(박계일)을 면담하게 되지만, 성과가 없었던 것으로 보인다. 읍 당국의 대책은커녕 금년(1932년) 안에 호남정, 누문정을 포함해 가옥 500여 호를 철거할 계획이라는 말만 통보받았을 뿐이었다.

결국 구제연구회는 읍 당국과 교섭이 간단치 않음을 판단하고, 주변을 공략하는 것으로 전략을 바꾼다. 먼저 당시 여름휴가를 떠난 전남 도지사가 8월 21일에 돌아온다는 소식을 듣고, 그 이튿날인 22일 시도삼조矢島杉造 도지사를 방문한다. 구제연구회 위원들은 도지사에게 광주읍 당국이 아무런 대책 없이 궁민 가옥을 철거했다는 것과 그 대책이 필요하다는 것을 전달하고, 이에 도지사는 "잘 고려하여 좋은 방침으로 처리"하겠다는 답을 주게 된다.[23]

도지사의 긍정적인 답변에 고무된 구제연구회 교섭부는 다시 8월 24일, 광주읍 의원 14명 전부를 구제연구회 간담회에 초대한다. 그러나 당시 광주

정 일대를 현장 조사한 결과와 함께, 이 결과를 갖고 당시 광주읍장이던 오촌신길奧村信吉을 만나려고 하였으나 병 때문에 출근하지 않아 구제연구회 위원들이 그의 출근을 기다리고 있다는 내용이 실려 있다. 또한 같은 신문 1932년 8월 21일 자「금년 철훼 500호, 2천 궁민 하처거何處去」에는 18일에 구제연구회 교섭부 위원들(최영욱, 김재천, 최원순, 김용환 등 4명)이 읍장과 부읍장을 면담했다는 내용이 나온다. 또 한편으로, 21일 자 기사에 따르면, '구제연구회'의 조사는 우선 천정 일대를 마친 후, 향후 광주읍의 철거 계획이 있는 누문정樓門町, 임정林町, 금정錦町 등지까지 조사할 계획까지 세웠던 것으로 보인다. 당시 광주읍 당국에서는 1932년 말까지 하천부지에 있는 토막 500호를 전면 철거할 계획을 갖고 있었다. 여기에 걸려 있는 궁민들의 수효만 해도 2천여 명 정도로 추산하고 있다.

23 「도지사에게 진정, 선처하겠다 언명」, 『동아일보』, 1932. 8. 25.

시내 중앙의원 3층에서 진행된 이 회합에 출석한 읍의원은 6명에 불과했다. 구제연구회 집행위원들과 읍의원들 간의 간담은 저녁 8시부터 11시까지 진행되었으며, 간담을 통해 읍의원들로부터 얻어 낸 답변은 '읍의원 간친회'를 개최해 이 문제를 논의해 보기로 했다는 것이었다. 사실상 6명의 읍의원 숫자로는 간담회에서 결정할 수 있는 권한이 없었기에, 구제연구회 또한 그 정도에서 만족하고 간친회 결과를 기다릴 수밖에 없는 입장이었다.

8월 30일, 읍의원들은 약속대로 간담회를 개최한다. 이날 광주읍 회의실에 열린 간담회에는 읍의원들 이외에도 읍장과 부읍장, 서무주임이 참석했다. 그러나 이들이 장시간 논의 끝에 내린 결론은 "하등 구제책이 없다."는 것이었으며, 이를 '구제연구회'에 회답하기로 만장일치 가결했다는 것이었다. 평소 광주읍장이 갖고 있던 생각에 읍의원들이 그대로 따른 결론이었다.

> 읍의원 간담회에서도 하등의 대책이 없다고 결정되었다고 합니다. 귀 지(『동아일보』― 인용자)를 통하여 총독과 내무국장의 말을 보았소이다. 총독과 내무국장이 어떠한 말을 듣고 대답하였는지는 알 수 없으나 지방에 따라서 사정이 다른 만큼 광주읍에서는 상부의 특별한 명령이 있기 전에는 하등의 대책이 없다고밖에 말할 수 없습니다.[24]

위의 내용은 읍의원 간담회가 끝난 후, 동아일보 기자가 인터뷰한 광주읍장의 말이다. 총독과 내무국장이 '구제연구회'에 어떤 약속을 했건 상관없이,[25] 지역 사정에 따라 그 해결책이 다를 수밖에 없기 때문에, 현재 광주읍으

---

24 「읍의원도 읍에 합류, '구제책 전문' 회답」, 『동아일보』, 1932. 9. 4.
25 읍의원들의 간담회가 있기 전, 총독과 내무국장이 광주읍 천정 궁민 가옥 철거 문제에 대해

로서는 그 약속을 지킬 수 없다고 한 것이다.

그렇다면 "지방에 따라서 사정이 다른 만큼"이란 무슨 뜻일까. 이는 광주읍에서 궁민 가옥 철거 사건이 일어나기 전, 조선 내에서 특히 1930년대에 대대적으로 행해졌던 토막민 가옥 철거 문제 및 그 해결 방식의 선례와 관련된다. 당시 대부분의 지역에서 토막민 가옥철거는 아무런 대책 없이 강제로 시행되고 있었는데, 1930년대 초반 경성부 송월동의 경우나 길야정吉野町의 경우는 토막민 가옥 철거와 관련, 이주 대책을 보여 준 사례[26]가 있기도 했었다. 당시 『동아일보』는 이 사례들을 전제한 듯, "경성 기타 다른 도시에 전례가 있는 일인데, 이 길을 밟지 않고 광주읍이 강제로 몰아"[27] 냈다면서, 광주읍의 무성의한 태도를 비판하고 있던 차였다. 광주읍장은 광주의 사정이 그런 지역들과는 다르기 때문에 동일한 대책을 시행할 수 없는 것이라 발언하고 있는 것이다.

이와 관련하여 광주읍이 철거 궁민 대책에 대해 아무런 고민이 없었다는 것은 이 시기에 광주읍의 추가예산을 결정하는 데 철거 궁민들과 관련된 구

구제가 필요함을 시인했던 것으로 보인다(「횡설수설」, 『동아일보』, 1932. 9. 2). 다만, 이 사건이 당시 어떻게 총독과 내무국장에게 전달되었는지는 기록자료를 찾을 수가 없다.

26 길야정吉野町의 경우는 이곳을 담당했던 본정 서에서 토막민 이전 후보지로 효창원을 정해 주는 동시에 이전비로 10원씩 지출해 준 바 있다(1931년). 송월동의 경우는 당시 170여 호에 8백여 주민들이 토막민들의 거주지가 경성중학교의 소유 부지였었는데, 미관상의 이유로 경성중학교에서 퇴거 명령을 내리자, 주민들이 각계에 진정서를 제출하면서 지역사회 문제로 떠오르게 된다. 6개월에 걸친 지역사회 논의를 거쳐 이 문제는 법적인 문제를 떠나 사회정책적 측면에서 접근해야 할 문제라 판단, 1932년 3월에 아현리에 있는 면유지 2,070평을 도 지방비로 매입해 이주시킬 계획을 마련하게 되며, 그해 7월에 160호가 아현리로 이전하게 된다. 「이전 후보지도 작정 안코 상천霜天下에 축출하면」, 『동아일보』, 1931. 10. 11; 「송월동 2번지 주민에게 경찰 우복 철거를 명령, 향로무처의 200여 주민 등, 도 당국에 탄원 제출」, 『중앙일보』, 1932. 3. 28; 「아현리 방면에 이주시킬 계획」, 『동아일보』, 1932. 3. 13; 「송월동 토막민 아현리에 주접住接」, 『동아일보』, 1932. 7. 24 참조.
27 「광주읍유지 궁민 주민 5백여 호 강제 철훼」, 『동아일보』, 1932. 9. 1.

제 비용 항목이 아예 없었다는 것에서 확인된다. 읍의원들의 간담회(1932년 8월 30일)가 있은 직후인 9월 2일 오후 3시, 광주읍에서는 임시읍회의원회를 개최해 소화 7년도 추가예산안 14,453원을 원안대로 통과시킨다. 이때 광주 시내 여러 가지 시설 공사를 조속히 시행해 줄 것을 요청코자 총독부에 진정하기 위해 예산 항목 및 기타 안건을 가지고 상경할 것을 결정하게 되는데, 그 내용은 "광주읍 구역 확장의 건, 세무감독국 신설의 건, 상수도 수원지 확장의 건, 광주우편국 관사 이전의 건, 광주경찰서 신축의 건, 광주경찰서장 경시 승격의 건"[28] 등 6건뿐이었다. 광주읍장과 읍의원들의 철거 궁민 대책에 대한 간담회 결과는 바로 이런 맥락에서 나온 것이라 할 수 있다.

전남 도지사와의 면담 분위기도 좋았거니와, 총독부 당국의 입장 또한 대체 거주지를 마련해 주는 것이 마땅하다는 의견을 내놓은 상황에서 구제연구회로서는 읍의원간담회에 대한 기대가 높을 수밖에 없던 차였다. 그런데 그 논의 결과가 완전히 상반되게 나오자, 구제연구회는 읍 당국에 대해 소리 높여 비난을 퍼붓게 된다.

> 작일의 귀 지(『동아일보』— 인용자)를 통하여 총독부의 방침을 알았소이다. 총독과 내무국장의 그 말에 틀림이 없다 하면 광주읍장의 의견과 방침과는 정반대되는 것입니다. 총독부 방침은 그러한 궁민들은 될 수 있는 대로 구제할 것이니 당국자로서는 노력하여야 된다는 것이요, 광주읍장의 지금까지의 의견과 방침은 필요가 없으니 노력할 것이 없다는 것입니다.
> 전일 구제연구회 위원이 방문하였을 때, 읍장은 재정상 부득이하여 단행하였으니 대책을 고려치 아니했을 뿐이라, 읍의원들에게 문의할 것도 없다는 것을

---

28 「광주읍의회 추가예산 결정」, 『동아일보』, 1932. 9. 7.에서 인용.

언명하였고, 그 후 태도로도 그러합니다. 그 후 또 읍장이 여러 사람들에게 언명하였다는 바를 불으면 읍으로서는 대책이 없다는 것을 유일한 방패로 쓰는 모양이다. 그러나 우리가 보면 그 대책이 분명하게 있어 보입니다.

읍장이 궁민들의 갈 곳을 고려하여 본 적이 있으며, 조금이라도 노력하여 본 적이 있었는지 우리는 그 양심에 물어보고 싶습니다. 우리가 아는 바로는 하나도 없소. 공법상의 수속도 다 밟지 않고 강제로 파궤한 후 구제연구회가 생겨서 그것이 모 일문지에 게재되었고 그것을 본 도지사가 비로소 읍장을 불러서 그 진상을 물은 데에 그쳤습니다. 우리는 읍장이 어느 이상한 심리로 자기의 것을 고집하고 있을 뿐 아니라, 이 읍장을 옹호하는 모모 방면 사람들의 책동으로 인하여 총독부의 대방침이 얼마만한 변화를 가지게 될는지 주목하고 싶습니다.('구제연구회' 모 위원의 담談)[29]

읍의원간담회의 회신을 받은 구제연구회는 9월 2일 오후 8시, 서석의원에 모여 장시간 "비분강개한 논의" 끝에 "도 및 읍 당국에 재차 교섭할 사事, 남선南鮮 순시의 우원宇垣 총독의 내광來光을 기하여 진정할 사, 시민대회를 개최하여 경과를 보고하는 동시에 대책을 강구할 사, 읍 당국이 성의를 다하지 아니하는 때에는 최후로 법적 수속을 할 사"[30] 등의 사항을 결의한다. 전남도 당국 및 광주읍 당국과의 교섭을 진행하되, 여의치 않으면 법적 수속까지 불사하겠다는 결의는, 구제연구회가 읍의원간담회의 결과에 얼마나 심한 배반감을 느꼈는지를 잘 보여 주는 대목이다. 이들은 일단 읍 당국의 입장이 총독부의 입장과는 배치되기 때문에, 조만간에 광주를 순시하게 될 총독을 직

---

29 「총독부 방침에 읍 처치 배치」, 『동아일보』, 1932. 9. 4.
30 「읍 당국이 무성의하면 최후로는 법적 수속」, 『동아일보』, 1932. 9. 5.에서 인용.

접 만나 그 입장을 확인해 보는 것이 좋겠다는 판단을 하고 있다. 따라서 우원 총독을 면담하는 9월 8일까지 구제연구회의 활동은 소강상태에 접어들게 된다.

우원 총독이 광주를 방문한 9월 8일 오전, 구제연구회 위원들(최흥종, 김재천, 최원순 등 3명)은 전남도청 지사실에서 총독을 면담한다. 이들은 총독에게 그간의 진행 상황과 궁민들의 비참한 생활을 알리고, 그 대책으로 임정林町에 있는 국유지(1만평 가량)가 적당한 후보지라는 것과 그 땅을 광주읍에 대부하여 궁민들이 이주할 수 있도록 해 달라는 제안을 한다. 이에 총독이 "명쾌한 어조로 잘 처리하도록 하겠다고 대답"을 받아 낼 만큼 면담 분위기나 그 성과는 구제연구회가 원하는 방향으로 진행됐던 것으로 보인다.

> 그런데 우원 총독의 내광을 기하여 광주읍가옥철거구 궁민구제연구회에서는 최흥종, 김재천, 최원순 3명이 전라남도 지사실에서 우원 총독을 면회하고 화기가 넘치는 간담적으로 진정하였다는데, 그 내용은 여좌하다고 한다.
> 광주읍에서는 그 기채 상환의 필요상 그 소유 토지를 처분하려고 궁민 등의 집을 강제로 철거하여 버렸으나 2,000여 명의 인구가 도로에 방황하고 있는 것은 인도상으로 광주시가 미관상으로 보아 도저히 방미할 수 없는 바이오니 임정林町에 있는 국유지(1만 평가량)가 그들이 이주하기에 가장 적당한 후보지인즉 그것을 광주읍에 대부하여 궁민 등의 안주 지대로 하여 달라고 하였다고 한다.
> 이러한 진정을 들은 우원 총독은 명쾌한 어조로 잘 처리하도록 하겠다고 대답하였다고 하므로, 2,000 궁민의 안주지는 임정으로 결정될 듯하다고 한다.[31]

---

31 「임정林町의 국유지를 궁민의 안주지安住地로」, 『동아일보』, 1932. 9. 10.

총독의 확실한 답변이 효과가 있었던 듯, 이후 읍 당국과 구제연구회의 교섭은 급물살을 타게 되는데, 쌍방의 합의 결과는 총독 면담 시에 구제연구회의 제안대로 궁민들을 임정林町에 이주시키기로 결정한 것이었다. 이에 구제연구회는 9월 10일부터 48명의 인부를 데려와 지평 공사를 시작한다.[32]

그러나 9월 19일, '구제연구회'는 느닷없이 광주읍에 "교섭 파열 통고"문을 보낸다. 읍 당국이 약속을 무시하고 협정을 번복했다는 것이 이유였다. 읍 당국이 "읍의 최초 의사를 고집키 위하여 총독 각하의 융화 협조하라는 지시를 배반하므로 본 회는 차此 이상 읍과 교섭할 여지가 전무케" 되었다는 것이다. 그 통고문의 전문은 다음과 같다.

> 소화 7년 9월 19일.
> 광주읍가옥철거구 궁민구제연구회 위원장 최흥종.
> 광주읍장 오촌신길奧村信吉 귀하.
> 귀하와 본 회 대표 간에 광주읍 가옥 피철훼 궁민 구제 방침을 수차 협의하였으나 귀하는 약속을 무시하고 재삼再三 자의自意로 협정을 번복하며 시일을 천연遷延시킴으로써 능사를 삼으니 차此는 읍의 최초 의사를 고집키 위하여 총독 각하의 융화 협조하라는 지시를 배반하므로 본 회는 차 이상 읍과 교섭할 여지가 전무全無케 됨을 통석히 여기고 자이玆以 통고함.[33]

위 통고문에서 읍 당국이 '무시한 약속'과 '번복한 협정'이 정확하게 명시되지는 않았으나, 애초에 구제연구회를 조직한 궁극적인 목적이 비단 천정

---

32 「궁민 이주지 임정林町으로 결정」,『동아일보』, 1932. 9. 12.
33 「광주궁민구제 교섭이 파열」,『동아일보』, 1932. 9. 22.

일대 궁민들뿐만 아니라, 당시 하천부지에 토막을 짓고 살고 있었던 궁민들 전체에 대한 대책을 마련하는 데까지 관심을 두고 있었다는 것을 감안한다면, 교섭 파열 통고는 한참 임정 이주지 지평 공사가 진행되고 있던 당시에 갑자기 벌어진 누문정樓門町의 가옥 철거와 관련된 것으로 추정된다. 광주읍 당국은 천정 궁민들에 대한 구제연구회와의 쌍방 합의를 한 이후인 18일에 5~6명의 인부를 시켜 누문정에 있던 궁민 가옥을 철거하기 시작한 것이다. 아마도 이에 격분한 구제연구회가 읍 당국이 약속을 파기했다고 판단, 19일에 교섭 파열을 선언한 것으로 보인다. 구제연구회로부터 통고를 받았음에도 불구하고 읍 당국의 철거는 20일까지 진행되는데, 3일 동안 이들이 철거한 누문정 가옥은 30여 호로, 여기서 발생한 유이민은 200명에 달했다.[34]

양측 간의 교섭 파열이 있은 후, 구제연구회의 활동 상황은 『동아일보』를 포함, 어떤 중앙 일간지에도 더 이상 전해지지 않고 있다. 다만 그해 12월 초에 임정에 궁민 30여 호가 이주한 사실이 기사화된 것으로 볼 때, 지난 9월에 시작한 지평 공사는 교섭 파열에도 불구, 그대로 진행되었던 것을 알 수 있다. 물론 그 당시 교섭 내용을 정확하게 파악할 수 없어, 그 내용에 이주를 위한 가옥 건축 비용이 들어 있었는지는 현재로선 알 수 없다. 그러나 어떻든 그동안 천정 궁민들은 광주협동조합에서 임정에 마련해 주었던 임시수용소에서 생활하고 있었는데, 11월 29일 구제연구회 위원들의 모금으로 토막을 다시 지어 생활할 수 있게 된다. 임정 입주 당시 상황에 대한 기사 내용은 다음과 같다.

전기한 바와 같이 가옥을 철거당한 궁민들은 그 대부분이 산지 사방하여 버렸

---

[34] 「광주읍에서 인부시켜 30여 가옥 또 철훼」, 『동아일보』, 1932. 9. 26.

으나 30여 호만은 임정에다가 그 당시에 전기 구제연구회에서 건설하였던 임시 수용소를 의지하고 입동을 맞이하게 되었다고 한다. 그럼으로 전기 연구회에서는 위원 일동이 주머니털이를 해 가지고 지난 29일에는 전기한 바의 30여 호가 일제히 토막이나마 세우게 되었다고 한다. 그리므로 30여 호의 궁민 140여 명은 생활의 근거지를 파괴당한 5개월 만에 겨우 동사를 면할 수 있다고 한다.[35]

이로써 7월 말부터 12월 초까지 근 4개월 이상에 걸쳐 진행되었던 광주읍 궁민 가옥 철거 문제는 임시적으로나마 천정 궁민들이 임정으로 이주함으로써 마무리된다.

4. 지역사회의 역할과 남긴 자산

오방을 중심으로 한 궁민구제연구회의 활동은 4개월이라는 짧은 기간이었지만, 그 활동은 단순히 연구회 위원들만이 아닌, 지역사회의 에너지가 총력적으로 작동되었던 것으로 보인다. 어쩌면 이 사건의 진행 과정은 구제연구회가 뜻한 바대로 문제가 해결되지는 않았지만, 또 다른 측면에서는 시민사회의 기반을 마련해 나가는 기회이기도 했으며, 이후 광주 도시계획에도 영향을 미치는 등 지역사회에 상당한 자산을 남기게 된다. 여기서는 몇 가지 측면에서 그 자산의 의미들을 살펴보기로 한다.

먼저, 궁민구제연구회 활동이 '구제회'가 아닌 '구제연구회' 활동이었다는

---

[35] 「구제회원의 활동으로 30호 토막 건축」, 『동아일보』, 1932. 12. 2.

데 주목할 필요가 있다. 사실 일제강점기 때 식민지라는 특수성하에서 당대 한국인들이 당면해야 했던 정치적·사회적 문제들은 다양한 분야에 산적해 있었다. 농민·노동자, 빈민, 나병, 교육, 마약 등은 물론 기근이나 수해와 같은 자연재해에 이르기까지 한국인들은 이런 문제들을 민족적 역량으로 풀어내기 위해 각고의 노력을 기울인다. 그런 노력 중의 하나가 '구제회'를 만드는 것이었는데, 특히 장기적으로 조사·연구를 하면서 풀어야 할 사안들이 있으면 '연구회'를 만들어 활동을 해 나갔다. 연구회 활동은 지역 혹은 전국적 단위의 역량들이 장기간 집중되어야 한다는 측면에서, 일회적이거나 단기적인 구제회 활동보다는 훨씬 더 강도 높았던 것이 사실이다. 대부분의 구제회가 사안을 해결하기 위해 단순한 기부 활동 정도에 그쳤다면, 연구회는 기부를 넘어 정책을 설계하고 대안을 총독부 당국이나 지역 행정 당국에 요구하는 정치적 행동까지 포괄했다는 점에서 더욱 그러하다. 이 때문에 연구회 조직은 만만치 않은 일이었다. 이와 관련하여 일제강점기 신문 자료를 통해 보면, 오방이 주도적으로 이끌었던 '조선나병환자근절연구회'와 '광주읍 가옥철거구 궁민구제연구회'가 가장 장기적으로 가장 많은 기사 보도 수를 보여 주고 있다. 이는 그만큼 오방의 활동이 가장 적극적이고 끈질기게 이루어졌으며, 그 결과 전국적·지역적 이슈화가 되었음을 의미한다. 실제로 오방은 두 연구회 활동에서 장기간에 걸쳐 현장에 대한 철저한 조사와 분석, 정책적 대안 제시, 투쟁 전략에 이르기까지 집요한 자세를 보여 주고 있다.

궁민구제연구회의 활동은 바로 이런 측면에서 이해할 필요가 있다. 앞서 설명한 바와 같이, 오방은 천정 궁민의 문제가 단순히 천정에만 그치는 것이 아니라, 누문정, 임정, 금정, 호남정 등 하천 정리 사업 구간 전체에 집단적으로 형성된 궁민 가옥들이 유사한 처지에 내몰릴 것이라는 것으로 판단했을 것이며(실제로 광주읍은 그 계획을 갖고 있었다), 게다가 여기에 걸려 있는 빈민

수가 광주 인구의 6분의 1(한국인 인구 1/5)에 육박한다는 사실은 지역 내 한국인들에게 미칠 파장이 예상 외로 엄청날 것이었다. 이 때문에 광범위한 현장 조사의 필요성, 읍 당국과 교섭을 위한 근본적 대책 마련 등을 생각했을 때, '구제회'가 아닌 '구제연구회'의 형식이 적절할 것으로 생각했을 것이다. 더불어, 구제연구회의 명칭을 천정이 아닌, '광주읍가옥철거구 궁민구제연구회'라는 보다 광범위한 공간 범주를 포괄하는 것으로 정한 것도 바로 이런 맥락에서이다. 그리고 무엇보다도 이 같은 궁민구제연구회 조직은, 오방이 그 직전에 수행했던 '조선나병환자근절연구회'의 경험이 있지 않았으면 아마도 불가능하지 않았을까 싶다.

한편, 일제 당국과의 4개월에 걸친 싸움을 궁민구제연구회 위원들만 했던 것은 아니다. 여기에는 의료, 식량, 기부금, 임시 거주지 마련 등 다양한 방식으로 참여했던 시민사회의 힘도 작동했다. 7월 말에 집이 철거당한 뒤, 오갈 데가 없어진 빈민들은 빈터나 냇가에 가마니를 치고 생활해야 했으며, 광주읍 당국에서는 노숙하고 있던 이들의 살림과 집 뜯긴 재목들조차 하천에 내다버려 더욱더 비참한 지경에 빠지게 된다.

> 벌써 지난 7월 중에 집을 뜯겨 버린 천정 일대의 궁민 8백여 명 중에는 자력을 집을 지어 가지고 떠나 버린 사람도 약간 있으나 그러나 그 대부분은 시내 여기 저기 있는 빈터나 혹은 냇가에 가마니 한두 닢을 치고 2~3명 내지 6~7명의 가족이 옹켜 앉아 이주할 곳을 지정해 주기를 기다리고 있는 참상이라고 한다.[36]

---

36 「일기日氣는 점한漸寒 선처만 고대」, 『동아일보』, 1932. 9. 6.

그러나 원래 올데갈데가 없는 궁민들을 집을 뜯을 때 나온 바름이나 섬피 등 속을 싸 놓은 천정을 떠나지 못하고 있으면서 노천 생활을 계속하였다고 한다. 그런데 광주읍 당국에서는 40여 일 동안을 계속적으로 그네의 떠나기를 재촉하였으므로 흐지부지 이리저리 떠나가 버리고 지난 6일에는 31호만이 남아 있었다고 한다. 그러므로 광주읍에서는 지난 6일에는 손구루마手貨車를 가지고 천정에 출동하여 노숙하고 있는 31호의 살림과 집 뜯은 재목 등을 실어다가 임정 하천부지로 보내 버렸다 한다.[37]

노천 생활이 장기화되면서 식량 문제는 물론, 굶주림으로 인한 부황병, 그리고 이질까지 발생하는 등 천정 빈민들은 총체적 난국에 처하게 된다. 구제연구회 위원들의 주머니털이로는 해결 불가능한 상황에 봉착하자, 광주 지역사회가 나서게 되는 것이다. 구제연구회의 위원이자 의사였던 최영욱은 의료 지원을 하고, 광주협동조합은 임정에 임시 수용소를 설치해 노천 생활을 면하게 해 주었으며, 시민들은 식량 지원을, 현준호와 같은 유지들은 기부금을 내놓는 등 다방면으로 천정 빈민들을 지원하게 된다.

그런데 천정 45번지에 살면서 가옥을 철거할 때로부터 지금까지 그 비참한 시중을 보고 있던 이명윤 씨는 그렇게 넉넉지도 못한 생활을 하면서 현금 62원을 가져다가 마지막으로 쫓겨 나가는 31호에 2원씩을 나누어 주었으므로 그네들은 감사의 눈물을 흘리면서 받아 가지고 갔다고 한다.[38]

---

37 「광주가옥 철훼 이후 40일 노천생활」, 『동아일보』, 1932. 9. 9.
38 「부황과 설사, 궁민의 참상」, 『동아일보』, 1932. 9. 9.

전 광주의 조선인 시민은 신경을 날카로이 하여 이 구제연구회의 활동 여하를 주목하고 있던 중이었는바, 지난 7월 중에 천정 일대에서 집을 뜯긴 40여 일 동안에 그들은 노천 생활을 계속할 뿐외라. 그 생명이 풍전등화와 같은 참상이라는 것을 알게 된 광주협동조합과 권계수 씨, 정운채 씨, 춘목암 네 곳에서는 각각 만주조(만주속) 한 가마니씩을 전기 구제연구회에 보내어서 궁민들에게 분배하여 주기를 의뢰하였다고 한다.[39]

별항 보도한 바의 좁쌀 4가마니를 받은 구제연구회에서는 그 궁민 중에서도 가장 어려운 64호를 조사하여 가지고 지난 7일에는 한 사람에게 한 되씩 274명에게 분급하였다고 한다. 그뿐 아니라 전기 연구회의 위원의 한 사람인 서석의원장 최영욱 씨는 그 많은 병자들을 일일이 진찰한 후에 약까지 전부 무료로 주었다고 한다. 그리고 전기 협동조합에서는 임정에다가 임시 수용소를 지어서 그네들로 하여금 노천 생활을 면하도록 해 주었다고 한다.[40]

그런데 설상가상으로 이 비참한 생애를 계속하여 나가는 그 궁민들 중에는 전염병 환자까지 발생되었다. 최 의사의 진찰에 의하건대 적리赤痢로 판명되었다는데, 이것이 일반 궁민 등에게 전염되지나 아니할까 하여 심히 우려하는 중이라고 한다. 그런데 전기 궁민 중의 참상을 듣고 있는 현준호 씨는 50원을, 김흥열 씨는 10원을, 손이채 씨는 5원을 각각 자진하여 구제연구회에 보내왔다고 한다.[41]

---

39 「풍전등화의 생령生靈에 만주율滿洲栗을 분급해」, 『동아일보』, 1932. 9. 10.
40 「구제연구회서 무료로 시약」, 『동아일보』, 1932. 9. 10.
41 「광주 궁민 노천 생활에 전염병까지 발생」, 『동아일보』, 1932. 9. 17.

다음으로, 구제연구회와 더불어 지역사회가 동력을 잃지 않고 장기간의 싸움을 지속할 수 있었던 이유로 무엇보다도 언론의 역할이 컸던 것으로 보인다. 정확히 말하자면, '동아일보'의 역할이다. 다른 일간지(『매일신보』, 『조선중앙일보』)들이 1~2개 혹은 2~3개 정도의 기사를 단신으로 보도했다면, 천정 철거 사건과 관련된 『동아일보』의 기사 건수는 총 34개로, 기사명과 날짜는 다음과 같다.

표 1. 천정 궁민 가옥 철거 사건 관련 『동아일보』 기사(1932년)

no	기사 제목	보도 날짜
1	이백여 호의 빈민굴 광주읍에서 강제 철훼	8. 8.
2	불하 주택지에 빈민들이 건가建家	8. 8.
3	광주읍 가옥 철거구 궁민구제회 조직	8. 16.
4	빈터에도 못 있게 퇴거를 강박	8. 16.
5	천정泉町 철훼가撤毁家만 198호	8. 19.
6	금년 철훼 500호, 2천 궁민 하처거何處去	8. 21.
7	보안, 위생 영향은 부지. 철훼할 때 이전료도 없어, 읍과 교섭위원 문답	8. 21.
8	도지사에게 진정, 선처하겠다 언명	8. 25.
9	구제연구회서 읍의邑議 간담회 개최	8. 27.
10	횡설수설	8. 30.
11	광주 궁민구축窮民驅逐 사건 (*사설)	8. 31.
12	광주읍 유지 궁민 주민 오백여 호 강제 철훼	9. 1.
13	횡설수설	9. 2.
14	광주의 궁민 문제 (*칼럼)	9. 2.
15	읍의원도 읍에 합류, '구제책 전무' 회답	9. 4.
16	총독부 방침에 읍 처치 배치	9. 4.
17	광주와 궁민 문제(하) (*칼럼)	9. 4.
18	다시 광주 궁민 문제에 대하여 (*사설)	9. 5.

19	읍 당국이 무성의하면 최후로는 법적 수속	9.5.
20	일기日氣는 점한漸寒 선처만 고대	9.6.
21	자가自家를 보존코저 토막 또 철훼	9.8.
22	횡설수설	9.9.
23	광주 가옥 철훼 이후 40일 노천 생활	9.9.
24	부황과 설사 궁민의 참상	9.9.
25	임정林町의 국유지를 궁민의 안주지安住地로	9.10.
26	풍전등화의 생령生靈에 만주율滿洲栗을 분급해	9.10.
27	구제연구회서 무료로 시약	9.10.
28	궁민 이주지 임정(임정)으로 결정	9.12.
29	광주 궁민 노천 생활에 전염병까지 발생	9.17.
30	광주 궁민 구제 교섭이 파열	9.22.
31	광주읍에서 인부시켜 30여 가옥 또 철훼	9.26.
32	일기 점한에 생로가 암담	9.26.
33	구제회원의 활동으로 30호 토막 건축	12.2.
34	'사례할 말이 없소'	12.2.

위의 표를 보면, 『동아일보』는 1932년 8월 8일 최초 기사를 발신한 뒤, 구제연구회가 임정에 토막을 지어 주었다는 소식을 전하고 있는 12월 2일 기사를 마지막으로, 이 사건을 마무리짓는다. 총 기사 보도 기간은 4개월이지만, 총 31건의 기사 중 27건이 약 40일 간(8월 16일~9월 26일)에 집중되어 있음을 알 수 있다.[42] 이 기간에 이 정도의 기사 건수라면, 거의 실시간으로 현장 상황을 지역민들에게 송신하고 있었던 것이라 할 수 있다. 게다가 하루에

---

[42] 9월 26일 이후 갑자기 기사가 단절된 것은, 궁민구제연구회가 약속을 지키지 않은 광주읍 당국에 "교섭 파열 통고"를 보낸 후, 실제로 진척된 상황이 발생하지 않았기 때문이다.

도 2~3건의 기사를 내보내는 데다가 장문의 사설과 연재 칼럼 등 기사의 길이나 무게 또한 만만치가 않았다.

광주3·1만세운동이나 광주학생독립운동 등 정치적 사건을 제외하고, 지역에서 발생한 특정 사건에 이렇게 많은 기사가 생산되는 것은 사실 당시로서는 아주 드문 일이었다. 어떻게 『동아일보』는 지역의 한 사건을 이렇듯 집요하게 보도할 수 있었을까? 이는 동아일보사 사주였던 송진우와 오방의 관계, 광주지국장 김용환이 구제연구회의 교섭부 위원으로 활동했던 것, 그리고 조사부 위원이었던 최원순이 광주에 내려오기 전까지 동아일보 편집국장(대리)이었다는 사실 등을 감안하면, 충분히 이해 가능한 대목이다. 어떻든 직간접적으로 『동아일보』를 둘러싼 관계망에 의해 '천정 궁민가옥 철거 사건'은 언론을 통해 지속적으로 보도될 수 있었을 뿐만 아니라, 지역민들에게 그 사건을 끊임없이 환기시킴으로써 싸움의 동력을 잃지 않았던 것으로 보인다.

마지막으로, 천정궁민구제연구회의 활동은 미완성으로 끝났지만, 광주는 이 사건을 경험함으로써 1936년 금정, 양림정 일대의 빈민 부락 철거 문제가 다시 지역사회 주요 안건으로 떠올랐을 때, 행정 당국으로 하여금 도시빈민 문제를 정책적 측면에서 계획적으로 접근하는 단초를 제공해 준다. 이에 대해서는 보다 상세한 설명이 필요하다.

광주읍은 1935년 10월 1일 자로 대전, 전주와 더불어 부府로 승격되면서, 명실상부한 대도시[43]로서의 위상을 갖추게 된다. '부'로의 승격을 위해 제2

---

43 일제강점기 때 도시를 나타내는 '부府'는 1913년 서울, 부산, 인천 등에 적용되었으며, 당시 부의 인구 기준은 2만 명 이상이었는데, 1930년에는 3만 이상으로 하고, 광주읍이 부로 승격되던 1935년에는 남북한을 통해 17개의 부가 있었다. 광주직할시사편찬위원회, 『광주시사』 2, 광주직할시, 1993, 264쪽.

차 행정구역 확장을 시도하면서 인근 지역 주민 1,300여 호(8천여 명)를 흡수해 전체 인구가 5만 4천여 명이 되는 "호남 제일의 대도회"로서 자리 잡게 된 것이다. 새로 편입된 인구 외에도 외지 이주민이 5천여 명이 넘어가면서 주택난이 심해지는 동시에 신건축이 매일 평균 10여 동이 될 정도로[44] 활기를 띠게 된다.

광주부로의 승격은 '대광주 건설 계획' 추진에 더 박차를 가하는 기점이 되는데, 1920년대 후반에 광주천 일부만을 정비했던 하천 정리 사업을 1936년에 '방수 공사' 및 '갱생 지구 설치'라는 명목하에 다시 속개하게 된다. 두 번째로 실시되는 하천 정리 사업의 공사 구간은 광주천 상류의 '금교'와 '철교' 양안이었다. 따라서 광주부는 하천 정리 사업을 시작하기 위해 먼저 금정, 양림정 일대의 빈민 부락을 철거해야만 하는 과제에 봉착하게 되는데, 이는 광주부로서는 고민거리가 될 수밖에 없었다. 바로 4년 전, 천정 일대 '궁민 가옥' 철거 사건에 대한 경험 때문에, 이들 빈민 부락 처리 과정에 대한 일반 시민들의 관심이 집중[45]되어 있었던 것이다. 결국 광주부는 하천 정리와 함께 학강정에 '갱생 지구'를 설치하여 양림정, 금정의 빈민들을 집단 이주시키는 계획을 구상하게 된다. 이로써 동년 3월 20일 광주부의회가 광주부 세출입 예산안 외에 18개의 안건을 제출하는데, 이때 18개의 안건 중 하나

---

44 「광주부 인구도 5만 3천여」, 『동아일보』, 1935. 10. 19.
45 "5백여 호의 이주지에 대해서는 일반 시민이 광주부 당국의 처치 여하를 주목하지 않을 수 없는 사실이었다고 한다. 왜 그런고 하니 일로부터 4년 전의 본지에 누보하였거니와 광주천 하류 "현재 광주대교 부근"의 하천을 정리할 때에는 5백여 호의 주민 등에게 이주지를 지정하여 주지 아니하였음은 물론이요, 이전료도 주지 않고 읍 당국에서는 5백여 호 주택을 강제 철훼하였기 때문에 일대 사회 문제화하여 4개월 동안이나 분운한 문제가 층생첩출하였다. 그러므로 금번의 금정, 양림정 일대의 하천 정리를 박두해 가지고는 일반 시민으로서 그 처치 여하에 관심 갖지 아니할 수 없는 사실이었다고 한다." 「500여호 빈민 등에 갱생지구의 이상촌」, 『동아일보』, 1936. 4. 21.

가 '하천 부지 매립 및 갱생 지구 설치비 기채의 건'[46]이었다. 하천 정리와 더불어 빈민들의 집단 이주에 관련된 비용이 예산안에 공식적 안건으로 제출된 것이다.

그러나 '하천 정리'와 묶여 있는 '갱생 지구' 예산이 처리되는 데에는 상당한 난관이 따랐다. 광주부 1936년도 예산 회의는 4월 28일부터 31일까지 4일 동안 호남은행에서 매일 오후 1시부터 열려 예산안 처리 과정을 밟는데, '갱생 지구' 예산 문제는 마지막 날인 31일에 처리되는 일정이었다. 그런데 이날, 30명의 부의원들 중 몇몇 일본인 의원들이 두 개의 예산안 처리에 대해 반대를 하고 나선 것이다. 5백 호 빈민의 이주 갱생 구역 설치비 3만 원과 광주시장 개축비 2만 5천 원이 너무나 거액이라는 것이었다. 특히 이들은 상기 예산 항목에 대한 문제 제기 외에 "학강정에 그런 부락을 두는 것은 광주부의 수치"라는 표현을 쓰며 "조선인을 모욕하는 언사를 암암리에 표명"함으로써 조선인 부의원들의 감정을 자극한다. 당시 최준기, 지정선, 정문모 등 3명의 의원이 일본인 의원들과 맹렬한 설전을 벌이게 되면서 부의장(奧村信吉)이 휴회를 선언할 만큼 회의장이 소란스러워진다. 사태가 이렇게 되자 부의장이 정회를 선언하게 되는데, 이때 다시 개회된 회의 석상에서 결국 문제를 제기한 일본인 의원들이 제안을 철회함으로써 이 예산안은 원안대로 통과되기에 이른다.[47]

이 예산안 통과는 당시로서는 획기적인 사건에 해당될 만큼 각 방면의 이목이 집중되었던 사안이었다. 그때까지 국내에서 대대적으로 벌어지던 빈민

---

46 「읍 당시 예산보다 2배 반 격증」, 『동아일보』, 1936. 3. 30.
47 이 회의 과정에 대해서는 「세민구역 문제로 광주부회 대파란」, 『조선중앙일보』, 1936. 4. 3. 참조.

부락 철거가 대부분 대책이 없거나 기껏해야 도시 교외의 일정한 장소로 옮겨 놓는 일에 불과했고, 도시가 확대되면 다시 더 먼 곳으로 옮겨 격리시키는 대책 정도[48]에 머물러 있었기 때문이었다. 그런데 광주부의 '학강정 갱생 지구' 사업은 도시 내에 집단 주거지를 마련했을 뿐만 아니라, 도로나 우물, 하수구 등 제반 생활 환경은 물론 아이들을 위한 '도시간이학교'[49]까지 설치되는, 국내 최초의 계획적 집단 이주 사업이었다. 이에 대해 당시 『동아일보』는 「500여 호 빈민 등에 갱생 지구의 이상촌」(1936. 4. 21.)이라는 제하에, '조선 효시의 광주부 계획'이라는 부제를 달고, 그 내용을 전하고 있다.

> 광주부에서는 올데갈데없는 500여 호 빈민들에게 영원한 안주지를 가지게 하기 위하여 갱생 지구라는 새로운 명칭하에 1만여 평의 대지를 매수하여 그곳에다가 도로, 우물, 하수구 등의 제반 시설을 완비케 하려고 소화 11년도 예산에 3만 원을 계상하여 가지고 방금 그 실행 계획을 수립 중이라는데, <u>이 사실은 전 조선 어느 도시에서든지 아직까지 들어보지 못하던 의미심장한 쾌 사실이라고 하여 각 방면의 이목이 집중되어 있다는데</u>, (중략) 사통팔달하게 도로를 개축하고서 중앙에는 공동 정호 2개소와 공동 세탁소를 설치하는 동시에 하수 시설도 완비케 하여 <u>어느 도시에서도 별로 볼 수 없는 이상촌을 건설할 계획</u>이라고 한다. 그리고 이 갱생 지구가 건설되는 날에는 그 촌락 중심의 간이학교를 설치하여 그네 등의 여자 교육을 여행하는 동시에 중심인물을 선

---

48 이에 관해서는 강만길, 『일제시대 빈민생활사 연구』, 창작사, 1987, 280~286쪽 참조.
49 "광주부에서는 부내의 궁세민의 자녀 교육을 위하여 조선에 처음 보는 도시간이학교를 설립하기로 준비 중이라 한다. 지난 8일 오전 10시에는 남학생 40명과 여학생 38명을 모집해 가지고 개교식을 흥학관에서 거행하였다는데, 교사도 부내 세궁민의 집단지인 갱생 부락에 신축 중이라고 한다. 그러므로 동 교사가 준공될 때까지는 흥학관에서 수업하리라고 한다." 「처음으로 생기는 도시간이簡易학교」, 『동아일보』, 1937. 6. 10.

택하여 교화 사업도 하리라고 한다(밑줄―인용자).

갱생 지구를 조성하는 데 필요한 재원 조달을 위해 광주부는 1936년 7월 3일 3만 원의 기채를 조선총독부에 신청하고 그 해 10월 27일 인가를 받는다. 당시 광주부는 빈민들이 이전료만으로는 이 갱생 지구에 입주하기 어렵다는 점을 감안, 이들을 광주천 방수 공사와 갱생 지구 매립 공사에 인부로 동원한 뒤 여기서 지급되는 임금의 일부를 저축시켜 갱생 지구 내 토지를 매입하도록 하는 방법을 도입했다. 구체적으로는 노임의 2할(1인 하루 50전의 10전)을 강제로 저축시키고, 또 자신이 직접 가옥을 이전하는 경우 1호당 평균 약 11원이 생기는데, 이를 토지 매수에 충당하도록 했다.[50] 이로써 광주부는 빈민 부락 철거 문제에 항상 골칫거리로 등장하는 대체 이주지와 이전료, 그리고 빈민들의 토지 매입비 문제까지 동시에 해결할 수 있었다. 이후 학강정에는 1937년 5월 220호, 1939년 말 280여 호에 달하는 빈민 이주자들이 거처를 마련할 수 있게 된다.

물론 1932년 천정 사건의 경험을 토대로 광주 지역사회가 그나마 계획적인 정책을 통해 마련했던 '학강정 갱생 지구'에 대한 해석 문제는 다소 논란 거리가 될 여지를 갖고 있는 것이 사실이다. 이는 이 갱생 지구가 다른 빈민 부락과는 달리 애초에 빈민들의 생활 갱생을 도모하는 "특정 지도 구역"[51]으로 설정되어 있었다는 것과 관련된다. 때문에 이 지구가 보여 주는 '8거리'라

---

50 「1936년 천변 빈민들이 집단이주 … 학동에 전국 첫 갱생지구」, 『광주일보』, 2012. 9. 5.
51 '학강정 갱생 지구'에는 1937년부터 방면위원을 두고 사무소가 설치되었으며, 면서기를 주재시켜 조사 및 지도의 기능을 담당하게 했다. 지도 방침은 직업, 생활 지도, 가족 상황 등을 조사하고, 노동력을 감안하여 호주회, 부인회, 근로조, 저축조합 등으로 조직하였으며, 정례 집회를 시행했으며. 『광주시사』 2, 284쪽.

는 독특한 공간 구조 또한 "갱생 지구의 주요 구성원인 빈궁민들을 잠재적인 범죄인으로 간주하고 통제와 감시 기능을 용이하게 하기 위해 일망 감시 시설의 기본 개념을 차용"[52]하고 있는 것으로 읽히기도 한다.

만약 이러한 논란을 뒤로 하고 도시 빈민과 관련된 지역 정책적 측면에서만 보자면, '학강정 갱생 지구'는 1932년 천정 사건에 비해 진일보한 측면을 보여 주고 있는 것은 분명하다. 전술한 바와 같이 일제강점기 내내 아무런 대책 없이 도시 빈민 부락이 철거됨으로써 빈민들이 그대로 노천에 방치되거나 혹은 도시 외곽으로 반복해 쫓겨남으로써 노동 기회마저 박탈당하는 것이 비일비재했던 상황에서, 그나마 '학강정 갱생 지구'는 "조선 효시의 계획"이라 불릴 만큼 지역 행정 차원에서 행해진 계획의 산물이었기 때문이다. 더불어 광주가 빈민 정책에서 이런 정도나마 결과를 이끌어 낼 수 있었던 데는, 4년 전의 '천정 궁민 가옥 철거' 사건과, 이를 해결하기 위한 궁민구제연구회의 활동 경험이 한몫을 단단히 했었음은 물론이다.[53]

---

52 한승훈·천득염, 「일제강점기 학동팔거리 갱생지구의 공간 구성에 관한 연구」, 『대한건축학회논문집』 26권 2호, 대한건축학회, 2010, 160쪽.
53 이와 관련하여 '갱생 지구' 예산 처리 당시 부의회를 진행했던 부의장이 4년 전 천정 사건 때 광주읍장이었던 바로 그 오촌신길奧村信吉이었다는 점은 아주 흥미로운 사실이다. 그에게는 4년 전의 악몽 같은 경험이 학강정 갱생 지구 예산 처리 과정에서 떠올랐을 것이고, 조선인 의원들의 격렬한 반응에 그 자신이 정회와 개회를 선언, 결국 예산안이 통과되는 것을 스스로 승인해야 했던 것을 생각하면, 정책 당사자로서의 일본인 개인에게도 빈민 정책에 대한 사고(그것이 자의든 타의든)를 새롭게 하는 기회가 됐었을 것이다.

5. 나가며

지금까지 1932년에 광주 지역에서 진행되었던 천정 궁민가옥 철거 사건과 구제연구회의 활동 과정, 그리고 그 활동이 지역사회에 남긴 자산과 의미들을 살펴보았다. 앞서 언급했듯, 천정궁민구제연구회 조직은 오방의 '조선나병환자근절연구회'의 경험이 있었기에 가능한 것이었으며, 광주는 여기에 지역민들의 시민적 힘의 결속과 더불어 언론의 역할에 이르기까지 지역적 자원들이 총동원되어 일제 당국과 장기간 투쟁을 해내는 동력을 확보할 수 있었다. 또한 비록 미완성의 투쟁으로 끝나기는 했지만, 구제연구회의 활동은 일제의 1936년 제2차하천정리사업 시에 금정, 양림정 빈민들을 고려한 도시계획을 만들어 내는 데 정책적 단초를 제공했음을 알 수 있었다.

끝으로, 본 연구를 위해 오방 최흥종 선생의 자료를 검토하는 과정 중 느낀 소회를 정리하면서 이 글을 마치고자 한다. 한 인물을 기억한다는 것은 다양한 방식으로 가능할 것이다. 개인적 인연에 따른 정서적 기억, 행적에 대한 객관적 정리, 사상에 대한 해석 등등. 이 모든 것들은 기억 행위의 다른 이름들이라 할 수 있다. 그런데 기억해야 할 혹은 기억하고 싶은 대상의 삶이 지나치게 커서 우리를 압도해 버리는 경우가 종종 있다. 오방 최흥종 선생이 그런 경우인 것 같다. 이런 인물들을 만날 때, 우리들의 기억은 그 개인의 삶이 보여 준 영웅성과 사실적 행적 사이의 간극을 지워 버린 채, 그 둘을 한 덩어리로 만들어 버리는 오류를 범하기 쉽다. 쉽게 말하자면, 사실적 행적이 영웅성에 먹혀 버리는 형국이 되는 것이다. 이때 자칫하면 사실은 어디론가 증발하고, 신화만 남게 된다. 신화는 매력적이다. 일반인들이라면 위대한 인물의 신화를 읽어 내며, 정서적으로 공감하고 그 정신을 배우는 데 아무런 문제가 발생하지 않는다. 신화는 역사적 사실보다는 문학적 진실을 담고 있기 때문이다. 진짜 문제는 역사적 사실을 다루어야 할 연구자들이 이런 신화의 마력에 빠져 종종 '사실'을 놓치는 경우이다. 오방 관련 연구물들을 검토하면서, 이와 같은 오류를 범하고 있는 연구물들을 종종 발견할 수 있었다. 더불어, 최근 들어 기본적인 사료 확인이 간편해진 상황에서도 사실 확인을 거치지 않은 채 선행 연구물의 진술을 그대로 가져오는 경우도 많아, 후속 연구자들에게 혼란을 주기도 한다. 이 부분은 학술 후속 세대를 위해서라도 현재 우리 세대의 연구자들이 반성할 지점으로 보인다.

광주YMCA 100주년 기념 특별 세미나 <오방 정신의 현대적 계승> 발표 논문, 2020. 10. 15.

조용준

경양방죽으로 본 최흥종 목사의 도시 공공성과 비전

1. 도시는 항상 변화를 요구해 왔고, 변화돼 왔다

도시는 사람들이 고밀도로 모여 더불어 살아가는 장소다. 장소는 그대로지만, 살아가는 사람들은 항상 바뀐다. 이런 일들은 도시가 생길 때부터 지금까지 수천 년 동안 반복돼 왔다. 그 과정에서 도시 모습도 변해 왔는데, 도시사史를 보면 변화 동인動因은 다양했다. 이 과정에서 어떤 도시는 쇠퇴하기도 했고, 어떤 도시는 번영하기도 했다.

기원전부터 산업혁명 전까지 도시는 아주 느린 속도로 변화했다. 그러나 기계와 기술이 도시에 접목된 산업혁명 이후부터는 상상을 초월할 만큼 빠르게 변화했고, 변화 동인은 산업적·기능적 합리성이었다. 도시를 용도별로 분리하고, 이 사이를 자동차가 연결하는 분업적 사고가 바탕이 된 분리와 개별성의 이 근대 도시 사조는 토지의 경제적 가치를 최대로 높이는 관점이 중시됐다.

이 과정에서 어떤 도시의 경우 무수한 성형으로 시간의 적층인 역사 환경은 물론, 자연환경도 모두 사라져 버렸다. 거기에 근대 이전 사회를 지지하던 전통과 사회적 규범을 도시 발전의 장애물로 인식하고 버리면서 도시는 과거와는 전혀 다른 모습으로 변했고, 삶의 방식도 이에 맞춰 변화됐다. 이런 도시는 자연환경과 역사 환경을 파괴하고, 그 위에 새로운 건물을 짓는 것을 도시 발전이라 여겼다. 특히 기능주의와 신속주의를 도시 가치라고 여기면서, '내일도 오늘과 같을 것'이라고 예상하는 현존주의를 행정의 공공성이라고 여겼고(찰스 몽고메리), 그 결과는 표층적表層的 획일성 도시로 나타났다.

반면 어떤 도시는 강한 변화의 압력에도 전통적 삶과 문화, 자연환경과 역사 환경을 소중히 여기며 최소한의 변화를 택했다. 이런 도시의 경우 '오늘을 어제와 내일을 연결하는 경과점'으로 보기 때문에 도시에 흐르는 문맥의 계승을 도시 발전으로 여겼다. 특히 사람과 역사, 자연을 도시의 중요한 가치로 삼는 시민의 공공성을 행정의 공공성이라고 여겼고, 그 결과는 누적적累積的 다양성 도시로 나타났다.

이같이 동일한 변화 요구에 각각의 도시가 다른 방식으로 대응한 이면에는 도시 정책을 결정하고 실행하는 지자체장의 지향성과 가치관이 자리 잡고 있다. 주민이 지자체장을 뽑는 사회가 되면서 많은 일들에 시민 참여가 늘어났지만 도시 정책을 결정하고 실행하는 일은 여전히 지자체장이 막강한 권한을 갖고 있다. 이들은 행정이 행하는 모든 일을 공공성이라는 이름으로 진행한다. 자연환경이나 역사적 환경의 보존과 파괴도 주민을 위한 행정의 공공성이라는 명목으로 진행한다. 그래서 도시 수준은 지자체장의 수준이라고도 한다.

근래 혈연 가족 붕괴와 절연 생활이 보편화되고 지식 습득형에서 힐링형으로의 여행 패턴 변화, 환경이 지구 생존 결정의 요인이 되면서 도시는 또

다른 변화를 요구받고 있는데, 이를 위해서는 되돌아봐야 할 도시사가 있다. 경양방죽이다. 여기에는 우리 도시가 앞으로 가야할 길에 참고해야 할 비전이 담겨 있기 때문이다

2. 도시적·지구적 상황 변화가 경양방죽을 다시 부르고 있다

산업적·기능적 합리성이 도시를 지배하던 20세기와는 달리 지금 지구촌 도시들은 자연환경과 역사 환경이 건강한 삶과 문화를 만드는 매체라는 인식을 강하게 갖고 있다. 특히 지구 환경에 미치는 부하를 고려한 지속 가능성과 안전성을 지구촌의 생존 문제로까지 인식하고 있다. 거기에 절연 생활이 고착화되면서 이를 해소하는 것도 중요한 도시 과제가 되었다. 역사 환경과 자연환경을 소중히 하는 누적적 다양성은 상품 환경이 돼 많은 사람들을 끌어들이고 있는데, 이들의 지향점이 다른 것 같지만 도달점은 자연환경과 역사 환경이라는 공통점이 있다. 그간 소홀히 해 온 자연과 역사 환경이 다시 주목을 받고 있는 이유다.

우리 도시도 한때는 역사 도시이자 전원도시였다. 읍성이 있었고, 그 안에는 동헌과 객사가 있었다. 다른 도시에서는 보기 드물게 넓은 경양방죽이 있었고, 사람들이 사는 동네와 시장이 자리한, 지금보다 5배 넓은 광주천도 자리했다. 또 일제강점기 총독부 기록에도 남아 있을 만큼 규모가 컸던 유림숲, 태자의 태가 묻혀 있다는 태봉산도 있었다.

하지만 읍성과 객사와 동헌은 철거되고, 유일한 풍치 지구였던 경양방죽은 매립됐다. 태봉산은 헐렸고, 유림숲은 사라졌다. 광주천도 폭이 크게 줄어들었는데, 이 모두가 행정의 공공성 이름으로 행해진 일이다. 해방 이후에 시

청사를 짓겠다고 그나마 남아 있던 경양방죽을 매립한 것도, 시가지를 혈맥처럼 흐르던 소하천들이 오염되고 냄새가 난다는 이유로 복개해 도로 등으로 사용한 것도 행정의 공공성의 이름으로 진행됐다.

공공성의 사전적 의미는 '다수의 구성원에 영향을 미치는 근원'이다. 이를 도시적으로 해석하면 도시 약자들을 포함한 다수민의 삶과 문화에 공헌하는 일로, 반드시 과거를 토대로 하되, 미래의 다수가 고려되어야 한다. 만약 공공성이 현재만을 중시하게 되면 후대가 사는 미래에는 짐이 될 수도 있기 때문에 공공성이 아니다.

우리 도시는 급격하게 늙어 가고 있다. 소자녀·고령 사회가 되면서 혈연유대는 희박해지고 노인에 대한 존경심은 크게 약화됐다. 또한 1인가족이 고착화되면서 고독감과 고독사를 걱정해야 하는 상황이다. 통계청에 따르면 2019년 현재 1인 가구가 30.2%에 달하는데, 이는 점차 증가할 것이라고 한다.

1872년 전라좌도 광주 지도: 중앙에는 광주읍성이 있고, 좌측 아래에는 경양방죽과 태봉산이 보이고 있다. 읍성 안에는 당시 건물들의 그림이 비교적 소상하게 그려져 있다 (출처: 『경양방죽과 태봉산』, 광주광역시립민속박물관, 2018, 35쪽).

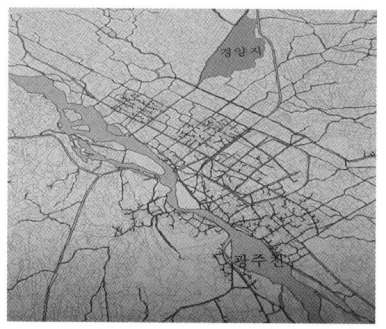

1915년 무렵 광주천과 경양방죽: 직강 하천으로 정비하기 전의 광주천과 경양방죽 모습이 잘 나타나고 있다. 광주천과 경양방죽 중간 지점에 광주의 읍성 위치가 보인다 (출처: 『광주도시계획사』, 광주광역시, 2011, 55쪽).

근래 유엔이 일본의 100세 이상 노인들의 병력 및 생활 습관, 유전적 조건을 조사한 '세계 인구 고령화 보고서'는 '장수를 막는 적'으로 당뇨, 비만, 고독을 꼽았다. 초고령사회 최대 적은 인간 관계 상실이 만든 고독감이며, 이를 그대로 방치하면 우울증으로 이어진다는 것이다. 이는 일본의 경우 혼자 사는 하키코모리(은둔형 외톨이)가 큰 사회문제가 되고 있다는 점이 심각성을 잘 보여 준다. 전문가들은 맑은 공기 속에서 보행을 통한 도시와의 대면성을 강화하고 자연과 접하면서 이웃이 사촌이 되는 삶이 되어야만 절연 생활에서 벗어날 수 있고, 소외됨 없이 활력 있는 삶을 유지할 수 있으며, 환경 부하가 경감되는 도시를 만들 수 있다고 주장한다.

역사 환경, 자연환경으로서 경양방죽의 존재 가치가 다시 생각되는 이유다. 내륙도시 중 호수를 갖고 있는 도시는 그리 많지 않은데, 광주에는 그러한 희소 가치가 있는 경양방죽이 있었다. 둑 길이로만 보면 춘천 소양강댐의 2배나 된다. 경양방죽이 지금도 그대로 남아 있었다면 환경문제에 대한 공헌 이외에도 경험을 함께 나누는 사람들의 장소가 되고, 다양한 사람들을 만나서 삶의 이야기를 나누는 광주 매력의 화룡점정이 됐을 것이다. 도시는 그런 것이고, 그러해야만 한다.

지금 경양방죽은 사라졌지만, 우리 후세대가 지침으로 삼아야 할 교훈이 남겨져 있다. 최흥종 목사를 중심으로 하는 '경양방죽매립반대투쟁위원회'의 「매립 반대서」가 그것이다.

 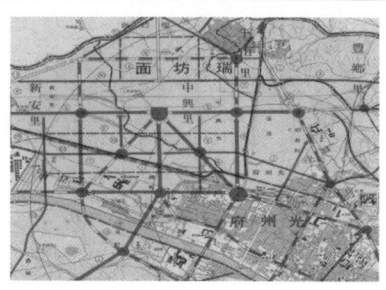

1946년 경영방죽 관계용수로 쓰기 위해 광주천 물을 끌어들여 저수를 위해 둑을 쌓아서 만든 인공 방죽(출처:『사진으로 본 광주100년』, 광주직할시, 1989, 113쪽).

1939년에 제작된 광주 신가지 계획 평면도 중에서 광주역 및 주변 계획 부분만을 추출한 도면(출처: 광주 시가지 계획 평면도, 1939, 광주시청 도시계획과).

3. 경양방죽 매립 반대 투쟁은 나라가 없을 때 나라를 지키는 투쟁이었다

1) 경양방죽에 대한 일반적 이해

우리 도시사에는 꼭 기억해야 할 일들이 많다. 그중에서도 일제강점기 경양방죽 매립 반대 투쟁은 더욱 잊지 말아야 한다. 경양방죽에는 전설 같은 축조 이야기가 담겨 있고, 나라가 없는 시대에 경양방죽을 지키려는 사람들이 투쟁으로 얻은 보존 이야기는 물론, 해방 후에 이를 매립한 반면교사적인 이야기도 있다. 특히「매립 반대서」는 도시의 공공성과 비전이 무엇인가를 알게 하고, 미래의 도시 과제를 예견하고 있다는 점에서 귀중한 자료다. 단행본도 여러 권 나와 있고 시민 단체를 중심으로 복원을 위한 토론회도 여러 차례 열렸다. 우리 도시에서 경양방죽만큼 자주 이야기되는 역사적·자연적 환경은 없다. 경양방죽이 아직도 시민들의 가슴에 남아 있다는 뜻이다. 그러나 1960년대 중반까지 남아 있던 경양방죽이 일제강점기 최흥종 목사 등의 투쟁 결과로 얻은 것임을 아는 사람은 많지 않다. 아는 사람이 많지 않다는 것은 「매립 반대서」에 담긴 도시 비전을 아는 사람이 많지 않다는 의미도 된다. 일제강점기 우리 도시는 철저하게 그들의 시각으로 경영되었는데, 최흥종 목사가 이를 정면으로 반대한 것이다

경양방죽은 앞 세대가 농업용수 확보와 홍수 피해를 예방하는 홍수 조절을 위해 인공으로 만든 65,418평의 방죽이다.[1] 광주면面 시대인 1912년 광주 인구가 8,500여 명 정도였다고 하니, 경양방죽을 만들 당시 조선 초기의 인구는 매우 적었으리라는 점을 고려하면 아주 큰 규모의 공사였다. 당시로는 대규모 공사였다는 점은 경양방죽이 그만큼 중요하고 필요한 시설이었다는 의미이기도 하다.

그때까지의 대형 공사 대부분이 권력자들의 권위나 권력 유지를 위해 성을 쌓거나 궁전을 짓는 일이었다는 점을 감안하면, 일반 서민들이 농사를 짓고, 홍수 조절을 위해 방죽을 만들었다는 것은 아주 이례적인 일이다. 우리가 경양방죽을 기억해야 할 첫 번째 이유다.

송정평야 논까지 농업용 물을 공급한 이 방죽은 제방 총길이가 1km, 폭은 10m였으며, 제방 일대에는 가장 큰 나무 둘레가 1m 50cm나 되는 팽나무와 왕버들나무가 심어져 있었다. 고을 수령이 부임할 때는 풍악을 울리며 입성한 길이었다.[2] 이는 경양방죽이 긴 세월 광주와 함께해 왔다는 의미이다. 일제는 이런 경양방죽을 매립해 소위 신무기원 2600년이 되는 1940년 주택지로 개발, 완공한다는 목표 아래 비밀리에 매립 계획을 진행했다. 매립용 흙은 3단 1묘(사직단·성황단·여단·문묘) 중 하나인 여단이 있는 해발 90m 경호대 일대 산봉우리(금호아파트, 계림초등학교, 광주고등학교)를 헐어 사용하기

---

1 『경양방죽과 태봉산』, 광주광역시립민속박물관, 2018, 63쪽.
2 박선홍, 『광주100년』, 광주문화재단, 2015, 24쪽.

로 했다.[3]

　1937년 6월, 광주읍 시절 부읍장을 지냈던 박계일은 이 정보를 접하고 비밀리에 최영욱 서석병원장에게 사실을 알렸다. 당시로는 엄청난 위험을 무릅쓴 일이었다. 최영욱은 일본인들이 한국 농민들은 살든지 죽든지 개의치 않고 자기들만의 편안한 삶을 위해 추진 중인 이 계획을 저지해야겠다고 결심했다. 이는 일제가 얼마나 자기중심적이고 강압적으로 도시 경영을 해 왔는가를 알 수 있는 대목이다. 일제는 엄동설한에 양동 일대(큰 시장)의 광주천에서 살고 있던 영세민들의 가옥을 강제로 철거하면서 대책을 세워 주지 않은 일도 있었다. 최흥종 목사가 최원순, 허백련 등과 민생운동과 계몽운동을 하기 위해서 계유구락부라는 사교 단체를 가장하는 모임을 갖어야만 했던 것도 그러하다.[4] 최영욱 원장은 형이자 광주 최초의 한국인 목사인 최흥종 목사와 협의를 거치고 다음날 김용환 당시 동아일보 지국장 등 지역 유지들과 의견을 조율, 은밀하게 경양방죽매립반대투쟁위원회를 조직하고, 최흥종 목사를 위원장으로 선출한다. 최흥종 목사는 전남 도지사 등에 「매립 반대서」를 제출하고 적극적 보존 투쟁을 전개했다.[5]

　투쟁에 놀란 일제는 18,832평은 유원지를 목적으로 한 공유수면 점유를 허가하고, 나머지 46,465.5평(준공면적 45,531평)은 매립해 일부는 광주부의 부영주택(30호)을 짓고, 나머지는 택지로 매각했다.[6] 경양방죽의 일부 보존은 나라 없는 시대에 나라를 지키는 것과 같았다.

3　김홍삼, 『경양방죽의 역사』, 제일문화사, 82쪽.
4　『광주도시사』 2권, 248쪽.
5　김홍삼, 『경양방죽의 역사』, 제일문화사, 82쪽.
6　『태봉산과 경양방죽』, 광주시립민속박물관, 73쪽.

2) 경양방죽에서 현존주의적 매립과 문맥주의적 보존

일제강점기 광주면 시대인 1912년에 광주 인구는 8,477명에서 광주부府로 승격한 1935년 52,674명으로 늘었고, 일본인들도 1910년 1,314명에서 1931년에는 6,199명으로 크게 증가해 시가지 확장 필요성은 있었다.[7] 일제는 1936년에 새로운 광주역 입지와 그 앞의 방사형 도로 등이 포함된 신시가지 계획을 수립했다. 1939년 10월 발행된 도시계획도를 보면, 월산동 등 주거 부적지 몇 곳을 제외하고는 신시가지 계획 대상 모두가 토지 구획 정리 지구로 지정되어 있었다. 경양방죽의 표시는 있지만 이곳도 예외는 아니었다. 이때 이미 매립 정책이 결정되고, 다음 해에 구체적 계획을 수립했던 셈이다.

그렇다면 매립을 왜 비밀리에 추진했을까? 소위 신무기원 2600년 기념 계획이 매립을 반대하는 목소리와 투쟁으로 그르칠 수 있다고 여기고 비밀리에 추진했을 수 있다. 어떤 이유든 지배자의 강압적 자세다.

일반적으로 개발 계획에는 이유와 필요성, 기대 효과 등을 기술하고 이에 대한 당위성을 주장한다. 이를 보면 대강의 의도를 추정할 수 있다. 일제는 경양방죽 매립에 대해, 도심 지역 정비를 위해서는 해당 지역 주민 일부를 도심과 가까운 지역에 신속하게 이주시켜 땅값 폭등을 방지해야 하고, 경양방죽은 북쪽 확장 계획지에 있는 광주역에 인접해 있어 시가지 조성 계획이 필요하며, 시각적으로 보기 좋고 정연하게 시가지 조성 계획을 하는 데 막대한 개발 비용이 소요돼 그 비용을 경양방죽을 매립에서 충당해야 한다는 이유를 들었다.[8] 하지만 제시한 내용에는 도심 지역 어떤 곳을 얼마만큼 어떻

---

7 『광주도시계획사』, 2011, 651~653쪽.
8 『경양방죽과 태봉산』, 광주광역시립민속박물관, 2018, 69쪽.

게 정비하기 때문에 얼마만큼의 이주가 필요한지에 대한 설명이 없다. 농업 생명선을 매립하면서도 대안적 제시가 보이지 않는다. 당위성을 통해 주민들을 설득하고자 하는 의도가 없는, 일제의 지배자적 현존주의 자세가 그대로 보인다. 최흥종 목사는 오늘과 내일의 관점에서 보존을 주장한 것이다

김홍삼에 의하면, 7개 항목으로 구성된「경양방죽 매립 반대서」를 관점에 따라 나누어 보면 다음과 같다.

(1) 생계 관점: 농업 경영을 위해 방축한 방죽으로 500년 동안 송정리 평야의 몽리답까지 물을 제공하고 있는 생명선이다.

(2) 도시 방재 관점: 해발 1,187m 무등산 끝자락에 입지한 우리 도시에 폭우가 쏟아질 때, 홍수 피해를 막는 저류지 역할을 하고 있다.

(3) 미래 대도시 준비 관점: 장차 대도시 광주에 큰 화재가 발생했을 때, 소화수의 공급지 역할을 할 것이다.

(4) 문화도시인 관점: 한 민족, 한 지방의 역사적인 유산의 말살은 문화인의 수치다.

(5) 도시 경관 관점: 장차 대도시 광주를 위해서는 경양제를 보존해야 하며 특히 풍치 지구로 미화에 공헌할 것이다.

(6) 대안 제시 관점: 경양방죽을 매립하지 않고도 주택지로 개발할 지역이 여러 곳에 있다.

(7) 역사적 유산에 대한 후손 책임 관점: 500여 년간 자자손손 경양제 물로 농사를 짓고 살아온 우리 후세대가 경양제를 매립하게 된다면 도리를 다하지 못하는 것이어서 착잡한 마음이다.[9]

9　김홍삼,『경양방죽의 역사』, 제일문화사, 82~84쪽.

이와 같은 다양한 관점이 담겨있다. 최흥종 목사는 이를 바탕으로 전남 지사 등을 설득하는 한편 광주 유지들과 강력한 반대 운동을 전개하여 경양방죽은 1/3 정도가 보존됐고 나머지는 1937년 10월 매립 착공, 1939년 10월 준공됐다. 2년 만에 500년 역사가 사라져 갔지만, 그래도 나라가 없는 시대에 나라를 지키려는 노력은 매우 값진 것이었는데, 특히 아래 상황은 오늘의 도시 과제라는 점에서 가치 지향적 「반대서」였다 이것이 경양방죽을 기억해야 할 두 번째 이유이다.

3) 현대 도시 과제를 예견한 「경양방죽 매립 반대서」

「경양방죽 매립 반대서」에 담긴 보존 필요성 중에서도 도시 방재, 도시 경관, 문화도시인의 자세와 후손 책임에 대한 것은 지금의 도시에도 중요한 과제가 되고 있다는 점에서 선각자의 비전이다

(1) 근래 지구촌은 수자원 고갈은 물론 지진이 빈번하게 일어나면서, 이에 대비하여 저수나 정수의 기능을 높이는 다양한 자립형 물 순환형 시스템 구축을 중요시하고 있다. 아울러 우수나 중수를 모아서 정수하는 정화조 기능 시스템 구축과 홍수에 대비한 운하나 호수 등을 만드는 것에도 높은 관심을 기울이고 있다.

일본 고베의 경우 1995년 대지진 이후 물은 도시계획의 중요 요소가 되었고, 도쿄는 2015년 하수를 모아 정화·처리하는 하수 시설의 상부에 초고층 오피스 빌딩과 넓은 공원을 조성해 미래에 대비하고 있다. 네덜란드 로테르담시는 2013년 저수지와 광장을 조합한 새로운 형태의 공공 공간을 조성했다. 「경양방죽 매립 반대서」에는 이러한 예지적 관점이 담겨있다.

(2) 우리 도시들은 산업사회를 지나면서 산업적·기능적 합리성 추구와 함께 회색의 콘크리트 숲으로 변화됐다. 특히 대규모 아파트 단지의 도시 지

배는 도시 경관과 도시 이미지를 크게 왜곡시킴과 동시에 도시 경쟁력 저하를 초래하고 있다. 반면 선진국 도시들은 오래전부터 이런 변화를 인식하고 경관을 행정의 중요한 책무 중 하나로 삼아 왔다. 그러나 우리 도시들은 최근 들어서야 행정조직에 경관 관련 부서를 만드는 등 변화를 모색하고 있는데, 경관이 심하게 훼손된 아파트 도시에서는 이의 회복이나 형성이 결코 쉽지 않다. 아시아문화중심도시를 지향하고 있는 우리 도시에는 더욱 절실한 문제다. 이미 한 세기도 전에 작성된 「경양방죽 매립 반대서」에는 경관의 중요성이 담겨 있다.

(3) 역사적 환경이나 자연적 환경을 잘 보존된 도시에는 이를 사회자본으로 인식하고 소중하게 가꾸며 활용하는 시민 의식이 있다. 우리 도시와 인구 규모가 비슷한 교토의 사람들은 이곳에 사는 것 자체에 대단한 자부심과 애착심을 갖고 있다. 꽤 오래전 '시라가와'라는 전통 주거지에서 자기 집을 헐고 거기에 맨션을 지으려 할 때 동네 주민들이 '지역 경관은 도시의 공유 재산'이라며 철거를 반대하고 주민 헌장을 만들어 공유 재산 인식을 갖게 했다. 재개발사업으로 긴 세월에 걸쳐 형성된 마을과 골목길, 지형, 전통 주택을 완전히 쓸어 내고 거기에 초고층 아파트를 짓는 것을 당연시하는 우리 도시들과는 대비되는 일이다.

교토는 매년 8월 16일 밤이면 교토를 둘러싸고 있는 해발 360m 높이의 산 중턱에서 "다이몬지 오꾸리 비"라는 전통적 횃불 행사를 한다. 이때 교토 사람들은 삼산에서 1km 떨어져 있는, 시가지 가운데에 있는 교토천(가모가와천)에 모여 이를 보며 즐기는 관습이 있다. 이에 교토는 천에서 산 중턱까지 가시선을 설정하고, 모든 건물 높이는 그 아래가 되도록 규정하고 있다. 이로 인해 교토대학은 건물을 더 높게 짓지 못하고 제2캠퍼스를 만들기도 했다. 교토 사람들은 축제를 지속하기 위해서는 가시선을 꼭 지켜야 할 도시 문화선으로 인식하고 있다. 이는 문화도시란 저절로 만들어지는 것이 아니라 문화 시민이 있어야 함을 보여 주는데, 대부분의 선진 도시들은 그렇게 문화도시가 되었다. 그러나 우리 도시에서는 역사적 자산 등을 낡은 설비처럼 여겨 철거하고 그 위에 새로운 건물을 지어 토지의 가치를 최대로 높이는 것을 당연시해 왔다. 아쉬움이다. 최흥종 목사가 일본 관리들에게 역사적 유산을 지키고 보존하는 것은 후손들의 당연한 의무일 뿐만 아니라 물려받은 역사적 자산을 지키는 것은 후세대의 책무라면서 경양방죽의 보존을 주장했던 것은 우리에게 큰 교훈이 된다 이처럼 경양방죽이나 광주천 일화에서 보여 준 최흥종 목사 등의 비전과 실행력은 "도시를 발전시킨 인간의 위대한 행위는 개인적이면서도 공동체적이다. 공동체라는 개념은 어느 한 시대의 민주적 합의와 참여의 공동체의식뿐만 아니라 지나간 아이디어를 이어서 발전시키는 시대적 혹은 역사적 공동체 의미도 갖는다."는 것을 분명하게 가르쳐 주고 있다.

4. 경양방죽은 우리 도시의 반면교사다

도시는 바라보기 위한 것이 아니라, 그 속에 있기 위해 존재한다. 도시 안에서 사람들이 공유하며 만든 경험 속으로 빠져들고 이를 통해 유대가 만들어진다. 또 공동체가 형성되고, 활력이 생긴다. 이처럼 도시의 본질적 매력은 사람들이 모여 살면서 인간관계가 만들어 내는 여러 형태의 활력에 있다. 특히 다양한 만남과 교류를 통해 만들어지는 활력의 대부분은 자연환경과 역사 환경, 공공 공간에서 일어난다.

경양방죽은 그런 환경을 만드는 장소였다. 더구나 경양방죽은 일제강점기 투쟁을 통해 남겨졌던 값진 자산이자 광주 매력의 화룡점정이다. 이러한 경양방죽은 해방 이후 새로운 시 청사를 짓기 위한 재정과 부지 마련을 위해 매립되고 말았고, 정부는 이를 창의적 행정으로 평가하고 표창까지 주었다. 이런 이력의 계림동 시 청사도 40년 후 상무 지구가 개발돼 시 청사가 신축되면서 재정 확보 명분으로 민간에게 매각돼 철거되고 만다. 겨우 40년간 활용될 시청 건물을 위해 나라가 없는 시대에 나라를 지키려는 투쟁의 결과물이 완전히 사라진 것에 대한 아쉬움이 크다.

그래도 최흥종 목사 등의 경양방죽 매립 반대 활동과 「반대서」는 행정의 공공성과 비전이 무엇인지, 우리가 도시를 어떻게 바라봐야 하고, 어떻게 대해야 하는지를 잘 보여 주고 있다. 이제부터라도 경양방죽매립반대투쟁위원회의 정신이 계승돼, 앞으로 우리 도시 발전의 길잡이가 됐으면 한다. 그래야 진정한 문화도시가 된다.

광주YMCA 100주년 기념 특별 세미나 <오방 정신의 현대적 계승> 발표 논문,
2020. 10. 15.

참고문헌

『경양방죽과 태봉산』, 광주광역시립민속박물관, 2018.
『광주』, 광주광역시립민속박물관, 2007.
『광주도시계획사』, 광주광역시, 2011.
광주직할시사편찬위원회 편, 『광주시사』, 광주직할시, 1992.
김홍삼, 『경양방죽의 역사, 김방을 중심으로』, 제일문화사, 1968.
박선홍, 『광주 1백년』, 광주문화재단, 2015.
변동영 외, 『경양방죽 그리고 태봉산』, 전남대 출판국, 2020.
『사진으로 본 광주 100년』, 광주직할시, 1989.

부록

오방 최흥종 연보

1880	5월 2일 전라남도 광주 출생.
1904	김윤수, 유진 벨, 오웬 등과 만나 기독교를 믿게 됨.
1905	대한제국 광주경무청 순검이 됨.
1907	전남국채보상기성회 사건으로 순검 사임.
	벨 목사로부터 북문안교회 최초 세례를 받음.
	최영종에서 최흥종으로 개명.
1908	광주 제중원(현 기독병원)에서 환자 치료를 위해 일함.
1909	포사이드가 한센병 환자를 대하는 모습에 감명받고 깨달음을 얻음.
1912	북문안교회에서 최초로 김윤수와 함께 장로가 됨.
	상속받은 봉선리 땅 1천 평을 나환자촌 건립을 위해 기증.
	광주 봉선리 나병원 설립에 크게 기여.
1912~	광주나병원에서 활동.[『기독신보』, 1916. 1. 26. "병원(주: 광주나병원)을 쥬관하는 의사는 알 엠 윌손씨요 죠션 형뎨로 이 병원에 단니며 치료를 식히이는 최 장로 흥종씨라."]
1915	평양신학교 입학.(정기노회에서 입학 허락을 받은 해는 1914년)
1919	3·1만세운동 참여로 투옥됨.
1920	광주YMCA 창설에 중심적 역할 담당. 초대 회장 최병준 추대.

	노동공제회 전남지회 창립 및 지회장에 피선.(「노동공제광주지회」,『동아일보』, 1921. 6. 8. "1921년 6월 그는 서정희 등과 함께 광주 지회 '개선 임원 선정위원'으로 위촉되었으며")
1921	평양신학교 졸업.
	광주 북문밖교회 담임목사로 시무.
1922	시베리아 선교사로 파견.(「崔牧師歸國」,『동아일보』, 1922. 10. 1. "9월 그는 총회 참석차 시베리아에서 일시 귀국했는데, 언론에서는 그를 '전남 청년계의 추앙 인물'이라 소개했다.")
1923	러시아 선교 귀국 보고회.(「露領事情講演日割」,『동아일보』, 1923. 7. 13. "6월 그는 다시 귀국하여 광주·전주·영광·담양·군산·목포·여수·마산·부산 등지를 순회하며 시베리아 선교 보고회를 열었다.")
1924	광주YMCA 제3대 회장에 취임하고 조선기독교청년회전국연합회 인준을 받음.
	광주 금정교회(현 광주제일교회)의 담임목사로 시무.
1924	'무산 아동을 위한' 단기학교의 총장으로 선임.(『동아일보』, 1924. 6. 16.)
1926	광주여고보 창립 기성위원.
1927	1~4월, 두 번째 시베리아 선교사 파견 및 추방.(『기독신보』, 1927. 5. 11.)
1927	신간회 광주 지회장을 맡음.(「광주신간회 창립」,『동아일보』, 1927. 11. 1.)
	재만동포옹호동맹 위원.(『중외일보』, 1927. 12. 24.)
1928	광주보통학교유지회 위원.(『중외일보』, 1928. 6. 6.)
	서서평 선교사와 함께 빈민 구제 사업 전념.
1929	제주도 모슬포교회 목사로 파송.(『중외일보』, 1929. 7. 2.)
1930	제주노회를 전남노회에서 분리하여 독립. 제주노회의 초대 노회장으로 선출됨.(『기독신보』, 1930. 12. 17.)
1931	여수의 조선나환자공제회 지원 사업 활동 시작.(『기독신보』, 1931. 9. 2.)
1932	한국 나환자 근절협회 창설.
1932	광주YMCA 제5대 회장 취임.
1932	광주궁민구제회 설립.(「광주읍 가옥 철거구 궁민구제회 조직」,『동아일보』, 1932. 8. 16.)
	광주 철거민 대책 마련을 위해 우가키 총독 면담.(『동아일보』, 1932. 9. 10.)
1933	나환자궐기대회 후 나환자를 위한 6개 항을 총독부에 건의.(『조선중앙일보』, 1933. 4. 11.)

	민중 계몽운동과 빈민 구제 사업을 위한 계유구락부 결성.
	광주 경양방죽 걸인 수용 시설 건립.
	광주YMCA에 협동총무 어비슨과 농업실습학교 병설.
1937	신사참배 결의한 한국 교회 향해「교역자의 반성과 평신도의 각성을 촉구함」발표.
1945	해방 후 조선건국준비위원회 전남 지회장으로 추대됨.
	광주YMCA 제8대(재건 YMCA) 회장 취임.
1948	농촌 지도자 양성을 위한 삼애학원 설립.
1950	무등산 신림마을 기도처 설립(현 신림교회).
1956	음성 나환자 갱생을 위한 호혜원 설립.
1958	폐결핵 환자 요양을 위한 송등원 설립.
1962	무등원 설립.
1965	유서 작성.
1966	5월 14일, 금식 100여 일 후 사망.
	5월 18일, 광주 사회장으로 장례식 거행.
1990	대한민국 건국훈장 애족장 수여.